蔣政權統治下的台灣

Ong Iok-tek

王育德 著

李明宗 等譯

總序

日本昭和大學名譽教授　黃昭堂

轉瞬間，王育德博士逝世已經十七年了。現在看到他的全集出版，不禁感到喜悅與興奮。

出身台南市的王博士，一生奉獻台灣獨立建國運動。台灣獨立建國聯盟的前身台灣青年社於一九六〇年誕生，他是該社的創始者，也是靈魂人物。當時在蔣政權的白色恐怖威脅下，整個台灣社會陰霾籠罩，學界噤若寒蟬，台灣人淪爲二等國民，毫無尊嚴可言。王博士認爲，台灣人唯有建立屬於自己的國家，才能出頭天，於是堅決踏入獨立建國的坎坷路。

台灣青年社爲當時的台灣人社會敲響了希望之鐘。這個以定期發行政論文化雜誌《台灣青年》，希望啓蒙台灣人的靈魂、思想的運動，說起來容易，實踐起來卻是非常艱難的一樁事。

當時王博士雖任明治大學商學部的講師，但因爲是兼職，薪水寥寥無幾。他的正式「職業」是東京大學大學院博士班學生。而他所帶領的「台灣青年社」，只有五、六位年輕的台灣留學生而已，所有重擔都落在他一人身上。舉凡募款、寫文章、修改投稿者的日文原稿、校正、印刷、郵寄等等雜務，他無不親身參與。

《台灣青年》在日本首都東京誕生，最初的支持者是東京一帶的台僑，後來漸漸擴張到神戶、大阪等地。尤其很快地獲得日益增加的在美台灣留學生的支持。後來台灣青年社經過改組爲台灣青年會、台灣青年獨立聯盟，又於一九七〇年與世界各地的獨立運動團體結合，成立台灣獨立聯盟，以至於台灣獨立建國聯盟。王博士不愧爲一位先覺者與啓蒙者，在獨立運動的里程碑上享有不朽的地位。

在教育方面，他後來擔任明治大學專任講師、副教授、教授。在那個時代，當日本各大學猶尚躊躇採用外國人教授之際，他算是開了先鋒。他又在國立東京大學、埼玉大學、東京外國語大學、東京教育大學、東京都立大學開課，講授中國語、中國研究等課程。尤其令他興奮不已的是台灣話課程。此是經由他的穿梭努力，首在東京都立大學與東京外國語大學開設的。前後達二十七年的教育活動，使他在日本眞是桃李滿天下。他晚年雖罹患心臟病，猶孜孜不倦，不願放棄這項志業。

他對台灣人的疼心，表現在前台籍日本軍人、軍屬的補償問題上。這群人在日本治台期間，或自願或被迫從軍，在第二次大戰結束後，台灣落到與日本作戰的蔣介石手中，他們既不敢奢望得到日本政府的補償，連在台灣的生活也十分尷尬與困苦。一九七五年，王育德博士號召日本人有志組織了「台灣人元日本兵士補償問題思考會」，任事務局長，舉辦室內集會、街頭活動，又向日本政府陳情，甚至將日本政府告到法院，從東京地方法院、高等法院、到最高法院，歷經十年，最後不支倒下，但是他奮不顧身的努力，打動了日本政界，於一九八六年，日本國會超黨派全體一致決議支付每位戰死者及重戰傷者各兩百萬日圓的弔慰金。這個金額比起日本籍軍人得到的軍人恩給年金顯然微小，但畢竟使日本政府編列了六千億日幣的特別預算。這個運動的過程，以後經由日本人有志編成一本很厚的資料集。這次【王育德全集】沒把它列入，因為這不是他個人的著作，但是厚達近千頁的這本資料集，很多部分都出自他的手筆，並且是經他付印的。

王育德博士的著作包含學術專著、政論、文學評論、劇本、書評等，涵蓋面很廣，而他的《閩音系研究》堪稱為此中研究界的巔峰。王博士逝世後，他的恩師、學友、親友想把他的這本博士論文付印，結果發現符號太多，人又去世了，沒有適當的人能夠校正，結果乾脆依照他的手稿原文複印。這次要出版他的全集，我們曾三心兩意是不是又要原封不動加以複印，最後終於發揮我們台灣人的「鐵牛精神」，兢兢業業完成漢譯，並以電腦排版成書。此書的出版，諒是全世界獨一無二的經典「鉅著」。

關於這本論文，有令我至今仍痛感心的事，即在一九八〇年左右，他要我讓他有充足的時間改寫他的《閩音系研究》，我回答說：「獨立運動更重要，修改論文的事，利用空閒時間就可以了！」我眞的太無知了，這本論文那麼重要，怎能是利用「空閒」時間去修改即可？何況他哪有什麼「空閒」！

他是我在台南一中時的老師，以後在獨立運動上，我擔任台灣獨立聯盟日本本部委員長，他雖然身爲我的老師，卻得屈身向他的弟子請示，這種場合，與其說我自不量力，倒不如說他具有很多人所欠缺的被領導的雅量與美德。我會對王育德博士終生尊敬，這也是原因之一。

我深深感謝前衛出版社林文欽社長，長期來不忘敦促【王育德全集】的出版，由於他的熱心，使本全集終得以問世。我也要感謝黃國彥教授擔任編輯召集人，及《台灣—苦悶的歷史》、《台灣話講座》以及台灣語學專著的主譯，才能夠使王博士的作品展現在不懂日文的同胞之前，使他們有機會接觸王育德的思想。最後我由衷讚嘆王育德先生的夫人林雪梅女士，在王博士生前，她做他的得力助理、評論者，王博士逝世後，她變成他著作的整理者，【王育德全集】的促成，她也是功不可沒。

序

王雪梅

育德在一九四九年離開台灣，直到一九八五年去世爲止，不曾再踏過台灣這片土地。

我們在一九四七年一月結婚，不久就爆發二二八事件，育德的哥哥育霖被捕，慘遭殺害。

一九四九年，和育德一起從事戲劇運動的黃昆彬先生被捕，我們兩人直覺，危險已經迫近身邊了。在不知如何是好，又一籌莫展的情況下，等到育德任教的台南一中放暑假之後，育德才表示要赴香港一遊，避人耳目地啓程，然後從香港潛往日本。

一九四九年當時，美國正試圖放棄對蔣介石政權的援助。育德本身也認爲短期內就能再回到台灣。

但就在一九五〇年，韓戰爆發，美國決定繼續援助蔣介石政權，使得蔣介石政權得以在台灣苟延殘喘。

育德因此寫信給我，要我收拾行囊赴日。一九五〇年年底，我帶着才兩歲的大女兒前往日本。

我是合法入境，居留比較沒有問題，育德則因為是偷渡，無法設籍，一直使用假名，我們夫婦名不正，行不順，當時曾帶給我們極大的困擾。

一九五三年，由於二女兒即將於翌年出生，屆時必須報戶籍，育德乃下定決心向日本警方自首，幸好終於取得特別許可，能夠光明正大地在日本居留了，我們歡欣雀躍之餘，在目黑買了一棟小房子。當時年方三十的育德是東京大學研究所碩士班的學生。

他從大學部的畢業論文到後來的博士論文，始終埋首鑽研台灣話。

一九五七年，育德為了出版《台灣語常用語彙》一書，將位於目黑的房子出售，充當出版費用。

育德創立「台灣青年社」，正式展開台灣獨立運動，則是在三年後的一九六〇年，以一間租來的房子為據點。

在育德的身上，「台灣話研究」和「台灣獨立運動」是自然而然融為一體的。

育德去世時，從以前就一直支援台灣獨立運動的遠山景久先生在悼辭中表示：「即使在你生前，台灣未能獨立建國，但只要台灣人繼續說台灣話，將台灣話傳給你們的子子孫孫，總有一天，台灣必將獨立。民族的原點，既非人種亦非國籍，而是語言和文字。這種認同，最具體的證據就是『獨立』。你是第一個將民族的重要根本，也就是台灣話的辭典編纂出版的台灣人，在台灣史上將留下光輝燦爛的金字塔。」

記得當時遠山景久先生的這段話讓我深深感動。由此也可以瞭解，身爲學者，並兼台灣獨立運動鬥士的育德的生存方式。

育德去世至今，已經過了十七個年頭，我現在之所以能夠安享餘年，想是因爲我對育德之深愛台灣，以及他對台灣所做的志業引以爲榮的緣故。

如能有更多的人士閱讀育德的著作，當做他們研究和認知的基礎，並體認育德深愛台灣及台灣人的心情，將三生有幸。

一九九四年東京外國語大學亞非語言文化研究所在所內圖書館設立「王育德文庫」，他生前的藏書全部保管於此。

這次前衛出版社社長林文欽先生向我建議出版【王育德全集】，說實話，我覺得非常惶恐。《台灣—苦悶的歷史》一書自是另當別論，但要出版學術方面的專著，所費不貲，一般讀者大概也興趣缺缺，非常不合算，而且工程浩大。

我對林文欽先生的氣魄及出版信念非常敬佩。另一方面，現任教東吳大學的黃國彥教授，當年曾翻譯《台灣—苦悶的歷史》，此次出任編輯委員會召集人，勞苦功高。同時，就讀京都大學的李明峻先生數度來訪東京敝宅，蒐集、影印散佚的文稿資料，其認眞負責的態度，令人甚感安心。乃決定委託他們全權處理。

在編印過程中，給林文欽先生和實際負責編輯工作的邱振瑞先生以及編輯部多位工作人員造成不少負荷，偏勞之處，謹在此表示謝意。

二〇〇二年六月　王雪梅謹識於東京

目次

蔣政權下的政治文化……187

瀕臨破產的台灣教育

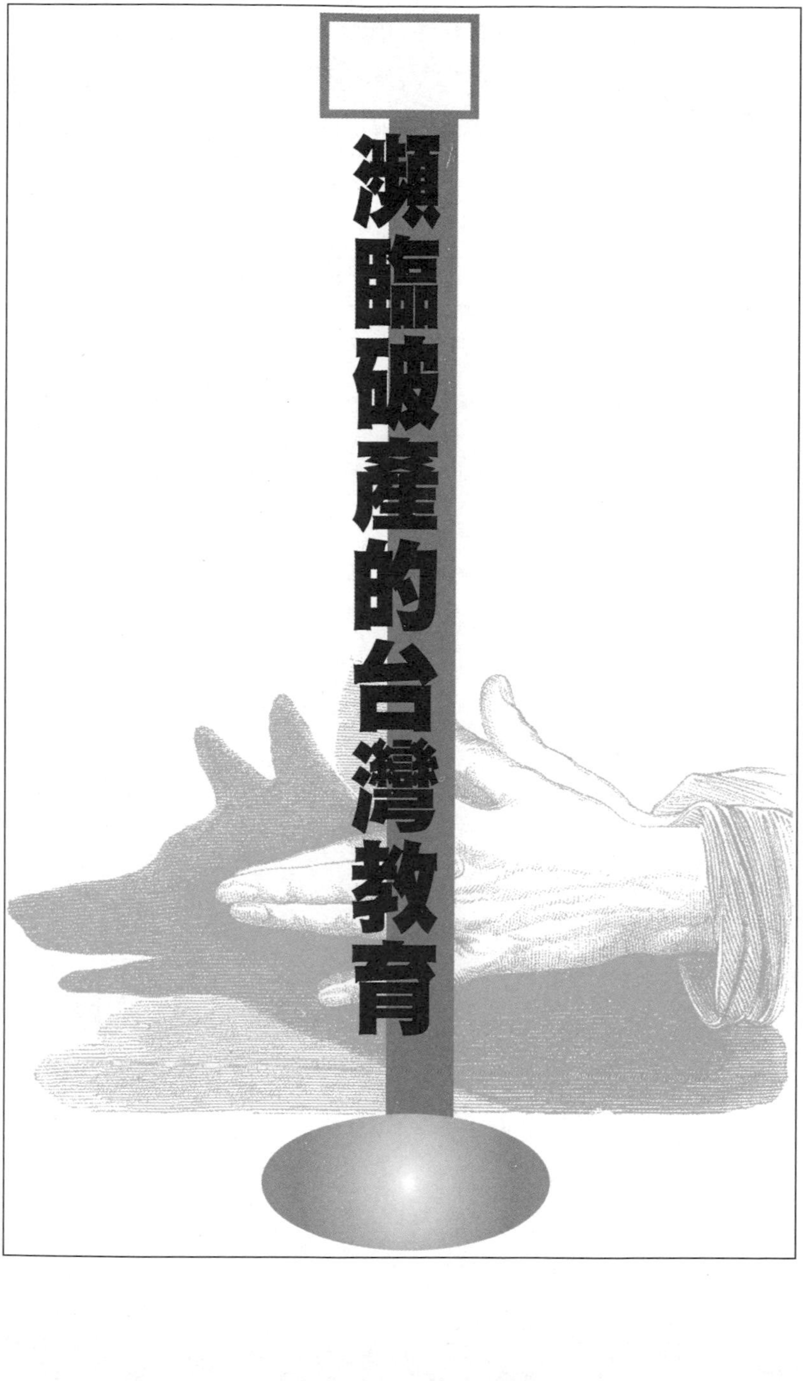

不能回國的留學生(I)

今日台灣的教育，與其他領域一樣，滿目瘡痍、弊病叢生。由於已瀕臨破產邊緣，因此除非打倒蔣家政權，讓台灣人能夠自己作主以外，幾乎已無任何方法可以挽救這種危機。

一九五八年一月十六日《自由中國》的社論刊載〈我們的教育（今日的問題十三）〉，斷言今日台灣的教育遠不如清末民初。究其原因：1.黨化教育；2.偏狹的民族精神教育。我則認爲禍源應在於極端腐敗無能的蔣家政權，高喊「反攻大陸」及致力奴化教育所造成的結果。

台灣獨立之後，重建台灣教育成爲當急之務。但重建要從何著手呢？針對此一問題，應從現在起對弊害叢生的各個問題逐一分析，找出眞正的原因。諸如「不良少年問題」、「惡性補習問題」、「教師待遇問題」、「軍訓問題」、「聯考問題」、「留學生問題」、「僑生問題」……等等。

本篇先從較切身的題目——「留學生問題」加以論述。

留學生忌諱歸國

對我們這些僑居海外的人而言，有國歸不得的留學生正是這十年來台灣教育最嚴重的病症之一。

相對於經年累月總數已達數百位無法返國的留學生，那些能學成歸國的留學生簡直是令人難以置信的少數。

依據《民國四十八年中華民國年鑑》，海外留學生總數為：

美　國：三四四九	法　國：二〇六
英　國：二五〇〇（幾乎都是南洋華僑的子弟）	
德　國：八八	義大利：六四
比利時：卅四	瑞　士：一七
奧地利：二	日　本：七九九
韓　國：一〇	

合計七一六九人，一九五八年度歸國者有七十九人（男七十二人；女七人）。其中，從美國回國的有五〇人；日本十四人；英國、西班牙、泰國、菲律賓各一人；加拿大及法國各四人；奧地利三人。（依據一九六〇年九月八日《聯合報》所載，東方望〈留學乎？學留乎？〉）

又，根據其他的統計資料顯示，一九五二～一九五九年間，透過正規手續出國的留學生有三九五九人，其中留學美國的有二八四一人，佔絕大多數。根據駐美代表處文化參事的統計，一九五八～一九五九年間，美國四十八州一八六所大學院校裏，有工作的中國人研究者有一二四人；在學學生有三〇八二人。（依據一九六〇年九月二十五日《公論報》所載）

就職詳情爲：系主任或學科主任二〇人；教授一一四人；副教授一〇三人；助理教授一五〇人；交換講師九人；助手一六二人；研究員三三七人；職員五十六人。

留學生中，工科一〇八六人；人文科學五九一人；社會科學四一六人；醫科二五六人；理科九三人；農科六五人；其他一六二人。

因爲這五千人以上的美國留學者或留學生，幾乎大部份都是在蔣家政權逃到台灣後才出國的，所以上述期間內回到台灣的不到五〇人，少於總數的一％。

其中，歸化成美國人者佔有相當大的比例，如李政道、楊振寧等獲得諾貝爾物理獎後歸化成美國人，最令人感到啼笑皆非。（由於當初蔣家政權與中共演出此二人的國籍爭奪戰，使得二人歸化成美國人的新聞只在香港被報導）。

偶爾有歸台者（如王九逵數學博士）即成爲大新聞。王博士到底受到什麼待遇，我們並不知道，但人們一定打從心裏笑他笨蛋，其中內幕如何，反倒留下想像的空間與材料。

達官貴人的子弟不用通過困難的留學考（必須考國文、地理、歷史、三民主義、外國語及專門科目），而可假藉治病、考察或視察等名義出國，然後取得國外學校學籍，此種情形相當普遍。他們大多數是將論文題目送往台灣請人代寫，然後再請人翻譯後提出審查。這些人打從一開始就不想回國，並非自己不願回國，而是父母叫他們不要回國。其中又有人在取得美國公民身分後，充分運用人類的智慧，想辦法將妻子或丈夫也接來，爲自己身爲美國人的爸爸而自豪。（依據一九五九年六月六日《新聞天地》所刊載，顧人銘：〈闊人子弟留學一去不回國〉）

在一九五九年的省議會議場上，李萬居曾強烈要求國民黨政府及美國交出留學生名冊，並公佈這些留學生父親的姓名。（依據一九五九年六月十八日《十字論壇》）

留學生的憂悶

事實上，認真讀書的留學生並非樂不思蜀，反而是活用自己的專門領域以實現自己的理想，且日夜思念台灣。他們大都遭遇到異國的種族偏見、生活困苦及結婚困難，因而常常惶恐不安，每天過著悲憤、焦慮與寂寞的生活。（依據一九五八年八月廿八日《新聞天地》所刊載，〈留美男學生討不到老婆〉）

有關留學生直接投訴或透過前來觀光的友人傳達其困境的記載很多。其中之一是，一九五八年一月十六日《自由中國》所刊載馬逢華教授所述的〈留學生問題〉，作者說他尚未從中共政權逃出前，在北平「歸國學人招待所」看到一些留學生的情形，由於該篇敘述歸國學人不得志時所顯現的焦慮不安，及其後他在美國碰到許多人向他詳述中國留學生的困境，使得讀者不禁淚流滿面。

舉其中一人D君爲例，他係一九四六年以自費留學生名義，遠赴美西的一所大學研讀哲學，他很幸運地結識了一位相戀的情人，且立志要以英文寫書揚名天下。當中共取得政權後，他滿腹熱誠地寫信告訴家人將「儘早歸國，爲民服務」，讓其家人對此擔心不已。一九五一年，作者經由香港逃到台灣時，D君的家族託他帶信給D君說，「絕對不要再回中國，否則一定後悔」。

一九五三年，作者初次去美國時，與D君夫婦會面，但D君說他已放棄哲學，現在正在攻讀物理學。一九五五年，作者第二度去美國時，D君換過五所大學，取得文、理、法、醫四種學士學位，但我發現他由於懷才不遇，變得抱怨連連。

筆者相當驚訝的是，D君的心情似乎仍想回中國，我心裏嘀咕著假若內心對中國仍存有一分憧憬，倒不如再度回到中國，親身體驗那個心中有不平或不滿也不能和盤托出的社會，就算當作是一種修煉也無妨。

我認爲，即使台灣留學生與大陸留學生同樣面臨懷才不遇的環境，立場也是截然不同的。對於台灣人而言，他們可以爲台灣獨立而戰，投入台灣建設，期待能實現自己的理想。至於在中共政權統治下的中國，對於一個接受自由主義教育洗禮的人而言，卻不得不克服思想的改造，所以並不是那麼容易就能回國。就如同一旦目睹蔣家政權的專制與腐敗無能，就沒有那麼容易下決心回國一樣。

這些人本質上早已視自己爲「海外華人」的一員，但若毫無建樹在美國是難以受到歡迎的。

台灣留學生若非視中國爲祖國，或是把台灣獨立者視爲美國帝國主義的傀儡，老早就可大手一揮逕自回國，但相較於未來之不明朗，現在的懷才不遇反而可過著較輕鬆的日子。

雙重損失

看到台灣目前的經濟建設，對這些不能歸國留學生而言，毫無疑問地是一種損失。台灣正在增設大學、建設石門水庫、興建核能電廠，到處都有無人才可用的問題，這些都是當務之急。雇用沒有能力的人，或是以高薪聘雇外籍技師，實在不符合經濟效益。這即所謂「華材外用，華用外材」的現象。

舉例來說，台灣的最高學府——台灣大學擁有學生七千多人，每年預算六千餘萬元，學生平均一人一個月約耗費一千元，到畢業爲止總計需政府負擔四萬元。以公務員平均一個月的薪水約五百元來算，可見這個投資有多大，況且是一文也無法回收的投資。

甚至於大多數留學生都是由父兄提供留學所需的費用。根據本篇的問卷調查得知，日本留學生的生活費每月約需日幣一萬到一萬五千圓，生活費的全部或部份依賴家裏提供者佔半數以上。另外，最近耳聞的一些現象是，留美學生從一開始就是爲了赴美工作，做一些連黑人都不願意做的「賤業」，爲的是寄錢回國，這種現象只能說是令人惋惜的浪費。

這當然會令人懷疑政府爲何以異常的比例不斷送出留學生呢？

爲何台灣的父兄們要忍氣吞聲地犧牲，拚命將子弟送去留學呢？

爲了說明上的方便，此一疑問的解答留待本篇結語討論。

公費留學生與私費留學生

留學生分爲公費與私費兩種。相較於私費留學生，公費留學生的素質較好，且不只可以選擇留學地點、研究科目或留學期限（原則上兩年），也較有利於監督，但國民黨政府以「外匯不足」爲理由，常常好幾年沒有舉辦留學考。

十年來，政府僅舉辦過三次的留學考，一九五五年度選考十八人（應考者有七九一人），最近的一次是在一九六〇年度，僅招考十名。綜觀台灣的文化水準及有意留學的人數，僅僅十個名額，簡直令多數人不敢想去應考。

絕大多數留學生是私費留學生（一九五五年度相對於一千名的報考者，合格者有四六三名），表面上分爲領外國獎學金及「自備外匯」（自己準備外匯＝美金）出國者兩種。然而，領外國獎學金聽起來很好聽，但實際上只是書面上這麼記載，實際上這些留學生有時必須將外匯留給自己的弟弟或親戚，因此才剛出國就必須過著艱苦的留學生活，所以也與其他私費留學生沒有兩樣。

什麼叫「自備外匯」呢？依照美國的規定，私費留學生出國時，必須在台灣銀行至少存有二千四百美金（至於日本留學則必須有保證人，並出具保證書）。此外，教育部要求留美學生必須備齊許多書面資料，其目的在箝制留學生。這是一筆龐大金額，對貧窮家庭出身的子弟而言，留美幾乎不可能。

保證金制度是美國政府用來控制台灣留學生的一種手段。

另外，駐台美國領事館所舉辦的英文考試也是一種控制手段。因此，中國大陸的大學畢業、文科的單身漢，及年齡稍長的中國學生幾乎無法留美。表面上的理由是英文不及格，但英文的困難度從neuron（神經細胞）、spinal cord（脊髓）、cosmic rages（宇宙線）等字彙到etymology（語源學）和morphology（形態論）的差異，及Neo–Platonism（新柏拉圖學派）等內容即可得知。

經仔細觀察的結果，美國政府似乎有意預先防範這些「流氓學生」在美國引起騷動，或是歸國後擔任反美的要角。

這也是為何政府至今未曾提供留學生外匯的原因。雖然准許留學，卻必須在台銀存有外幣，但政府又不准出讓外幣。蔣家政權對這種矛盾現象卻毫不在意。留學生的家庭沒有辦法只好購買黑市美金，這也就是支撐台灣黑市美金行情的一大因素。對於台銀而言，只要有美金，再多也樂意接受，從收受美金到支付約有半年的時間可資運用，也就是說台銀可藉此增加營運資金。從這裏可以看到法治觀念的頹廢。（一九五二年陳誠行政院長在立法院祕密會議席上曾發言稱，今後將對出國留學生出讓外匯，此被稱譽為近年來少見的盛舉，然最後仍不了了之。）

辱國的入學許可證

有意留學者必須向教育部提出的另一個文件，是國外大學的入學許可證。對於此點，立委曾質詢道：

「這種措施極不合理。第一、留學考是一種檢定考，准許學生出國是我們政府的權限，留學的准駁與否還要問外國人意見，眞是可悲！

第二、我國的應屆畢業生必須服役兩年，然而入學許可證只有畢業當年才可以拿到。外國大學當然不會發給兩年後的入學許可證，因此學生只好說謊以取得入學許可證，這是誰在教人說謊呢？

第三、留學考與留學又是兩回事，考上並不保證一定可以出國。眞要如此，爲何要從一開始就得提出入學許可證呢？

第四、服完兩年兵役之後，大學所學大都忘得差不多了，出國留學的青年們不是太可憐嗎？

第五、爲了要取得國外的入學許可證，包括郵資在內必須花費相當的金額。連對一般公務員家庭都是一大負擔。」（一九五九年四月廿八日，立法委員侯庭督等十四位委員向行政院長提出的書面質詢。）

爲回應此一嚴厲的質詢，教育部終於不得不在一九六〇年度讓步，取消入學許可證制度。但其他的限制仍然沒有放寬。

留學生無法回國的責任論爭

一九六〇年八月二十日的《自由中國》社論刊載〈爲什麼留學生去多回少〉，指出留學生出國時所遭遇的兩個災難：

第一、留學前的強制性政治訓練。訓練的內容有：1.灌輸將人神化與個人的崇拜，2.灌輸復古意識與誇大觀念；3.灌輸以國民黨爲中心的中國歷史；4.強迫背誦虛渺與陳腔濫調的黨義；5.強調不可能成功的反攻大陸論調。

第二、繁雜的手續。一個留學生從提出申請到出國必須透過各種機構和關卡，單是印章就必須蓋六〇個以上。既然出國這麼不容易，可想而知歸國亦是如此。這些人對蔣家政權失望，進而痛罵蔣家政權，以脫離虎口的心情遠離台灣。

社論又說，「人多多少少是抱著希望在過活，特別是青年們一定是對自己的國家有一分新的期待，並將社會描繪成一個光輝的遠景，並爲自己的前途訂下一個光明的前景，從一開始就朝著這個目標努力邁進。」

但是，今日的台灣誰能給這些青年帶來希望呢？十年來只聽到誇大不實的藉口，完全脫離現實生活。青年們只有自問自答：「希望在哪裏？」「叫我如何是好呢？」

如果基本問題沒有解決，只好另尋其他管道，追求個人的出路。假如回到國內，待遇如何呢？研究設備齊全嗎？人事的情形又如何呢？學問與事業又如何展開呢？假如不回台灣，滯留美國又如何呢？在台灣，好一點的月薪一千元，但在美國，理工科畢業者最少可拿到六百～七百美元。雖然在美國多少會有種族歧視，但總比在台灣受到人事上的差別待遇還好。有這種想法的人，他會選擇哪一條路就很明確了。

爲了替政府辯解，《政治評論》半月刊（發行人任卓宣；御用理論家）於同年九月十六日對《自由中國》「爲什麼留學生去多回少」的社論，不斷提出挑剔批評並加以揶揄。

我們從文章中可看出政府是以什麼眼光看待不回國的留學生，雖說反對黨的刊物常把責任全推給政府，但《政治評論》的說法也太過於偏激與荒謬。

「不管怎麼說，留學生是應該要回國服務的。國家的未來、社會的光明遠景及個人的無量前途，均有待留學生的努力。

希望寄託在青年身上。滿清末年的腐敗與今日相比，有過之而無不及，當時民族不平等、政治不民主、生產不發達，但留學生仍然歸國打倒滿清政府，使辛亥革命終於能夠成功。我們應切身體認，希望是來自青年而非來自國家。

當然我們不是鼓動留學生回國搞革命，因爲今日時空並不同於滿清末年，現在大致上是民族平等、政治民主、生產發達，而且政府遷台以來實施地方自治、土地改革、勞工保險及經濟建設。

假如留學生承認此一事實，理應歸國協助政府建設。即使不承認此一事實，歸國從事改革，參加反對黨也可以，總之不必遠赴國外追求個人的前途。

基於上述理由，留學生滯留國外者多歸國者少，責任並不在政府，而是在留學生本身。」

《政治評論》所揭櫫的建設與改革，基本上不能觸犯蔣家政權的神聖性，這是基本的原則。雖然社論隱諱不提，但是聰明的讀者仍可從中略窺一二。事實勝於雄辯，讓我們來探討造成留學生不回國的台灣現況。

留學是一種失業救濟法

一九五八年夏天，陳誠廢除實施九年的「分發就業」制度，公佈改爲「輔導就業」，造成很大的社會不安。「分發就業」制度是針對大專院校及高級職業學校所舉行的綜合性就職考試，考上後政府有責任將其分發到官方或公營事業機構任職。這是有鑑於大陸時期畢業等於失業，失業學生到頭來卻成爲打倒政府的尖兵，因而事先加以防範的措施。一九四九年，陳誠當上台灣省省主席，蔣家政權也逃到台灣，決定將台灣做爲最後據點，斷然實施「三七五減租」、「幣制改革」及「公營事業整頓」等一連串的政治措施，當然其中有一部份確實有些成效。在「分發就業制度」方面，一九四九～一九五七年間分發就業者達三七五〇五人，但有時出現將理工科畢業生安置在區公所當戶籍員的不合理現象。

這種悲慘情形持續至今眞是毫無道理可言。相對於一九五五年的八千名待業者，實際就業者僅有三千多人。一九五〇年有八五％的合格率，一九五七年卻減至三〇％。這並不是學生的素質降低，而是政府不僅無法裁減冗員（反而將來自大陸一五〇萬難民的大多數當做公務人員任用），甚至連龐大公營事業機構的缺額亦呈現飽和現象。

政府將其改爲消極的「輔導就業」的一個理由是，民營事業機構已開始發達，可以吸收很多人就業，但是當時台灣大企業都是公營事業機構，因此對就業生而言簡直是緣木求魚。

若再廣泛地觀察，今日臺灣產業萎縮，不只是大學畢業生，無論是高中、初中甚至小學畢業生，畢業後都無法避免失業的命運。大學以下的學生畢業後還有升學的途徑（但競爭激烈引起種種弊端，此點容後有機會再述），遠赴國外留學反而成爲大學畢業生的失業救濟方法之一。一九五八年七月底召開的第三次臺灣省議會中，郭國基議員發言稱：「每年大專院校的六千人應屆畢業生中，能就業的不到三分之一，約有四千人失業。」於是，台灣省議會在一九六〇年八月廿九日通過徐灶升議員的提案，放寬出國限制，使有能力的學生儘量出國留學。

徐議員對提案做出以下的說明：「本省土地有限，生產亦有限，然而人口卻不斷增加，將來糧食與就業會造成大問題。失業救濟是當務之急，畢業生一旦失業，沒有失業保障，將會產生矛盾心理，久而久之會自暴自棄，走向惡途。此對社會風氣會造成影響，甚至危害國家安全。基於此點，有必要讓青年到國外自由發展。」

臺灣留學生的權利與義務

有如奇蹟般地，從這種心理狀態誘發出一股建設性的意志力，使這些留學生變成打倒蔣家政權的伏兵。大家都知道蔣家政權是青年學生最大的敵人。蔣家希望的是儘可能將臺灣全島變成一個集中營，將人們監禁在裏頭奴役。從現今的兵役延長、降低當兵年齡及遍及各地的特務網，即可看出其野心。對留學生出國以窮極無聊的方法加以限制，加上用繁瑣的出國手續干涉出國，其心態就是不喜歡青年學子出國。

但是蔣家政權自身既然標榜自由萬歲，在面臨畢業即失業的社會不安下，要限制青年學子出國是不可能的。雖然國民黨政府不喜歡青年學子出國，仍不得不維持留學生選考制度。此點已在一九五九年七月十日的《政治評論》社論「爲留學制度向政府建言」中早已言明。文中指出：「明知留學生學成不歸，今後不論是公費或自費留學，無須再讓青年學子出國。」「原是爲國家培育英才，反而變成爲外國培育人才。」這種極端的論調甚囂塵上。但是該雜誌又不得不採取下述論點，亦即「留學生學成不歸，又不是這一、兩年才發生的事，政府睜一眼閉一眼的目的是要讓達官顯要子弟逃避兵役，出國尋求安全的地點，臺灣人是沾了這些權貴子弟的光才能出國留學。」

看到此種光景，出國留學的臺灣留學生的前途在那裏？打從一開始就應該抱定決心，要在自由的國度裏爲留在島內的親友們努力研究學問，同時也要堂堂正正地爲臺灣獨立爭取權利與義務。

（刊於《台灣青年》八期，一九六一年六月二十日）

受虐待的國小學生（Ⅱ）

1. 敷衍的官方統計

統計資料的來源是依據一九六〇年度《中華民國年鑑》『最近兩年國民教育發展概況』（一九五七年十一月三十日立法院教育委員會省教育廳長劉真之報告）。

另一份資料是日治時代教育最普及時期——一九四四年（昭和十九年）國民學校概況：

班級數一三二五一　學校數一〇九七所

學童數八九八四二四人（其中日本人五二、三七三）

教職員數一五四八三人（其中台灣人八、三二二）

學齡兒童就學率七一・三%（其中日本人九九・六%）

國民黨政府拿這個數字作比較，大肆宣傳台灣國民教育發展成功。依據一九四七年制定的中華民國憲法第一六〇條：「六歲至十二歲之學齡兒童，一律受基本教育，免納學費。其

事項	學校數	班級數	學童數	教員數	職員數	教職員合計	學齡兒童升學率
58年	1,654	30,945	男 879,395	男 21,979	男 3,177	男 25,156	男 97.37%
			女 763,493	女 12,910	女 712	女 13,622	女 92.15%
			計 1,642,888	計 34,889	計 3,889	計 38,778	計 94.84%
59年	1,757	33,586	男 947,041	男 23,934	男 3,377	男 27,311	男 97.16%
			女 830,077	女 14,355	女 762	女 15,117	女 93.61%
			計 1,777,118	計 38,289	計 4,139	計 42,428	計 95.44%
比較發展	103	2,641	男 67,646	男 1,955	男 200	男 2,155	男 0.24%
			女 66,584	女 1,445	女 50	女 1,495	女 1.46%
			計 134,230	計 3,400	計 250	計 3,650	計 0.60%

貧苦者，由政府供給書籍。……」

國民黨政府在戰亂的大陸沒有充裕時間實施憲法，只能在台灣苟延殘喘地實施義務教育。台灣人口在戰爭結束時約六百餘萬人，但到一九六〇年時人口（包括從大陸撤退來台的難民）已激增到一〇七〇萬人。以上述增加比率來計算，年平均出生率為三．五％，居全世界第一或第二。十四歲以下者佔全體的四四．五％（在歐美則佔二五％），台灣人口問題的嚴重性與國民教育的重要性可想而知。

依據立法委員伍根華的說法，國民小學一個班級需要一．五名教師，而一九五八年度僅有一．二人。現在每年增加五、五八九班級，若依此比例應增加三千名教師，但是師範畢業生只有二千餘人，再怎麼說都人手不夠，不得已只好採用素質較差的教師。

概觀國民小學教師的資歷，依一九六〇年九月廿三日《公論報》報導指出，該年度教師節（九月廿八日）受表揚的教師中，連續工作二十年以上者有三九九名，其中四〇年以上者有四十六名；三〇年以上者有一〇七名；二〇年以上者有二四六名。從這數字看來，現有的三八〇〇〇名教師中，沒有經驗的教師佔九〇%（相對地，依日本東京都教育廳資料顯示，公立小學教員的平均工作年齡為十五年十一月）。

2.微不足道的教育經費

國民學校教育的目標在於「注意國民道德涵養及身心健康的訓練，傳授生活上所必要的基本知識與技能」。依據憲法第一百六十四條「教育、科學、文化之經費，在中央不得少於其預算總額百分之十五；在省不得少於其預算總額百分之二十五；在縣市則不得少於其預算總額百分之三十五。其依法設置之教育文化基金及產業，應予以保障」，單依字面來看，這眞是宏偉的規定。

但實情又是如何呢？以一九五八年度爲例，中央政府總預算計七〇億元，但教育（含科學、文化）費僅一億二九一二萬元，不到二·六%。

當年度台灣省總預算計卅一億一〇九八萬元，扣除對地方的補助費及中央的合作費合計十八億元後，本身僅剩十二億餘元。其中，教育費爲三二五五〇九六五元，僅達總預算的一〇%強。同時，其中包括：

反共青年救國團　八二七四〇〇〇元。

(青年團)寒暑期訓練經費　二八〇〇〇〇〇元
(青年團)各縣市支隊事業費　二三九四〇〇〇元
航空協會、航海協會、騎射協會、登山協會、青年寫作協會經費　四八〇〇〇〇元
亞洲青年活動費　二〇〇〇〇元
各級學校軍訓教育經費　二〇〇〇〇〇〇元
隊員訓練中心經費　二〇〇〇〇〇元
軍訓設備　二〇〇〇〇〇元

預算就如此毫無計畫地平白消失。

在末端的縣市財政方面，以一九六一年度的台南縣來看，總歲入一四〇八九〇七七〇元，但教育費五七七三二五一六元，佔五七・九%。與其說縣市如何重視教育，不如說教育是如何造成縣市的過重負擔。從以上得知，教育費是由中央撥給省，再由省交給縣市，最終是由一般大衆負擔。

3. 嚴苛的稅捐及雜稅

極端地說，國民黨政府的義務教育制度等於是將身無寸鐵的小學生強制送入集中營，然後再將餌交給如豺狼般掠奪者的一個機構。爲此，國民黨政府設定貪得無饜的課稅，但教室

不足、惡性補習及兒童營養不良仍然到處可見。

一九五八年九月廿二日的《公論報》社論「困擾學生家長的額外負擔」指出：「秋天，中小學校新學年開始。但新學年一開始，父母就得爲學費奔走。外界對台灣的教育發達評價很高，但對父母肩負的經濟重擔卻渾然不知。

當然，還有許多規定的學雜費必須繳納，而且幾乎是繳不勝繳。此外，尙新增許多『規定外負擔』，讓人產生疑惑與怨恨。

最普通的『規定外負擔』就是強迫購買書籍。因爲國民教育係義務教育，所以不分貧富均應由政府提供教室、教師、教科書及教具，但目前國民學校學童在入學時必需繳數十元的費用，其中參考書及小學生雜誌也涵蓋在內，如果不繳納則不允許入學。若貧窮人負擔不起時又如何呢？

我所聽到的是，學校當局在販售書籍時可以收取回扣。另外，當督察來時預先教導學童如何藏書。假如果眞如此，問題就很嚴重。前者有貪污嫌疑，後者有教唆爲惡之罪。我們可以容許神聖的教育機構發生這種現象嗎？

接著是校舍及教室建築費的捐贈。因國民小學是義務教育，向學童要求捐贈的確是不合理，中學以上如是公立，由政府負擔是理所當然的。不繳納則不允許入學，這到底是什麼道理呢？……」

值得注意的是，有如豺狼一般的掠奪者就是家長會。

家長會在日本就是PTA，但兩者之目的完全不同。日本的PTA是與教師合作，提高學童讀書與訓育的效率，但台灣的家長會幾乎都是一些「學棍」（掌控學校的無賴）。他們假藉興學爲名，拚命爲自己謀求利益，常巧立名目發起募款運動，像「修建教室捐款」、「修建禮堂捐款」、「建校週年樂捐」、「圖書儀器捐款」、「教師費」、「補習酬勞金」、「畢業謝師金」等苛捐雜稅，幾乎都是家長會所發起。這些捐款都由學童的家庭分攤負擔，當然募款是與學校當局存有默契，由家長會提案，教職員代爲執行。

這種作法就如同酷吏或有權勢者的作風，但又比酷吏或有權勢者還要惡質。他們逮住學童怕老師的弱點，以及恐懼在朋友面前受辱，利用父母疼愛子女的心情，因此一旦提出募款金額，就一定要付諸實行。父母即使借錢也只好繳納，如不繳納只好讓小孩休學，甚至還發生有家長因而自殺的悲劇。一九五九年二月，台中市草屯中商分校的女學生方良美因沒有繳納「建校捐款」，在全校學生面前受到侮辱，因苦不堪言而服毒自殺。報紙有時會報導此種慘痛的犧牲事件，這只是其中一例而已。

4. 教室嚴重不足

前述伍根華立法委員於一九五八年九月廿六日在立法院再就有關教育問題提出質詢，其中之一就是教室的嚴重不足。「教室的嚴重不足，各國民小學採取二班制、三班制，甚至還有四班制的教學方法。這就意味著六年義務教育實質上短縮成三、四年。台灣人口急劇的增加，每年有二十萬就學兒童，政府因應方案在那裏？」

依據台北市教育局「一九五八年學年度班級編制及新設國民小學預定計畫草案」的統計顯示，台北市卅七所學校的現有教室（包括接近完成的教室），全部計有一二三一間。但一九五八年度的預定班級達二〇六二班，假設全部都是全天上課，則有必要增設八三一間教室。一間教室的建築費以十二萬元估計，全部約需九九七二萬元（當年台北市的教育預算為七、〇〇〇萬元）。

即使四年級以上採全天班而三年級以下採二班制，則仍不足二五七間教室，建造費約需三〇八四萬元。上述兩個數字還不包含桌子及椅子，附屬設備也不包括在內。

國民小學教室嚴重不足的原因之一是政府機構佔據教室。以台北市來說，市政府接收原建成國民小學使用；警務處接收原樺山國民小學使用；警察學校則接收原南門國小使用，這種現象非常普遍。另外軍隊、難民借用校舍，或以禮堂充當住宿場所者亦不少見。

這些具體的事實從《公論報》略可看出端倪。

台北市因爲每年都需要增設教室，但教育預算及工務局的承包工程等常被故意拖延，所以教室不足的問題越來越嚴重。新設的新和國民小學只掛起招牌，卻看不到教室與學童，學童都已被迫越區到螢橋國民小學就讀，而螢橋國民小學因容納不下只好採四班制，以致家長都很憤慨。該校現有九〇班，一年級學生有十三班，採三班制上課；二年級學生有十四班，三年級學生的十六班及四年級學生的十六班，均採三班制上課。五年級學生有十六班，採二班制上課；僅六年級學生的十三班，才是採全日制上課。這對學生的課業以及初中入學考試都有重大的影響。

教育局長盧啓華稱全市有四四所國民小學，其中大部份都有這種困擾，其責任在工務局。

學校若自己找承包商承建只要七萬元，但是工務局這種由上而下的承包方式卻要九萬元，這到底是什麼原因呢？

在台灣，一個班級平均擠入六〇個學生。一個學校若有一百個班級，則總數將達六千名，全世界從沒有聽過這種荒唐的事。一九六〇年十月，台灣省教育廳長劉眞寫給台北市長黃啓瑞的信中稱：「省議會建議台北市若干中小學校班級太多，中小學的班級原則應爲三十班，超過三十班時不應再增加而應另設新學校。如建國中學已有一百班，省立一中有九十班，老松、東門及西門等國民小學均已超過一百班，這種情形無論是教育或是管理均不容易，所以應該逐漸減少班級。

有關新設國民小學問題，請閣下訓令教育局規畫，降低官有土地的價格或是請民間捐贈土地。」

省教育廳將責任轉嫁至市長，市長大概又是下令教育局長擬定方案，但教育局長要如何處理呢？

連台北市都是這種情形，其他地方的慘狀可想而知。

今年六月三十日上午七時四十分，台北縣淡水鎮屯山國民小學一年甲班的第九教室樑柱倒塌，造成學童九人輕重傷。因爲那天剛好下雨，因此僅有二十數名學生進入教室，使得傷者較少，若像平常那種擠沙丁魚般的上課，慘事應會更加嚴重吧！這教室是日治時代建造的，依據李校長的說法，像這樣的老朽教室還有很多。

另一次是七月六日午夜苗栗縣頭屋國民小學倒塌事件。此次幸好沒有負傷者，但這也是因爲自一九三六年以來從未整修教室，導致樑柱腐爛折斷所引起。

一九六一年七月九日《徵信新聞》短評報導指出：「大屯校及頭屋校相繼發生教室倒塌事件，這種頻頻發生的現象好像一種風潮。殺人事件發生後常頻頻發生殺人事件，貪污事件發生後常頻頻發生貪污事件，爆炸事件也是接連發生而造成大騷動。增設教室呼聲逐年高漲，但沒人知道確實增加的學校到底有多少。相反地，我們又聽到台北縣政府所屬鄉鎮所編列的教育經費中增設教室的預算，不擬動用分配的款項。

因爲其他公私建築都大興土木，似乎應有分配增建教室的預算。如今看到如大屯校及頭屋校的教室倒塌事故發生，我們不得不重新討論增設教室及廢除二班制的問題。我們只希望各縣市政府利用這個暑假將既有的教室徹底檢查，該修理就去修理，該打掉就應該打掉，讓可憐的學童上學時不必再冒險，就深感萬幸。」

5. 偏頗的教育

教室不足導致的結果是學童的學力低下。

二班制授課的四年級小學生甚至無法接受良好的教育品質，堆積如山的課程根本不被重視，而受創最深的要屬五、六年級的學生。

至於音樂、勞作及體育等科目，六年來均不被重視。國內最受重視的科目還是國語，其次是算數，接著是常識。這是因爲到四年級爲止，授課時數不夠之故，因此教學重點均擺在這三科。到了五、六年級時，雖然授課時數約增加兩倍，但教育內容也相對增加很多，且爲了準備中學考試，不得不多讀點較難的東西，如此更加重學習的負擔。至於與考試不相干的科目只好擺在一邊，偶而教一些與考試無關的課程也是聊備一格。

以體育課程爲例，每週一個鐘頭（日本小學六年級上課三小時）的體育課，校長有時還會利用這個時間進行其他科目的教學。如果體育老師太閒，校長會令其監督打掃。體育老師大都是大專院校體育系畢業，不然就是過去運動界的明星選手，受此待遇當然會動怒。學生間流傳的口頭禪是「學生想上的課老師不上，老師想教的課學生不學」，這不是很悲哀嗎？

小學生的體育課程是振興運動的基礎。在這種情形下，難怪每年台灣省運動會的人氣愈來愈低落，紀錄逐年降低是可想而知的。

另一個問題是：教學內容的份量過多，學童根本無法負擔。舉例來說，常識課程中的陶器、玻璃製作等都規定要上課，但是連實驗設備也沒有，只用強記的話一點意義也沒有。至於算數，加減乘除的應用過於複雜，甚至需利用複雜的大、中、小括弧來計算。

批評學童負擔過重的聲音甚囂塵上，若說國民黨政府有什麼措施，則是將常識從中學的考試科目中拿掉。看到現在以考試為第一優先的國民學校教育，這種措施事實上等於是將常識由教育課程拿掉。以近代科學教育來說，此舉是相當沒有常識的。從入學考試要項來看，國語二個鐘頭一百分，算術一個鐘頭八十分。國民黨政府對國語的熱中近乎異常。觀其內容為：1.字形、單字；2.閱讀能力；3.作文能力。字形就是非常困難的漢字，為此甚至要求從一年級就要開始寫日記，但這種填鴨法所得到的國語成績卻看不出有何差別。一九五三年的大學入學考試中，滿分為一百分的國文，其平均成績僅有四五・二分。

在這裏有必要特別注意的是，國民黨政府特別將重點擺在國語，以及鼓吹偏頗的民族主義，除為台灣人洗腦之外，其中隱含的目的是為那些算數不好的中國人子弟護航。

6. 學童的功課

國小高年級學童每天上午最遲七點三十分以前就必須到校，下午七時左右下課。台南縣新民國民小學的情形更是破紀錄，學童如不在早上五點半前到校補習則要受到停學處分，且一直要到晚上十點才下課。中午時因爲吃完便當就要掃除，所以除了四十分鐘的午休外，就沒有其他休息時間。因此下課時間廁所常擠滿學生。這麼龐大的學校，廁所卻這麼少，也因而衍生風紀問題。

這些學校的授課是採塡鴨式教育，並且是用強記教學方式，雖然教師爲了升學率拚命教學，但擁擠的教室令學生感到煩躁，因此教師常拿起俗稱「愛的教鞭」來維持秩序。體罰雖然嚴格禁止，但是爲了管理反而是最有效的方式。家長也默許老師如此，並表示「理解」。

教育廳居然公然允許國小在晚上七點以前補習，並向每人收取補習費十元。但誰也不會遵守教育廳的規定，某學校從三年級開始補習，每晚補習到晚上九點以後，補習費爲二十元。還有些學校爲了提高升學率，將班級分爲考試班與非考試班，違反憲法的基本精神以及教育平等原則。

補習費變成老師的額外收入，其中竟有規定交二十元補習費的人不能發問，只有交三十元補習費的人才能發問。

夜晚，學童回家匆忙吃過晚餐後，又要到其他地方補習，且校外補習費特別高。補習完回到家已將近十點，作業沒寫完的人甚至要熬到十一或十二點。台灣的電燈非常暗，一般家庭大都沒有書房，學童們坐在高高的餐桌上埋頭寫功課。一列漢字一寫就是幾十個字，有時甚至幾百字。學校爲了兼作思想調查，更規定學童們必須寫日記。

讀者如有機會去台灣，就會看到頭大大的、眼睛凹陷、面帶菜色、帶著近視眼鏡的瘦高少年，這些人都是惡性補習的犧牲者。這就是國民黨政府誇稱升學率達九五%的國小學童模樣。

7. 惡性補習的必然性

惡性補習之目的是想要升入中學，而且若不是讀升學率很高的中學就沒什麼意義。同樣地，高中若不是升學率很高的學校時也是問題。大學若不讀就業率高的台灣大學，那也沒有什麼意義。因此，一些被稱爲秀才的考生不得不大量補習。在台灣，各級產業平均來說並不是很發達，可讓小學畢業、中學畢業或高中畢業的學生就業的企業並不多見。但是，若不一直升學，很快就會被拉去當兵。然而，大學畢業後有三分之二的人要失業或是處於半失業狀態。此點在〈不能回國的留學生〉那篇文章中已可看出端倪。

根據教育部長梅貽琦之前在國民大會所作的報告指出，一九六〇年三月時，全台灣中學及職業學校加起來共有三二七校，學生人數有二八七八一八人，每年容納新生的能力不超過四萬人。國小畢業生大約二十萬人，半數以上是志願升中學，但是供需不平衡的情形相當明顯。

就台北市而言，一九五八年度國民小學畢業生合計有一四六四四名，希望升學者有八六五四人。相對於此，一九五九年度的國小畢業生一六五三七人，希望升學者有一三三七八人。因爲前一年落榜者也參加考試，所以共有一四三五九人要升學。包括公私立學校，僅能錄取一一〇〇〇人，因此有三千人成爲失學者。但是中學的教學品質，無論是在校舍、教師、設備或是傳統方面，好壞差距很大。

以台北市來說，建國中學、一女中、師大附中是第一級的學校。二女中及成功中學是第二級的學校，一部份私立或市立學校則被列爲第三級。其排名是按大學的升學率爲準。

以台南市來說，男子學校（在台灣從中學起，男女分校）中，省立一中→省立二中→市立中→延平中→安南初中；女子學校中，省立女中→市立女中→安南初中。這並非都是基於一般的評價，而是聯招時依考試成績分配排名。考生爲了進入較好的學校而拚命補習，以督學臨檢及警察詢問或是檢查學童書包均不能有效防止。教育當局只好藉張其昀當教育部長的機會提出「免試升學」方案，亦即嘗試不用經過考試即可直升中學的方式。

8. 失敗的免試升學

自一九五六年起三年間，被選為免試升學實驗地區的新竹及高雄兩縣市，發生即使是現在也不太容易發生的慘事，怨聲載道久久不能平息。

《自由中國》早已於一九五六年三月十六日的社論「國校畢業生免試升學方案評議－實施結果只是嚴重損害義務教育」中，明白預測該方案一定會失敗。文中指出：「教育部果眞要根除惡性補習，提高國民教育，最少要做到三件事，至於免試升學應留待以後再討論。

(1)增設國民小學校舍，廢除二班制教學。

(2)提高教員待遇，使教師不因想增加額外收入而補習。

(3)提高教員素質，充實教學設備。使國民小學畢業生能完整接受六年的所有課程。」

但是，國民黨政府卻是抱著無所謂的態度，對於各地充滿著擔憂的建言充耳不聞，結果當然可想而知。

第一、升學者的激增導致教室、教師及教材等的擴充跟不上，而粗製濫造的結果使兩地的初中生素質全面下降。將來的高中入學考試時，可能考不過其他地方的競爭對手。

第二、雖然惡性補習情形較為收斂，但學童實力降低也是不爭的事實。這是因免試升學造成國民學校教師及學生雙方都感到安心之故，也因此使得學習熱誠大打折扣。

第三、爲實驗而急遽擴大初中，在免試升學廢止之後，經費來源突然中斷，不然就是急遽縮小。這對新的國小畢業生而言，恐怕會發生教室不足的現象。

弊端仍無法停止，二班制上課仍存在於國小高年級，之後惡性補習也發生在初中學生身上，原因是要應付高中考試之故。

9. 新愚民政策・省辦高中、縣市辦初中

雖然遭遇失敗的命運，但今年度新的愚民政策又要被拿來實驗。原本在大陸時期的中學是高中＝高中三年；初中＝中學三年。一般是將這兩種課程綜合在一起，但有的學校只有初中部而已，升高中要經過入學考試。但前者是如坐電梯般地可以直升高中，只有對非該校初中部的學生才設下門檻，因此這類學校考生趨之若鶩。這種電梯般的學校大都是省立學校。由於日治時代具有優良傳統的州立中學都被省所接收，因此教師的素質與設備都甚良好。以後新設的縣市立及私立學校是不能相比的。此次實驗將落差較大的省立初中部與縣立中學混在一起，目的是想分散考生，並期能冷卻惡性補習的熱潮。這對學制來說是一個很大的改革，其影響之重大遠高於前面的免試升學。

台北市與台南市被選爲實驗的白老鼠。由於新竹與高雄的慘痛經驗記憶猶新，使得被免除的其他縣市都鬆了一口氣。初中的數目終究不是高中所可匹敵的，但是財政困難的縣市因

要收容大量初中生，而使問題變得很嚴重。一九六〇年度，各縣市的教育經費合計爲七億四千萬元，佔縣市總預算的三六・八%左右。假如不到二五〇個班級的縣立高中要容納一、二一六班級的省立初中畢業生，就必須負擔經常費用六千萬元以及改建費六千萬元，總預算的四四%一下子就被瓜分，這對縣市財政而言相當可惜。因此，台南市財政科長即以財政困難爲由拒絕合作，一部份市議員及區里長亦展開反對運動。市議會議長蔡丁贊與副議長林全興與教育科長羅旭生一起北上，拜託教育廳長財政補助。但是省有省的負擔，無力對市給予特別補助。即使如此，但台南市的「市辦初中」仍被強迫。

稍早之前，在五月底的省議會教育委員會上，國民黨籍的梁許春菊及陳凱即向教育廳長劉眞提出下列質詢。

許：「希望能對新辦法說清楚，不能馬馬虎虎。」

劉：「這絕非簡單的事，慢慢做就好。」

陳：「絕對不能說只是實驗而已，眞要做的話即要有不動的信念。不能把學生當作白老鼠實驗。」

廳長只是笑笑沒有回答。

「那台北市應該先從那裏著手呢？」

「這其實很簡單，只要宣佈省立中學不收初中生；市立中學不收高中生，難道還有其他的辦法嗎？」

陳：「照這樣推論，只要把台北市做好……」

廳長、副廳長、科長三人齊聲道：「那當然！那當然！因爲國際人士眼睛都看著台北市，所以要做當然先從台北市做起……」

接著話題轉向經濟問題。

廳長：「財源有兩種，一種是地方政府新課徵特別教育捐，另一種是地方各自募款，請議會作決議，命令省政府去做。」

議員一致表示：「就這麼辦！就這麼辦！我們做出決議吧！」

（刊於《台灣青年》九期，一九六一年八月二十日）

(Ⅲ) 極不合理的聯考制度

1. 世紀末的試煉

七月是臺灣的考季。臺灣是常夏的島嶼，而這個月是一年當中最熱的季節，平均溫度達二八・二度，甚至約有一個星期到十天左右會持續在三十五度以上，而七月又是颱風的季節。這種考試季節令人難以消受。

我們試算一下次數，台灣計有初中（類似日本的新制中學）、高中（類似新制高中）及大專院校的入學考試。除此之外，另有留學考、高考（高等文官考試）及普考（初等文官考試）等考試。翻開報紙一看，到處都是考試報名或是合格放榜的消息。臺灣宛如已成爲一個龐大的考試煉獄，痛苦指數直達滿點。

爲何有這麼多的考試呢？這是中國文化一千二百年來科舉制度傳統下的一種國粹。因爲這種形式主義的國粹，所以有很多繁文縟節，而根本原因是人口相對於工作機會顯然過剩。

許多人無學校可去，也無其他工作可做。但若沒有工作而每天遊手好閒，則可能會被軍警視爲流氓抓走。

人們對於既腐敗又墮落的政府毫無信心。規定與制度多得令人眼花撩亂，不好的再怎麼改也是一樣。今天的機會並不保證明天還會存在，幾乎沒有多餘的心力去思考自己的未來。這個政府或許明後年就會垮台也說不定，總之是過一天算一天。像這樣的社會，只有具有學生身份的人才會過得比較輕鬆，經濟問題可依靠父母。以社會而言，學生身份也較有保障。身爲知識份子，足可引以爲傲，並可伺機逃到海外。

2. 供不應求，如雨後春筍冒出來的大學

二次大戰結束時，在臺灣有台北帝大、台北高校、台北高商、台中高農、台南高工等五所大專院校，(學生合計)不到二千人。一九五九年的今日則有國立台灣大學、國立政治大學，國立台北藝專、省立師範大學、省立成功大學、省立中興大學、省立台北工專、省立農專、省立海專、省立體專、省立護專、私立東海大學、私立中原理工學院、私立高雄醫學院、私立大同工專、私立淡江文理學院、私立台北醫學院、私立中山牙醫、私立實踐家政專科、私立東吳大學、私立靜宜女子商專、私立世界新聞專科、私立銘傳女子商專等。

加上今年度新設的私立逢甲工商學院、中國醫藥學院等，總數多達廿五所學校。十五年

前的台北帝大僅有文政、理、農、工、醫等五個學部，學生合計還不到五百人，現在卻有約七千名的大學生。一九四四年時，教授不超過一三七人，一九五五年雖增至六七九人，但過去平均三個學生分配一個教授，現在則是一百個學生分配一個教授。從這點來看，灌水的教育品質可想而知。「因爲一、二年級的國文與英文課程時數較多，在教授人數不足時，往往雇用中學教師充數，至於教授微積分的名教授常常才上三十分鐘的課就馬上結束趕場，而教化學的教授則因聲音太小幾乎聽不到。幸運的是學生的素質較佳，且因有些科系的成績較好，總算還能保住學校的名聲。」（引自一九五八年九月二日《公論報》所載〈期待明年的大專入學考試〉）

「教授們大都在補習班兼課，補習班以高薪聘僱教授。補習班並非眞正在『補習』，而是以傳授模擬考及考試要領爲主，其招牌甚至掛著有聯考出題經驗的教授名字」（引自一九五九年五月廿五日《徵信新聞》社論〈改進大學入學考試錄取辦法〉），這就是台灣高等學府——台灣大學與教授的實態。

日本戰後稱呼這些新增的大學爲車站便當大學，而台灣以雨後春筍大學來稱呼亦不爲過。連台灣大學都有上述情形，其他大專院校的賣點就可想而知了！這種學校能經營下去嗎？實在令人擔憂。但是，事實上卻能繼續再經營，因爲只要在素質上不過於挑剔，學生還是會蜂擁而至，只要用點手段，還是可以收取高昂學費與龐大捐贈。學校經營者將校產拿去放高利貸或以其他方法牟利，早已成爲公開的秘密。經營不善、導致資金無法回收或是破產的情形時有所聞。最近連續發生幾個事件即讓教育廳慌了腳步，如私立中國醫藥學院因爲與建校舍不付款，結果逼得營建業者在校舍屋頂自殺以示抗議。

3.可憐的落榜生

依照教育部長梅貽琦所公佈的資料顯示，一九六〇年三月台灣各級學校共有：國小總計有一七一二校，一七二二一三五人；中學(包含初中及高中)有三二七校，二八七八一八人；大專院校有廿二校，二七九三八人，合計二〇三七八九一人，佔島內人口的二〇%，實在是相當龐大的數目。在前述「受虐待的國小學生」中所看到的，因爲國小教育係義務教育，所以國小的入學與畢業均沒有問題，但如要再升學至初中，則很快就會碰到狹窄的關卡。今年度台北市要升初中的考生計有一萬七千人，但錄取名額僅七八八〇人(佔四十六%)，另外五十四%的落榜生沒有資格升上初中。說他們成績不好倒也未必，因爲即使平均八〇分也會落榜。若在其他國家，此種成績已足以使下一代小學生燃起求學意志，但台灣則以沒有足夠的學校收容爲由，被從國家所限定的名額中加以排除(但為了施行三民主義、反攻大陸，國民黨政府卻刻意忽視)，根本忽視國家的安全保障。初中畢業生在高中入學考試時，又必須再經過另一次令人恐懼的落榜經驗。今年度五所省立中學舉行聯招，相對於總數九千名考生，僅錄取二千九百人，錄取率爲三十四%。初、高中的落榜生只好傷心地就讀私立學校，墮落者就變成小太保(不良少年)，認眞者則繼續升學，參加大專院校的入學考試，爲自己的未來下賭注。

今年度的大專院校聯招，考生共二九九五九人，錄取名額一〇〇六八人，錄取率三三・六%。錄取率一年比一年低，雖然考生前仆後繼不斷增加，但大專院校並不是那麼容易就可增加。較之去年三五・三八%的錄取率而言，今年降低了一・七八%。因沒有其他大專院校可以收容，估計近二萬人將過著重考生的生活。大部份爲了準備明年的聯招而轉到補習班補習，但是變成太保的人也不少。不良少年問題已成爲台灣社會問題之一，以後有機會將另闢專篇論評。

4.學校壟斷聯合考試

一般而言，戰後台灣的入學考試均採用聯招方式，聯招是由複數學校聯合共同舉辦考試以招募學生，而且只實施一次考試，然後以成績高低將這些錄取者分配至各大學的一種制度。聯招制度說穿了就是一種聯合壟斷，把消費者的考生當作制度的犧牲品。

讓我們簡單探討這個制度的由來。大陸時期有些地區由二、三所大學進行聯招，這是爲了本身利益臨時採用的一種制度，當時與教育部毫無關連。之後，這種制度流傳到台灣，一九五四年由少數公立大學開始採用，當時範圍僅及於考試手續及入學考試兩種。一九五六年，聯招制度被大幅擴大，所有公私立大專院校及軍事學校均加入聯招，同年高中也實施聯合畢業考，部份畢業考科目轉成入學考試的科目，並強制性的分配錄取者。一九五七年則將軍事學校加入所有考生的入學志願表，然而軍事學校並未能如預期地募集到學生。同年，高中畢業考才和大學入學考分離，一九五八年取消高中的聯合畢業考，這是因爲學校及地區的差異性太大，學校間無法取得共識之故。

之後，對於沿用已久的甲、乙、丙組分類做若干變革，並且將軍事學校與一般學校徹底分離，由軍事學校自行舉辦聯招，考試日期排在一般學校聯招之前。

由於朝令夕改，考生無不對教育部如何出招戰戰兢兢。假設去年以某種形態舉行聯招，並不能預測今明兩年會照此舉行，如果教育部長換人，更會引起很大的騷動。至於爲何如此堅持聯招的原則呢？理由很簡單，讀者諸君應不會太過於訝異，那就是聯招可以「防止舞弊」及「節省時間與勞力」。

5.「防止舞弊」

爲何有「防止舞弊」的功能呢？那是因各級學校若獨自舉辦入學考試，學校當局即有舞弊之虞。雖然此說有辱教育者的尊嚴，但從現今學校教師的待遇與地位來看，確實有必要擔心其被收買而進行舞弊。雖然舞弊之說備受關心，但社會一般大衆對於教師仍然存有尊敬之心，反而是大有爲的政府對於教師的操守不怎麼信任，台大心理系主任蘇薌雨教授即曾孤寂地感嘆道：

「教育當局若爲了加強監督，可以使用別的防弊措施，國有國法、社會自有輿論與公評，這都可以制裁舞弊情事，且實際上只要校長秉公處理，拒絕旁門左道的入學，就足以防弊。」

然而，正如其對法律不當一回事般地，他們也不將輿論放在心上，對於自認舞弊高手的政府高官而言，蘇教授感性的語言也只是馬耳東風。

6.不可思議的「闈場」

入學考的題目不得由補習班老師出題是理所當然的，爲了印考題及準備答案用紙，特別設置「闈場」，苦心地防堵洩密。這些作法被新聞媒體廣爲報導之後，政府反而以此自吹自擂地廣爲宣傳，表示入學考試是如何公平無私，既安全無虞又足以信任，完全不覺得此舉有何不妥。尤其黨營報紙《中央日報》更是詳細加以報導。

「工作人員昨天（七月四日）下午二時三十分，魚貫地進入設在台灣大學的闈場。闈場與往年一樣設在台灣大學的圖書館，工作人員共有三十一人。擔任最高責任者的闈長是由台大教授楊明皓擔任，由聯招會派來校正與監督的有台大教授周廣周、政大教授皮述民、中原學院教授郭宏亮、工專教授萬足吾等四人，其他尚有事務員一名、庶務一名、工友一名、印刷工人八名。門外有警察看守，他們被關在一個有如孤島的小天地裏，與外面的世界完全隔離。不到廿九日下午三時三十分，他們無法呼吸到外面的自由空氣。昨日下午一時三十分，聯招會允許全國新聞界進入闈場參觀。教育部高教司司長姚淇清也到闈場巡視。試務委員會主任委員劉季洪已早一步來到闈場，並在闈場內舉行記者招待會，說明闈場內的狀況，程維賢教授則說明闈場內的工作。依其說明，闈場內再分成闈內及闈外兩部份。闈內部份被劃分成事務室、包裝室、印刷室及寢室。今年闈內備有四台冷氣及各種急救藥品。除此之外，今年還加強防火設備，並特別考慮食物的營養與衛生，各種食器回收時也進行徹底檢查。闈外的管理是由台北市警察局和台大警備隊擔任，夜間則以燈光加強照明。程維賢教授的說明結束後，由主任委員劉季洪率領新聞界參觀闈場，確認闈場的警戒嚴密，連鳥都無法飛進。

二時三十分，工作人員由主任委員劉季洪點名，在高教司司長姚淇清及警察的監視下，一個個進入闈場，開始六天的監禁生活。」

在此種情況下，每次考題外洩都會引起很大的騷動。今年初中入學考試即發生如下的事件。在七月十八日時，上午從八時三十分到九時五十分間有數學考試，經過三十分的休息後，十時二十分開始考國文。但在十時三十九分時，前一節的數學考試題目及標準答案卻已有業者以一份五角販售，且已經賣出數千份，陪考的家長們均埋頭計算成績。考題外洩是被嚴格禁止的。由於無論記憶力多好的考生都不可能暗記全部考題，而且還要做出標準解答，再加上裁切、印刷及販賣分送的時間，無論如何都不可能在短短的二十分或三十分內完成，所以一定是事先從內部外洩考題。

此外，一般解答試卷會故意遮掩考生名字，讓人無法作弊，但是台北市陽明山地區的初中入學考試考場，卻有監考人提醒考生要將名字寫上，此點不禁讓這些家長們起疑。（引自一九六一年七月十九日《徵信新聞》）

7. 荒謬的考題

台灣的入學考試到底考些什麼內容呢？以今年度的大專院校聯招為例，考試時間的分配比例為：

七月廿八日（第一日）

上午八時～九時五十分	國文
十時二十分～十一時四十分	數學
下午三時～四時二十分	化學（甲、丙組）
	歷史（乙組）

七月廿九日（第二日）

上午八時～九時五十分　英文

十時二十分～十一時四十分　三民主義

下午三時～四時二十分　物理（甲組）

地理（乙組）

生物（丙組）

各科　作答八〇分鐘，滿分一百分。

誇稱承繼漢民族四千年悠久文化正統的國民黨政府，施加於考生的「國文」試題確實程度很高。

一、訂正下列文章之錯誤：

1.學則不故（論語）

2.君子不棄（論語）

3.學而不思則忘（論語）

4.振古樂今（復多爾衮書）

5.懲忿室欲（白鹿洞書院學規）

二、解釋括弧中的字義：

1.(造次)必於是，(顚沛)必於是。(論語)

2.(輿薪)之不見，爲不用(明)焉。

3.老弱(轉)乎溝谷，壯者散而(之)四方者，幾千人矣。(孟子)

4.常在乎(出處)，(去就)，辭受(與取)之間。(與友人論學書)

5.小大之(獄)，雖不能察，必以(情)。(曹劌論戰)

三、將下列文章翻譯成白話文：

1.曰：「獨樂樂，與人樂樂，孰樂？」

曰：「不若與人。」

曰：「與少樂樂，與衆樂樂，孰樂？」

曰：「不若與衆。」(孟子)

四、作文：

論「己所不欲勿施於人」

這些都是儒教的內容，眞不愧是復興中華文化的先鋒，五四運動時「打倒孔家店」的科學思想及合理主義均被丟在腦後。蔣介石崇拜孔子的心理頗接近袁世凱，他不但成立「孔孟學會」這個組織，而且命各大學校長均爲會員。學生從小學開始就被灌輸孔孟思想，上述的「國文」題目或許會令我們汗顏，但對他們來說或許並不難。

接著，讓我們來介紹其中最簡單的「三民主義」題目。所謂「最簡單」的意思係指範圍不大，且熱門題目一再出現，大概都猜得到題目。

1.心理建設與革命建國大業有何密切關係？（三十分）
2.要實行三民主義，爲何必須反共抗俄？（廿五分）
3.民生主義中同時論述平均地權與節制資本的理由何在？（廿五分）
4.解釋下列名詞之意義（三十分）
(1)政治——政權——民權
(2)天賦人權——革命民權
(3)直接民權——間接民權
(4)中央集權制——地方分權制——均權制

若不按國民黨一黨專政的國體及反攻大陸的國策回答，即不屬於善良的國民，若是國民黨信仰者越多，則政府越是滿意。若是故意抗拒不照這樣寫的話，落榜是理所當然的，甚至可能被列入危險份子的黑名單。

依據聯考制度，六個科目中若有一科零分的話必定落榜，然而今年度的數學特別難，有很多考生拿了零分，最好的也只有四十分，考完後每個考生都鐵青著臉走出試場。聽到這種事情，家長之間即引起很大的騷動，最後立法院也不得不討論此一問題。出題老師辯解說：

「考題都依規定出自高中的課程，只是將考題稍作變化。」但這種題目即使是大學數學系的學生也要花上兩個鐘頭才能算出，如今卻要求高中畢業生在八十分鐘內完成，出題老師即使是笨蛋也要懂得分寸。因此，家長們都非常憤慨，然而卻沒有聽說考題委員會及聯招會要負責的報導，他們總會是找些理由搪塞，最後仍是無疾而終。

來自台灣的留學生最初大多會因日本大學的教授方法而吃盡苦頭。日本的研究所教育中，教授都是任由學生自由研究。學生自己選題目研究，教授僅提供建言。相反地，在台灣則是採塡鴨式的教育，無論是在學問上或是思想上都毫無自由的風氣，而習於被動的學生，毫無上進讀書之意願。這就是爲何去日本留學會吃盡苦頭的原因。

此外，台灣留學生的通病是不能吃苦，只會投機取巧地想盡辦法儘早取得學位，此乃源自於中國人的形式主義、要領第一主義的影響。

8.「節省時間與體力」

台灣的大學若採取單獨招生，則考生必須東奔西跑，確實很浪費體力與時間，同時報名費也是一個很大的負擔。在台灣，考生父母當低薪公務員的很多，政府並不是沒有考慮到此點，但是從另一方面來說，時間與體力的浪費更是無可避免。各校獨自招生時，一流學校的A校隨時都可以招到想要的學生，至於二流學校的B校，雖然在A校之前舉行，但爲了確保學生不會另外再去報考A校，因此必須超額錄取。如果在A校之後招生，那麼只好錄取一些沒考上A校的考生，一切都將落於A校之後。至於三流學校的C校，由於受到A、B兩校的牽制，事情將更爲嚴重。因此除須超額錄取之外，甚至還須再舉辦第二次或第三次招生。此點無法瞞過人們雪亮的眼睛，也確實有學校曾被監察院彈劾。但是假如採行聯招的話，從出題到錄取分發全都由具有權威、又有組織的聯招會負責，教師們不會犯錯且不須浪費體力，考生也不必東奔西跑，費神去重複考試。報名費也只要花一次。國家處於非常時期萬事從簡，因此認爲這是至今最好的方案，而這種制度也就被一直沿用。但是，這眞是最好的方案嗎？

今年度報名日期訂爲七月三、四、六、七、八日，共五日。

台北地區：甲、丙組　台灣大學(原台北帝大)
　　　　　乙組　　　師範大學(原台北高校)
台中地區：甲、乙、丙組　中興大學(原台中高農)
台南地區：甲、乙、丙組　成功大學(原台南高工)
花蓮地區：花蓮師範舊址

三、四日是集體報名，在校生由學校統一報名，六、七、八日是個人報名，主要都是重考生。假如在這一區報名的話，就不能到其他地區考試。全台灣共分成四個考區，爲了分散年年增加的考生，聯招制度在這點上確實做到省時又省力的效果。

大致而言，考生不會越區考試，也就是說都會就近報名。然而，沒有考場的台東地區考生，他們不是到花蓮地區考試，就是到台南地區考試，因此考生無不怨聲載道，光是時間與交通費就令人頭疼。依地區的不同，監考官的寬嚴亦可左右考生的幸運與否。去年台北地區監考特別嚴格，相反地，台中地區就比較鬆。監考比較鬆的地區，則較有機會考上好學校。今年度設在省立第一女子中學的台北考區，竟有老師找台大學生代替監考（一九六一年七月廿九日《徵信新聞》）。

9. 以數字呈現的各大學排名

甲、乙、丙組的分法是一種很粗糙的區分，甲組包括醫、理、工科；乙組分爲文、法、經濟科；丙組則分爲農及動植物科。在此，讓我將去年度的錄取標準作一說明（數字是去年的最低錄取標準，滿分六百分）。

甲組（本年度考生總數九八八三人，預計錄取名額合計三九八四人）

(1)台灣大學：理學院　數學系三九九，物理系四二七，化學系四〇七，地質系九九四，心理系三八九，地理系地理組三八八，氣象組三八九。醫學院　醫科四四〇，牙醫系四〇三，藥學系四一九，醫事技術學系三九七。工學院　土木系四二三，機械系四一〇，電機系四一九，化工系四一七。農學院　農工系裝機組三九六，農業水利組三九六，農化系土壤肥料組四〇一，農業水利組三九九，農業製造組三八二。

(2)師範大學：教育學院工教系三五一，理學院理化系物理組三五六，化學組三五五。

(3)成功大學：文理學院數學系三六五，物理系三七一，化學系三七四，工學院機械系三八一，電機系三八四，化工系三七四，礦冶系三七四，土木系三九一，建築系三八四，水利系三七九。商學院商工管理系三六六，交通管理學系三六三，夜間部電機科三二二，機械科三一一，土木科三二九。

(4)省立農學院（升格為中興大學）：農化系土壤肥料組三六一　，農產製造組三六〇，化學系三五五。

(5)台北工專：機械科三四一，電機科電力組三四五，電訊組三四一。土木科三五〇。化工科三四二。紡織科三二八。

(6)省立農專：農化科三二一。農機科三〇二。農田水利科二九八。

(7)海專：駕駛科三二五。輪機科三一二。漁撈科二九六。水產製造科三〇四。造船科三二八。河海工程科三一三。

(8)東海大學：理學院物理系三七一，化學系三六八，化工系三七四，建築系三七五。

(9)中原理工學院：物理系三〇六，化學系三〇三，化工系三一四，土木系三二三，水利系三

○八，建築系三一六。

⑽高雄醫學院：醫科四○一，牙醫系三三七，藥學系三三九。

⑾淡江文理學院：數學系二九四，化學系三○○。

⑿大同工專：機械科二九三，電機科二九六。

⒀台北醫學院：醫科三九五，牙醫系三二九，藥學系三三五。

⒁中山牙醫：牙醫科二八八。

乙組（報名總數一五五八三名，錄取名額合計四八九三名）

⑴台灣大學：文學院中文系三五八，外文系三九一，歷史系三六八，哲學系三五九，考古人類系三五七。法學院法律系法學組三七五，司法組三六九，政治系三六○，經濟系三七七，商學系會計銀行組四○四，國際貿易組三九三，工商管理組三八五，社會學系三六二。夜間部法律系三二四，商學系三三○，外語系三三二。

⑵政治大學：文學院教育系三四五，中文系三三八，東方語文系三五○，西語系三五二，法學院政治系三四六，外交系三七○，新聞系三五六，邊政系三四二，財稅系三四八。商學院國際貿易系三五八，會統系三五○，銀行系三五五。夜間部中文系三一三，西語系三一八，會統系三一八，政治系三一五。

⑶師範大學：教育學院教育系三五八，社會教育系各組三五三，体育系二七六，童軍科三○

二，文學院國文系三三九，英語系普通組三七一，實驗組三七七，史地系三五一，美術系三〇七，音樂系二八一。

(4)成功大學：文學院中文系三二九，外語系三三五，商學院會統系三三九。

(5)省立法商學院：法律系三二〇，行政系三二〇，地政系三一九，社會系三二〇，經濟系三三〇，會統系三二七，工商管理系三二八，合作系三二三。

(6)海專：航海科三一二。

(7)東海大學：文學院中文系三三五，外語系三五三，歷史系三三八，經濟系三四八，政治系三三九，社會學系三三八。

(8)東吳大學：法學院法律系三〇七，政治系三〇五，經濟系三〇七，會計系三〇四，外語系三〇九，中文系三〇二。

(9)淡江文理學院：外文系二九五，商學系二九三。

(10)靜宜英專二八一。

(11)大同工專：工商管理科二九三。

(12)世界新專二八六。

(13)銘傳商專：銀行保險科二四八，會統科二四五，國際貿易科二六九，商業管理科二四〇，商業文書科二三七。

⒁國立藝專：影劇科二八九。

丙組（報名總數四五三八名，錄取名額合計一二二七名）

⑴台灣大學：理學院動物系動物生物組三九一，漁業生物組三八五，植物系三七五，農學院農藝系三七六，植物病蟲害系昆蟲組三七七，植物病理組三九八，森林系三九三，畜牧系三七二，農經系三七九。醫學院護理系三五八。夜間部農業推廣系三四八。

⑵師範大學：教育學院家政系三三六，衛生教育學系三三三，理學院博物系三四二。

⑶省立農學院：農產系三三七，森林系三五九，植物病理系三三七，昆蟲系三三〇，農經系三四一，園藝系三二七，農教系三二六，植物系三二七，畜牧系三二八。

⑷省立農專：農藝科三一七，畜牧獸醫科三一六，森林科三二〇。

⑸省立護專：三〇五。

⑹東海大學：理學院生物系三六八。

⑺實踐家專：家政科二三七。

10.有幾十個志願是不合理的現象

從上表可以大略掌握台灣大專院校之內容、大學排名及考生的志願傾向。「學院」在中國是指綜合大學的大學部或單科大學，戰前在台灣係指私立的中等職業學校。國民黨政府接收台灣之後，最初曾將學院畢業生視爲大學畢業生而重用，成爲啼笑皆非的鬧劇。相反地，高等中學則以高中畢業生任用，反而發生在日本可以通用的中等教師證書不被承認的錯誤。台大「法學院法律系法學組」要如何翻譯成日文？「系」翻成英文是department，因此應與日本大學的「學部」相對稱。

甲、乙、丙組中最難的是台大醫學院的四四〇分，相反地，最簡單的是銘傳商專的商業文書科二三七分，高低差了二百分。乙組中最顯著的現象是外文系比中文系還要難考，因此外文科系較受歡迎，這顯示學生們對於橫寫的洋文比四四方方的漢字還要有興趣，原因是想到國外呼吸另一種空氣。

政治大學原本是國民黨爲培養行政幹部而在南京設立的學校，但同樣是國立大學且由來已久的北京、中山、中央、武漢等大學卻不被容許在台灣復校。一九五四年政治大學第一個在台復校，因此受到台灣報紙嚴厲的批評。但批評歸批評，學生畢業後找工作卻很好找，以各科系的平均值來看程度算是很高，此點可說明競爭的激烈。

至於報名表，若是甲組就在甲組的範圍內寫上自己志願的學校。只要願意，每人均可塡上幾十個志願。無論是從台大醫學院醫科或是海專的魚撈科都可以塡。這並不是笑話，實際上就有學生寫上那麼多志願，這些人怕的就是成爲落榜者。心裏想只要先在一個學校取得學籍，明年再重考，但是這樣更是辛苦，這難道不是「時間與體力的浪費嗎」？

台北醫學院的創設人胡水旺先生對這種不合理的現象指出：「錄取者被強制分配到私立學校，大部份的人對學校均不抱有熱誠，更甚者還認爲這是一種屈辱，打從一開始就沒有讀書的意願，只希望隔年再重考一次。對學校的經營而言，學生並不成問題，假設有甲、乙兩個學生同時參加聯招，甲以機械科爲志願；乙以當醫生爲志願，考試的結果如果甲考四〇〇分，乙考三九〇分，高雄醫學院是甲的第十五個志願，但卻是乙的第一個志願。然而依照考試規則，甲的成績可以進高雄醫學院，而乙則落榜。就學校的立場而言，錄取以高雄醫學院爲第一志願的乙，比錄取非以高雄醫學院爲第一志願的甲還要有利。十分的差距並不成問題，有無學習的熱誠才是重點。假如是單獨招生的話，那麼甲根本不會來報考高雄醫學院！」

11.「聯考」破壞教育制度

原本聯考制度是以計畫教育爲導向，在美國及日本歷來就有人研究自然學科或選擇人文學科。爲了矯正這種偏頗的現象，才有聯招制度的產生，但若無做學問的熱誠，當然學問也不會有成就。如果考量考試科目的比重傾向綜合成績的話，考生就會平均準備各個學科，但這樣不容易造就天才。

聯招的壞處是學校間的差距越來越大。無論是大學或是國民小學，擁有日治時代留下的傳統者，其設備與師資均較優良。以大學來說，台大、師大、中興大學農學部及成功大學工學部較好；以高中來說，台北建國中學(原台北一中)、台中一中(原台中一中)、台南一中(原台南二中)三所是明星學校。日治時期的州立高中學生佔大專院校錄取者的大部份。如果是縣立或市立學校其程度就差更多。私立學校想跟公立學校較量的話，必須發展其特色，不過這並不那麼容易。因此，好學生都集中在公立學校；壞學生則集中在私立學校(當然這只是一般論，公立學校也有壞學生，私立學校也有好學生)。

對考生而言，一年只有一次聯招機會，幸運與否關鍵在於些許的差異。有時資優或成績優秀的學生也會因狀況不佳造成落榜，必須重來一年。每年在考場均可看到由擔架運走的急病考生。中間休息時間如沒有聽到鐘響，遲到十分鐘以上則該科不予計分。過於緊張、過熱或是忘記准考證而由家長急急忙忙用車子載回去拿的情形也常發生，有時甚至有在考場裏昏倒的可憐情形。

有實力且維持良好狀況的學生或是運氣很好的考生，不管是參加單獨招生或參加聯招，均可如預期的考上理想大學，問題是那些中等資質的學生，而這些學生卻又是佔大多數。若是單獨招生，這些學生可以衡量自己的實力與興趣選擇兩、三個大學，並依照該等大學的特色去準備考試。假如A校考運差而考不上，一星期後或許考運變好，可在考B校時發揮平常的實力。由於這種情形很多，因此聯招對這些中等資質學生的影響就很大。對於舉行測驗的那一方而言，聯招也是敬謝不敏。近三萬人的考生，若每個人考六科，總計就有十八萬份的考卷要改。雖然計分係採一個老師看一個題目的原則，但是一個人要改三萬份考卷幾乎不可能。實際上是幾個人分著改。若是是非題或選擇題倒還輕鬆，但考作文或申論時，則由於改考卷的人觀點不同，當然給分標準會有很大的出入。前年有位考生考完「三民主義」後，將答案給某大學的三民主義教授看，教授拍拍他的肩膀說：「滿分」，但結果收到成績單後，一看成績只有三十九分（引自一九六〇年三月二日《公論報》所刊載，宣中文：〈學者專家談大專聯考〉）。

立法委員喬一凡於一九五五年視察初中聯招時，從堆積如山的考卷中隨意拿出六〇份，將個題的計分及總分做一個比較，發現計算錯誤的就有八份（引自一九五九年十二月廿一日《公論報》所刊載〈談大專夜校與聯考制度〉）。若以百分比來推算，全體三萬人中就會有六千人發生錯誤。如上表所示，一分之差就會爭得頭破血流，成爲關係生死的幸與不幸問題。由此看來，被弄錯的考生眞是可憐！

單獨招生時，報名在各地舉行，考試若在同一考區，監考者也一樣，考生減少時相對地，改考卷者也較輕鬆，因此較有公平性。

12.「聯考」還是持續存在

聯考的利害得失已經相當清楚，民營的報章雜誌早於一九五八年即曾展開激烈的討論，輿論也傾向廢除聯招制度，但是為何政府仍然不思解決呢？眞叫人不可思議。或許是因為單獨招生會使一些惡質的私立學校無法招募學生。是否因擔心私立學校會發生經營上的問題，而固執地繼續沿用此一制度呢？不管私立學校捐出多少政治獻金，但站在少數私立學校立場而與有強大發言權的公立學校為敵，我左思右想也想不通。

最後的一種理由是，因為聯招已經沿用數年，所以有必要繼續存在。這種想法有點牽強，但對國民黨政府來說卻沒有什麼稀奇，這是但求平安無事的消極主義下養成的官僚作風。對我們而言，或許只是簡單的改革或理當改革的事，但對國民黨政府來說，卻是驚天動地的大改革。教育制度的成效須經十年才能漸漸顯現出來，作為一個沒有保障的國民黨政府官僚，即使是興革有了一些實績也不會被獎賞，但萬一失敗就可能會身敗名裂。因此，因循苟且、大事化小、小事化無的社會歪風因而蔓延。結論是，為了個人及機關的利益，只好任憑聯招存在。不然，還有其他較積極的理由嗎？筆者倒想聽聽各位讀者的意見。

（刊於《台灣青年》十一期，一九六一年十月二十五日）

師道中落(Ⅳ)

日本教師的待遇雖然不是很高，但在社會上的地位卻很高，且一般百姓都知道要重視教育。台灣的情形又如何呢？大體來說，從大學教授到國民小學的教員，都被貧窮的生活壓得喘不過氣來，因此在崇拜權勢與金錢的社會風氣下，教師都毫無尊嚴而備受輕視。以下叙述在國民黨支配下台灣教師的悲慘情事。

1.我的經驗

戰後從一九四五年十月到一九四九年七月間，我曾在台灣省立台南第一中學(原台南二中)擔任教師工作。

當時，父親的一個商界朋友介紹一位來自廈門且身份特殊的人給我，因此人認識住在旅館的廣東籍新校長，故由他將我介紹給校長，雖然我對他們二人的談話內容頗爲緊張，但校長只對我隨便問兩句話就決定錄用我，並接著說：「從明天起，你就當接收委員，跟我到處走走。」讓年輕的我十分感動。

校長又說：「××老師若一起錄用的話，我可能會要你當教務主任。若是如此，我心理上就會比較踏實些。王老師，對你這麼說實在很抱歉，在中國大陸，學校的老師若沒有兩把刷子，是幹不來的。」

他斷然地說著，話中充滿自信，我幾乎毫無反駁的餘地，只有啞口無言。

當我在日本研究台灣情勢時（不是在台灣），我發覺他所言並沒有錯誤，讀者會在後面的敘述中瞭解其中原委。

我經歷了三年半優閒的教師生活，發覺校長將親戚遠從廣東叫到學校來，結果台灣人老師一個接一個被解雇，看了令人憤慨。另一方面，前天還坐在椅子上的中國人老師卻被認爲是共產黨而遭逮捕，這事更令我驚訝。有人告訴我，學生中有特務，不禁令人感嘆萬分。雖然我遭遇到很多不愉快的事，但我曾任訓導主任、圖書館主任、高中部主任、史地科主任、合作社主任等職務。當時我都用台語教學，而且無論在教師會議上或是上課時，我都是毫無顧忌地想說什麼就說什麼（請注意：當時國民黨政府還未逃到台灣）。

在這期間，我教過的學生已達數百人，我相信多少會對這些學子有些影響。這些學子現在都已長大成人，有的在公司上班，有的在當老師，也有的當留學生，散佈在全世界。台灣有句俗語：「有狀元學生，沒有狀元老師」，這些優秀的學生將來都將成爲台灣的中堅份子，同時也是我未來的希望。

另外，舊同事的音訊對我來說也是值得懷念的。他們十年來無事的生活，令人感到欣慰。比較起來，我這個不是狀元的老師，反倒是難掩悲哀。

理工科的老師爲了兼差補習，忙得不可開交，其中有的因「發財」而蓋了新家，完全不像過去那樣有氣無力，閒來無聊時摸麻將摸到天亮的朋友。

從國小轉來印象不怎麼深的體育老師，卻成爲國民黨的活躍份子。他眞是一個會利用權勢與地位的人。

我所認識的廣東籍校長不知何故轉任台北華僑中學校長，後來因遭僑生毆打而遭解雇，只得回台南經營補習班，但最近卻去當私立長榮中學的一般教員。

我的薪水從三年半前的八百元「調升」到四八〇萬元，但在比率上，這份薪水還是跟以前一樣，不夠我的香菸及零食花用。

翻開最近拿到的同學錄，當時約僅三十名的教職員，現在已膨脹到一五〇名。高、初中部學生數也從十八班九百名學生，膨脹到三千名。因此只得將農場打平，剷掉山崖部分，加蓋校舍，與後側的成功大學(原台南高工)連在一起，眞可謂是「面目全非」。

一般人常會胡思亂想，「假如我仍住在台灣的話……」；「假如我仍在台南一中教書的話……」；「假如……」。我冒生命危險逃離台灣，這些點點滴滴，有的是親眼看到，有的是從報章雜誌看到的活生生殘酷事實——

2.〈尊師重道，哀教師〉

以下是一九五九年一月十六日《自由中國》所載，胡虛一所撰相同標題的文章。原文副題爲「作爲一個中學教師的感慨」。

與現在中學教師的生活相比，我所處的環境好像天國一樣。暑假剛過，新學期一開始，接著就是教師節（註：孔子誕辰紀念日是國民黨政府慶祝教師的節日），援例在形式上都會像大拜拜一樣大肆張羅一番。這種「斯文掃地」、「萬般皆上品，唯有讀書低」的社會風氣下，這到底有什麼好處呢？

筆者雖只是一名教師，在教師節不免有些感慨。但若瞭解在學校裏的境遇，當可理解我們到底過的是什麼日子。

這幾年來我所任職的幾個學校裏，聽到同事間私下談到一些流行用語，我將它命名爲「四化主義」，即：

校長職員官僚化

工友老闆化

學生不良化

教師奴隸化

今日「自由中國」的中學校長與其他大小職員全部都已官僚化，換句話說，沒有官僚化的中學校長幾乎沒有。現在學校的工友也有勤勉、老實的，但一副老闆樣子的也不少。現在的學生在「自由中國」的訓導活動管理下也都變了樣。不良風氣盛行，此點在日常的報章雜誌也時有報導，而有關教師奴隸化則需另外考慮個別的情況。

假如在一所學校裏，校長是政治人物，則當然他會吹起一股官僚風，且他所用的教職員當然也是考量政治關係來做安排，且比教育需要還要優先考慮。被安置的職員自然要仰賴校長的鼻息。上行下效，到處都聞得到官僚化的氣息。校長所用的工友個個來頭不小，背景也很複雜，有些是跟隨多年的部下，有些則是上級長官引薦來的。這些工友大都是狡猾之流（「老油條」），人變「油條」且不做事又會規避責任，怎麼叫也叫不動，變成好像老闆一樣。

在這樣充滿政治人物的學校裏，教師如果認眞教學則被視爲異類，不但會被認爲笨蛋並受到排擠。在簡直是毫無作爲的情況下，當然免不了會被奴隸化。

在這種政治風潮下，「黨化」、「團制」（青年救國團的管制）備受學校重視，所教育出來的學生都是一些「戰鬥英雄」或是「革命青年」。

筆者生不逢時，教師生活幾乎都是在這種政治氣氛濃厚的學校渡過。筆者所碰到的校長也幾乎都是政治人物。例如，曾作政府專員兼縣長者、保安司令部的軍人、前國民黨書記等均是對黨國有所貢獻的「忠貞份子」。有這種人物當校長，學校不可能變好，當然也不可能期望大家會對這群人「尊師重道」。

讓我再詳細說明前述的「四化主義」。

一、校長：

我所遇到的幾個校長（或是多數的校長）對於教師與學校的關係全然不懂。依現行規定，中學、職業學校及師範學校教師全由校長聘用，其關係是依聘書而形成的「職務關係」，而非依任命形成的「主從關係」。聘書的內容大致載明「茲敦聘台端爲本校XX科專任（或兼任）教員」。

但形式歸形式，校長自始即視教師爲自己的部下，開會時是以訓話的口氣，隨時都要求教師行九〇度鞠躬禮。公文上如不在句子前面寫上「XX鈞座」；句尾不寫「職XX呈」的話，校長就不滿意。

教師中有人努力忘掉自己的尊嚴，這還不都是爲了自己與家人的飯碗。他們有些人家產大都留在中國大陸，爲了生活只好忍受這種屈辱。另外腰桿直不起來的原因是，有一群圍繞在校長旁邊興風作浪的人組成「官邸派」（在校長官邸出入的團體），這些人成爲校長的眼線，他們以同事關係或是其他關係結合在一起，形成學校的「樞密院」，或是校長的貼身打手。在校內充當校長的護衛團，在校外則是校長的宣傳隊，督學來校之前這群人就事先打點，宴會時遇有空檔，就唱作俱佳地述說校長是如何善盡職責的管理學校。

對於這些「官邸派」成員，校長當然不會忘掉這個人情。老師授課時敷衍了事，在宿舍打麻將，校長也均視而不見，年底考評總是獲得甲等考績。

二、職員：

筆者所遇到的都是一些政治校長，因此見怪不怪地各處室主任、組長均充滿官僚氣息。即使只作一些雜事的書記或幹事，也比教師還囂張。他們雖然敬畏校長，卻不把教師當一回事。以我的經驗而言，爲了校務向這些人拿筆墨等文具時，不低頭拜託幾回是不會送來的。宿舍窗戶玻璃破了或是電燈壞了，須諂媚地看他們的臉色才行。

在三年前，我知道某校有位庶務組長曾因食用油及煤炭的代金問題（註：當時台灣公務員有實物配給），在很多人面前痛罵教師。另外，校長的老部下以退役軍人身份當幹事，有天夜晚邊拉胡琴邊大聲唱歌直到深夜，鄰居的英文教師請他放低音量，但卻引起很大的騷動，幹事的朋友之一罵道：「我等爲了抗戰荒廢學業，不像你們是大學畢業的，混蛋！大學畢業又怎樣呢？你也不過只是一個貧窮的教師罷了！」這位教師非常氣憤，在會議上提議，教師與職員的宿舍因爲工作的關係應該分開，但結果落得四面楚歌，最後不得不辭職。像這種職員侮辱教師的事件，在今日的學校中時有所聞。與其說是「教職員」，不如稱爲「職教員」還比較恰當。

三、工友：

工友可分成二類來討論。一是「忠厚型」的，這大都是指台灣籍的工友。他們大都遵守時間，默默盡自己本份做完工作（廁所的打掃、校園的清掃、搬運重的東西……），然這些人卻備受欺壓。另一種是「油條型」的，這類型的大都是中國籍的工友。如前所述，他們來歷複雜，雖然背景不盡相同，但「油條型」的就是指這群人。特別是一些退伍的軍人，他們既懶惰又狡猾。口口聲聲、大言不慚地說：「在黨政方面有後台可靠」；或是「不滿的話去找蔣主任告狀吧！」（註：蔣經國係退伍軍人輔導會就業委員會主任）這些人比較喜歡打掃較爲簡單的教員辦公室、服務台、休息室、閱覽室及合作社等，特別是希望打掃校長官邸。校長官邸除有三輪車夫外，幾乎沒有一個校長不用好幾個工友。邇近，「忠厚型」的台灣籍工友也漸漸變成「油條型」。有鑑於此，我就不曾叫工友做過一次事。

四、學生：

一般而言，學生與教師較親近，他們原本應屬被教導的一群，但是最近我對他們十分失望，今日的學生讓人不太願意與他們接觸，師生的感情幾乎毫不存在。我認爲今日台灣的教育已經完全破產。只要認識今日教育的本質立刻得到解答。前面亦大略提到學校的一連串訓導活動已將做學習的氣氛破壞無遺，教育已被政治化。

「青年救國團」這組織是利用青年學子作爲累積政治資源的官方團體。「青年救國團」將焦點放在擁有大量青年的學校，在校外及校內普設「大隊部」。校長兼任大隊長，訓導主任兼任副大隊長，大隊以下又分中隊及分隊，形成一個緊密的組織。另外又有所謂「工作委員會」，由國民黨員的教師充當，承辦校內的團務。爲何要設立這種機構呢？原因是要利用學生充當政治上的誘導工具。學校的訓導活動是用來箝制學生的思想。省教育廳對各級學校暗示，如非國民黨員的教員，則不加以錄用。尤有甚者，如非屬該組織的成員私下與學生接觸的話，就會被異樣眼光注視，引起不必要的麻煩。有位教師曾說，在學校是不能當學級主任的，因爲當了學級主任後，就得變成箝制學生思想的打手，學生心中因而怨恨教師。如此，師生關係怎麼可能變好呢？

最近的學生不知禮儀，路上碰到老師也裝作沒看到。不只如此，有時還口出惡言如「幹你娘」或是「王八蛋」（笨蛋），更甚的是毆打老師。學生不良化有其不良化的原因。

五、教師：

很遺憾的是，現今的中學教師素質並非都很良好。多年來託張其昀教育部長的福，各級學校不斷增加班級，但教師的補充卻沒有相對的增加。教師待遇差，生活困苦，使得社會風氣輕蔑教師。好的教師只要有機會就會另謀高就，因此希望當教師的人不斷減少。前省教育廳長劉眞曾言「可將考不上就業考試的大專院校畢業生充當教師」（一九五四年八月十六日），這簡直是毫無常識的發言，學校反而成爲廢物的收容所。

以上所述教師的境遇只是一般存在的現象，事實上還有更甚於此的情形。「自由教師」係指非國民黨員的教師，國民黨員或是教師每月必須開「小組會議」，有時必須出席黨的委員會。他們的會議毫無忌諱地使用大禮堂、會議室或青年救國團的大隊事務室開會，他們必須依照黨團的命令行動。例如，高中部三年級學級主任被賦予勸誘學生加入國民黨的任務。從這觀點來看，他們是不自由的，而我卻反而是自由的。但對我來說，並沒能享有「恐怖中的自由」，反而是他們會議中的俎上肉，什麼時候會遭到不測仍在未定之天。更甚的是可能遭到所謂「安全老師」（原本稱之為「保安小組」，現在則稱為「安全室」）的注意。安全室因輿論的攻擊已被裁撤，但現在雖換成「業務管制室」，卻仍在執行其一貫的特務監視。

這種教育環境絕非是爲人師表的知識份子所能忍受的，但筆者與其他的多數教師一樣只能忍耐又忍耐，要怎樣才能沒有感慨呢？

3. 被家長毆打的國小教師

古亭國小教員九〇餘名，學生超過三千名，在台北市四十七所國小中，算是頂尖的國民小學。

一九五九年六月二十日，五年九班的級任女老師陳秀芹處罰一位平常不懂禮儀且成績也不好的女學生林曼華，因爲她當日的算術成績只考了十八分。陳老師爲了升學考試太過於熱心，而打了學生兩個手心，之後林曼華滿臉通紅地逕行回家。

中午學童下課後，陳老師與留在學校的學童一起用午餐時，林學童的母親怒氣沖沖由他父親林維涵（第X兵團保防官）陪同前來興師問罪，並用粗俗的話語辱罵陳老師。「有什麼事嗎？」陳老師話還沒講完，突然一個聲音響起，林母已打了陳老師一個巴掌，有些學童被此光景嚇哭了。陳老師哭泣地說：「請不要打了，假如我有錯，我道歉。」但接著林母又是一拳打在肩膀上，然後兩眼直瞪著陳老師腫起來的臉。林的父親在他妻子旁邊添油加醋的繼續罵道：「你這個台灣女人——」陳老師兩手摀著臉逃出教室，其後夫妻兩人揚長而去。

但這事件並未了結。當日下午林維涵帶警備總部保安司令部第二處的保防官兩人，將在教師辦公室的陳老師拉出來，就在教室裏開起「臨時法庭」，強迫寫自白書，想要製作對自己有利的證據。

外出歸來的陳炳蓎校長知道此事後，唯恐成爲新聞炒作的話題，命令全校職員三緘其口。然後帶陳老師與林維涵到派出所寫和解書，並強辯是「兩人互毆」。總務主任並對陳老師說：「請自愛，辭職回家帶小孩吧！」

此事件並沒如陳校長所期盼的全校職員三緘其口，反而被新聞大大地報導出來，造成很大的社會問題。

林姓夫妻受到輿論的攻擊，答應在全校師生面前謝罪，但在答應的日期卻以「有事要到桃園」為由不見踪影。警備總部保安司令部發言人王超凡少將表示，要將林維涵的同事林步梯及黃校雄送軍法審判以平息輿論。台北市教育局局長林清輝原先看軍方臉色發表聲明文，重申體罰學童是令人遺憾的事，之後看到軍方聲明才改變姿態，說陳老師發揮忍耐的精神，保住教師尊嚴，誇稱陳老師了不起。古亭國小的教職員一致批評校長阿諛權勢的態度，並表示當局如果沒有合理的解決，將全體罷教。

媒體對此事件的論調實在了不起。讓我在此介紹其中的自立晚報社論：〈師道何存！法律何在！〉

「古亭國民小學教師陳秀芹過於熱心教導成績差的學生，忽略不得處罰學童的禁令，打了幾下手心。從教育的觀點來看，這件事或許不對，但其動機來自一種責任感，對學童的身體也未構成重大傷害。沒想到此事竟引起家長的不滿，夫妻兩人結伴到學校興師問罪，當著學童的面前毆打老師，甚至唆使特殊身份的友人強迫寫下自白書，計劃讓人啞巴吃黃蓮。此事不得不令人感嘆，師道尊嚴何在？法律尊嚴何在？

依據今早的報紙，林維涵表明將向陳老師謝罪，警備總部保安司令部也發言表示已將兩位職員逮捕，在輿論下，似乎可以期待此事件的和平落幕。

但這事件背後所隱藏的卻是一般人對師道的認知，及一部份人對法律的認識。我們為了提高教育效果及教育水準，有必要將教育制度與設備合理化，而最重要的是要讓教育者能安心任教，若無法使教育者安於其位，一切都將徒勞無功。其中，最重要之一是改善待遇，使生活無虞，另一點是提高地位，贏得社會全體的尊敬，並給予精神上的安慰。

在此並非是在討論物質待遇的低微，但今日即使是精神上的安慰，也只有每年教師節聽一聽『尊師重道』之類的話而已。

雖然我也曾嘗試問過一般人，其心中是否有無『師道』這二個字。古亭國小教師被家長打了一個巴掌的事件，僅僅代表一種現象，那就是一般父母眼裏只關心自己子女，幾乎完全沒有『師道』這個觀念。

在這裏我們不只悲哀師道的蕩然無存，更悲哀教育的前途？

林維涵的妻子毆打教師事件，正暴露出社會整體對師道的輕蔑，並且幾乎是毫無保留的輕視。

我們是民主國家，無論是誰均應體認尊重法治是民主化的第一步。但是在今日的社會裏，權力觀在人們的心中普遍存在，因而假藉治安人員詐財事件層出不窮，陷人於不義之事，在最近的報紙上都有廣泛的報導。爲何壞人會假藉治安人員詐財呢？別無其他的理由，這是因爲很多治安人員作惡多端，讓百姓深受其害，加上一般百姓崇拜及畏懼權力的心理所造成。如果不除去這種心理障礙，法治精神就無法培養，民主的觀念也無法確立。」

老師處罰學生沒有什麼大驚小怪，在所謂斯巴達式的教育裏雖不至於公然稱讚，但一般也默許這種行爲。

4. 學生毆打中學教師

嘉義縣立大林中學梅山分校初中三年平班的導師王人傑毆打學生陳英賢事件，是只有在國民黨政府統治下才會見到的特殊例子。一九六〇年五月廿一日，王人傑老師在任課的教室裏以「本縣選舉的感想」爲題，要求學生寫週記。所謂週記是一種類似日記的筆記簿，每週寫一次感想。寫週記時，原則上要用毛筆寫，有兼習毛筆的意思。級長每週收週記，然後交給導師，再由導師閱讀並加註評語，最輕鬆的方式是只批一個「閱」字。

若是用不太靈光的中文寫評語，反而會惹人笑柄，甚至會凸顯老師的思想傾向而可能惹禍。在我那時代，認爲中國的文字形式未免太過簡單，例如「閱」這個字，意思是「寫得很好」，並加上評語。學生與老師都是抱著應付的態度，所以只要隨便寫寫，盡點義務即可，但是現在卻不行了。

陳英賢在週記中老實敘述自己對國民黨提名候選人的意見，對現任縣長黃宗焜及國民黨所採取的非民主選舉不滿，並表示他尊敬青年黨的候選人許竹模。王老師卻批評其「思想不健全」。五月三日的班會上，王老師在講堂上說：「陳英賢的思想不健全。青年黨是惡黨，大陸時期當共產黨的走狗。」列席的管理組長更主張「應該將陳英賢退學」。班會結束後，王老師爲了懲罰陳英賢，叫他到操場罰站。陳英賢不從，王老師便狠狠地修理陳英賢，不但打傷了他，還到派出所指稱陳英賢思想不健全，要求警察加以管教。陳英賢無法平息自己的憤怒，向監察院及教育廳提出訴願，司法機關亦以傷害罪及誣告罪起訴王老師。該事件由嘉義地方檢察處偵辦。

一九六〇年五月廿二日，《公論報》社論以「嘉義大林中學學生陳英賢被毆打事件」爲題，做出以下評論。

「該事件雖只不過是在一個小小的縣立中學發生，但內容與影響卻不可等閒視之。

第一、以『本縣選舉之感想』爲題，測試學生對現實政治的理解度，這件事從公民訓練角度來看並非不合理，但每人的看法各有不同，應允許學生自由地將感想寫出來，不可要求學生的答案都是千篇一律。少數的學生有反對的意見應加以獎勵。對於不滿現狀的學生，動輒冠以『思想不健全』帽子，禍首就是『黨化教育』與『形式主義』。假如學生作文不合老師的意，學級主任應指導學生如何寫週記，然後再向上司報告，以作爲思想教育完全成功的證據。

第二、體罰爲教育廳所嚴禁。假如學生的思想『不健全』那也無妨，畢竟才只是初中的學生，應好好地教育讓他痛改前非，引導至『健全』的路，這才是身爲教育者所應有的態度。若動輒在教室公然斥責，或仿效共產黨的做法進行人民裁判，這樣怎能達到『洗腦』的效果呢？

陳英賢拒絕接受罰站也不是沒有道理的。做爲人師，按照自己的意思毆打學生，這不正犯了嚴禁體罰的禁令嗎？假如各級學校的思想教育與政治訓練都是用皮鞭來強制學生遵行，我相信絕對不會有好的成果。

第三，青年黨絕非『惡黨』，大陸時期也絕非共產黨的走狗。全中國人的都知道，甚至進步的國民黨員也認爲如此。國民黨公開文件裏也都稱青年黨及民社黨爲國民黨的友黨。假如青年黨是『惡黨』，那麼與『惡黨』爲友的國民黨不也是惡黨嗎？假如青年黨在大陸時期是共產黨的走狗，在台灣的青年黨員不都成爲一群共產黨間諜，全部都該加以逮捕嗎？國民黨籍教師們將友黨視爲惡黨及共產黨走狗，並以此教育學生，這對於現實的政治是一大諷刺。這件事的法律問題目前正於法院審理的階段，我們暫不予以評論。有關教育問題的部份，教育當局應該追究其原因，要求各級學校不要再發生類似的事件，且應努力不讓學校的訓導管理工作墮落成奴隸教育。」

5. 小學教師的生活

台北市的小學教員約有三千名。根據非正式的統計，計有三分之二以上結婚並有子女。單身者『住』的問題比較容易解決，但已婚者的煩惱則較爲深刻。

依據台北市政府當局的聲明，台北市三千名小學教師中，比率上每一百人當中僅有二人分配到宿舍。已婚的二千名教員必須要二千間宿舍才足夠，單身者一千人當中五人合住一間，合計須二百間宿舍。若平均三萬元可建一間獨門獨院的宿舍，則總共須七千萬元經費。但台北市今年度預算僅夠建四十戶。住宅問題若要全部解決的話，就如同要等待百年河清一樣，幾乎是不可能的事。

現實上，這些小學教員是如何解決住的問題呢？大多數學校教員只好住在學校的倉庫或是學校樓梯間的違章建築。能在校外租屋的僅限於夫婦兩人都有工作且負擔得起房租者。就以松山區濱江國小爲例，住在離校十公里處的稻田邊，從台北市內的宿舍騎腳踏車到學校須花四十分鐘。

大同區某小學老師每天很認眞教書，學校及家長會都對其表示感謝，他的家人是住在一個荒廢教室的角落，僅用幾張桌子圍起來吃飯、睡覺，除了一個床鋪再加上一些煮飯道具外，其他幾乎沒有任何東西。老師在電燈下使用一張損壞的桌子在改作業，並準備隔日的教材。另一個老師已是資深教員，現在的俸給是第十級，在所有教員中係屬薪水較高者，但其生活困苦不是外人所能想像的。本俸二七五元、職務加給九十元、研究補助費一百元、服裝費五十元、醫療補助費六十五元、宿舍補貼四十元。他有四個小孩，每人每月的家族補貼二十元合計一百元，他的總收入合計是七二〇元。小孩都有上學，因此依規定合計約有三百元的補助，平均每月收入共約一千元。這些收入必須用來支付每月的生活、衣服、交際、交通等費用。幸運的是他有一個小小的房子，不用支付房租。另外又有實物配給，如此生活總算大致能夠維持，但若家人中有人生病時就會捉襟見肘。

若是新教師則收入就更少。本俸一七〇元、職務加給九十元、研究補助費一百元、服裝費五十元、醫療補助費六十五元、宿舍補貼四十元，合計五一五元。即使有主食等實物配給，一個月伙食費若盡量節約控制在二百元以內，剩餘的薪水要用來付服裝、研究、醫藥、交通等費用就很辛苦。

今年九月十二日，二十號颱風造成台灣北部很大災害，颱風登陸地宜蘭縣所遭受到的災害最嚴重。政府將災民收容在國小及國中，這作法與日本大致相同，不同的作法是日本都是儘可能將難民疏散，採取盡量不要影響學校的正常教學，但國民黨政府則是沒有採取有效的善後措施。

蘇澳鎮的岳明國小在颱風過後一個月，難民仍舊未從學校撤離，開始時難民只是使用走廊，其後漸漸佔據教室，擔心鵲佔鳩巢的楊君熙校長，十月九日戒慎恐懼地勸導難民離開教室，結果卻在教室遭到難民群的圍毆與踢打。

縣政府非常重視此事，指示蘇澳警察分局追查嫌犯，但此事如何善了其後並無後續的報導。

這些難民並不是如日本人所想像是等待別人施捨飯糰那樣老實的老弱婦孺，而是一群平常住在自建小屋營生的中國下層難民。其自建小屋因颱風受損，使他們僅有的一點點財產也沒有了，因禍不單行受到災害，所以變成蠻橫的潛在暴徒。

他們並未體認到教育的意義，以借住身份來講其行爲並非理性，但他們已是絕望的一群難民。

楊校長之被毆及侮辱，應該就是這個原因。恐怕警察當局也不可能從這群人中找出嫌犯。

6.精神錯亂的法籍副教授夫人

國立大學副教授費海璣氏常在《大陸雜誌》等投稿文章，他是一位年輕學者，在日本也略有名氣，他留法專攻比較民法。一九五九年響應國民黨政府歸國優待辦法，帶著戀愛結婚的妻子與小孩一起回到台灣，在當時曾被報紙大肆報導。

教育部很快將他引荐到大學，但卻很冷淡地遭到拒絕，結果當了三個月的「無業遊民」。「比較民法」這種新穎的學問在台灣的大學中並沒有該課程。他生活潦倒，多次到教育部領生活費，最後終於謀到國立編譯館的職務，但屬於非正式職員，月薪一千三百元，並在師範大學兼課三個鐘點，講師費三百元。但若從中扣掉八百元的租金、自來水費、電費、衣服費、教育費後即所剩無幾。

「我並不畏懼貧困的生活，但最低的生活條件還是必要的。我從歐洲回國，爲的是替祖國盡些微薄力量，懷才不遇我並沒有怪誰，我內心所不能忘懷的是，相信我而跟我一起回國的妻子與三個小孩。」

十月十日，台北的街道因國民黨政府慶祝國慶節到處都十分熱鬧。不認識半個人的法籍夫人在人潮中經過三個小時才被找到。以下是費先生接受新聞記者採訪時訴說其際遇。

費夫人爲自己取個名字叫費百朵，這「洋鬼子」之家不時有突然闖入的不速之客，家中玻璃有時也無端被石頭砸爛，每天都過著驚心膽跳的生活。在學校上課的小孩被人罵「雜種」，時常被欺侮而哭著回家。買東西時，一支一元的蠟燭卻被敲竹槓爲九元。坐計程車時因爲語言不通，被故意載得到處亂跑，再收取高昂的車費。這眞是一種民族歧視。費先生不只一次看到夫人與三個小孩抱在一起痛哭。夫人已經多次要求回法國，但以費先生微薄的薪水，根本不可能湊出回法國的旅費。夫人曾威脅說：「愛我的話，就請把我殺掉吧！我知道你是愛我的。」當然這是不可能做到的事。但費先生也無能爲力改變現狀，最後費夫人終於精神錯亂，於十月十日那個熱熱鬧鬧的節日中離家走失了。

（刊於《台灣青年》十七期，一九六二年四月二十五日）

(V) 毫無成效的僑生政策

中共與國民黨政府的華僑政策

國民黨政府拚命呼籲海外華僑子弟回到台灣求學。國民黨政府極力「爭取」僑生，當然是因爲要與中共競爭。依據中共方面的報導指出，全世界有一千二百萬華僑，國民黨政府方面則宣稱有一千三百萬華僑。其中，香港、澳門、菲律賓、南越暨北越、泰國、馬來西亞、新加坡、印尼、緬甸、汶萊等東南亞地區的華僑占大多數。由於這些華僑的經濟及政治實權相當大，因此國民黨政府、中共及東西兩陣營都對其動向非常關心。中共的華僑政策爲「保護華僑的正當利權與利益、同意國籍的自由選擇、喚起華僑對祖國的愛、獎勵華僑匯款回國、對華僑的國內投資提供優惠，以及歡迎華僑回國投入建設與學習」，可明顯看出它對華僑經濟力的重視。中共透過駐在國的外交機構或華僑團體，以及透過華僑在國內的家人或已經歸國的華僑（人數約在一千萬人左右）等加以籠絡（一九六一年六月十九日《祖國》雜誌刊載，蕭昌明撰〈檢視中共的「僑務政策」)。後者是利用個人的情誼訴求，比前者還有效。可惜的是，國民黨政府沒有這種力量。不只如此，由於一二〇〇～一三〇〇萬華僑中約有六百萬係廣東出身，而前述約一千萬的歸國華僑以及與華僑有淵源者中，約有六百萬人住在廣東。台灣也有可算是廣東出身但沒有地緣或人緣關係的客家人。從這點來說，國民黨政府較中共不利。

國民黨政府的華僑政策是自稱中國正統政府，是海外華僑的「自由祖國」，因此強調他才是華僑唯一應該效忠的對象。國民黨政府不只沒有保護華僑正當權利與利益的力量，甚至也沒有公開承認華僑有自由選擇國籍的肚量。至於華僑的國內匯款，也因華僑在台灣幾乎沒有家累親戚，所以根本不可能有所期待。投資獎勵措施也因本身的腐敗無能，早已廣為華僑所知，所以完全看不到實績。因此，國民黨政府的華僑政策只是能說空話。無庸贅言地，此點即使是僑居日本的我們也都耳熟能詳。

國民黨政府大肆宣揚擁有一三〇〇萬華僑，目的是利用他們作為向自由陣營(特別是美國)宣傳的標的。國民黨政府誇稱有一三〇〇萬華僑支持他們，一旦國民黨政府滅亡，一三〇〇萬華僑將轉向支持中共。若情形演變至此，透過這些可能轉化成共產主義尖兵的東南亞華僑，將使得東南亞迅速被赤化。我們不得不承認這種說詞對不知情的美國及日本的確非常有效。

華僑是自我中心主義者

但我從各種角度檢討的結果，認爲國民黨政府的宣傳都是誇張騙人的。強調華僑是中國人的這種說詞，不論中共或國民黨政府都是如出一轍，一般人也相信如此。但果眞是這樣嗎？大多數華僑具有中國人意識倒是事實，東南亞華僑的中國人意識特別強烈也似乎不假。中國人意識就是視其民族爲「東夷、西戎、南蠻、北狄」，這種輕蔑異族的意識也是另一種中華思想。與缺乏現代知識的東南亞當地人混居的華僑，其中國人意識特別強烈乃是理所當然的。至於美國、歐洲及日本等地的華僑，其中國人意識則較不明顯。夷狄也有較進步的部份，但華僑還是具有華僑的本質。

新加坡就是最好的例子。衆所周知，新加坡於一九五九年六月從英國殖民地獨立，人口一五八萬（一九五九年聯合國推算），其中所謂的「中國人」占一二〇萬人，可說是華僑國家。但他們獨立時，曾宣佈是中國的一省或是中國的屬國嗎？沒有！他們獨立的過程與中國毫無淵源，甚而成爲大英國協的成員。新加坡向中共及國民黨政府示好，僅是基於自身的利害關係而衍生的一種外交策略，並非對兩岸有什麼特別的興趣。因爲中國人意識也只不過是個人精神上的附屬品而已，華僑再怎麼說也要優先考量本身的利益。中國對他們來說並非祖國，而只是一個對等的外國。做爲新加坡獨立先驅的這一百二十萬華僑，大部份是福州籍的華人，他們雖然說福建話，卻把馬來語制定爲國語。他們採取的教育方針是抑制華僑學校所教育的中華思想。新加坡獨立後的走向，顯示海外華僑本質及其未來發展方向。換句話說，華僑已經是僑居地忠誠的國民，中共比國民黨政府更有勇氣認清此一嚴肅的事實。因此，中共現段階是以利用華僑的經濟力爲目的，將來則可能會採行將思想與祖國聯結的政策。相對地，國民黨政府則片面期待華僑對其忠誠，因此才會採行空洞的華僑政策。很明顯地，此舉從一開始就註定要失敗。

中共的實績

從中共控制大陸至一九五九年的十年間，華僑青年回國者約有六萬名。一九五九年下半年回國者開始減少，這是因中共統治的實情開始被暴露出來的緣故。但到一九六〇年，回國者又開始增加。這年有一千三百餘名回國打破最高記錄，原因是受印尼的排華政策與中共大量接納華僑的影響。一九六〇年的最初五個月，回國的華僑青年總計有七七九七名，但其中六千餘名是來自印尼（剩餘的一千餘名來自緬甸、新加坡、印度、北越、南美等三十餘國）。

中共最初十年間採「集中接待，分散入學」的方針，將歸國華僑收容在廣州、北京、廈門、汕頭等四個地方設立「回國華僑學生中等補習學校」，並依照他們的實力鼓勵他們考較高級的學校。至一九六〇年初，總計在各級學校收容五萬名以上的僑生。因一九六〇年回國者激增，除需擴充既有設備外，並需設法將他們收容在各地的中學。對中共而言，華僑學生「政治覺悟不足、文化基礎薄弱、欠缺勞動習慣」，因此擬訂「歸國華僑學生的教育係祖國社會主義教育的一環，因此應該服從社會主義教育的統一原則」方針，實施思想改造、個別指導及強制勞動。對於已經過慣自由主義、個人主義以及殖民地生活的華僑學生而言，中共的教育方針使其難以適應，因此很多人考慮離開中國，但並不如想像般地容易。最近來自香港的報導，中共向僑生的海外家長表示，只要捐贈一些款項，就能讓他們的子弟離境。依中共的本質來看，這種事並非不可能發生。

台灣的僑生

以上簡單說明中共的情形，目的是希望更容易理解國民黨政府的情形。國民黨政府開始收容華僑學生(僑生)是在一九五一年，比中共的行動還晚。但這是因國民黨政府有很多不得不優先處理的事情，諸如打擊反對勢力、肅清不穩份子等，而且蔣經國的獨裁體制漸有頭緒的那年正是一九五一年。一九五一年只有六十名僑生回國，一九五三年增加到八二六人，但仍遠不及中共的一〇〇八六人。但經由宣傳與勸誘的結果，一九五七年增加到六千餘名，一九五八年則更建立每年收容二千五百名的體制，這樣的成績已足可大肆宣傳一番。一九六一年六月底，教育部公佈抵台留學的僑生總數達八二一八人，其中大專院校的在校生有五八〇四人，中學在學生有二四一四人，詳細數字如後：

台灣大學	二三一五名	華僑實驗中學	八〇二名
僑大先修班	四二名	道南中學	二四三名
政治大學	八一九名	建國中學	二六六名
成功大學	八八〇名	新竹中學	二〇九名
師範大學	一二〇六名	北一女中	九八名
農學院	一〇二名	北二女中	一三六名
法商學院	六六名	師大附中	六六名
台北工專	四六名	台中一中	四六名
海事專校	六名	台中女中	二十名
護理專校	三一名	員林實驗中學	二五名
國防醫學院	二一八名	台北師範	八一名
東海大學	二五名	台北女師	九一名
藝術專校	三十名	嘉義中學	二八名
高雄醫學院	六名	台北護校	二四名

合　計　五七九二名

台中高工　二四名
合　計　二二五九名

（引自一九六一年八月九日中央日報）

總數不符是因爲包括無學籍的學生之故，我不認爲這是資料有誤。

他們來自二十幾個國家，其中最多的是香港與澳門，合計二〇七八名，其次是印尼一七六〇名，越南一二〇七名，馬來西亞一一九五名，泰國四一九名，韓國四一四名，北汶萊二六九名，菲律賓二〇九名。其他依照人數順序爲新加坡、柬埔寨、緬甸、印度、日本、寮國、馬達加斯加和葡萄牙。特別値得注意的是，香港與澳門地區的華僑占絕大多數。這些地區從一開始，自由陣營的旗幟就很明顯，但沒有足夠的本錢與中共打對台。備受關心的是，動態不明的南洋各地華僑的民心向背。國民黨政府原本鎖定的目標並非香港與澳門，而是希望那些來自南洋各地的華僑回國。但他們卻不踴躍回國，反而是來不來都無所謂的地區卻不斷湧進學生，眞是令人啼笑皆非。

在大學的僑生比在中學的還多，從上面的數字就可知曉。但這是國民黨政府與中共不同的特點之一。國民黨政府的方針是在吸引準備讀大學的僑生，而非輔導他們在台灣就業。接受四年的教育訓練後送回僑居地，使他們成爲支持國民黨政府的尖兵。此點與中共「一視同仁，適當照顧」的政策不同。國民黨的主要用意並非如中共將華僑加入六億的「藍色螞蟻」之中，而是希望他們返回僑居地替其活動。中共在當地的活動力比較不夠，但台灣方面則苦於人手不足，這是因社會情況不同之故，此點令人備感趣味。

一九五九年十一月十五日，台灣大學十四週年校慶中，梅貽琦校長公佈台大全體學生七三四二名（學士生七、一一一名）中，僑生有二三〇八人，占卅一%。台大一年的經費六千萬元（其中國家負擔二、九〇六餘萬元，來自美援及各種基金的補助約三千萬元），學生每人平均約分配到一萬元，僑生占卅一%強，對國民黨政府而言這是多麼得意的事，但對繳稅的台灣人卻是何等地不公平。僑生在台灣最高學府的台灣大學中佔卅一%，並非表示僑生素質優秀，而是一開始就設定保障名額之故。名額一多台灣人子弟就被擠下，台大的水準相對地也跟著降低，這是卅一%僑生所帶來的後果。

僑生來台的眞正動機

僑生來台的眞正動機是什麼呢？什麼樣的僑生才會來台灣？這可從有良心的僑生口中得知。

「僑生大多來自香港與澳門。從統計來看，政府很得意地表示盡量爭取僑生來台，但實情眞是如此嗎？在我僑居地就讀的中學是掛著青天白日滿地紅國旗且在台灣也有登記的學校，因爲我在班上一開始成績就很好，所以能到台灣大學就讀。但是我的學長們也有成績很好的人，雖不能說是全部，但幾乎大部份都進入紅色中國的大學。至於就讀中立或教會系中學的學生就更不堪一提。這種情形可以說是爭取僑生嗎？據我個人的瞭解，來台灣的僑生並非因學校的獎勵，也不是因宣傳資料而嚮往自由中國，他們多數是因家庭因素而來台。例如，有的是雙親過去在(國民黨)政府下做事，對政府抱有好感，有的是商人或地主階級子弟，但絕非如政府機關所宣傳的全是菁英。

我們應該『爭取』的對象是立場中立但隨時可能動搖的青年，更應該爭取可能加入共產主義的份子，這樣的任務才是比較重要的。

香港及澳門地區過去的比率是：留在香港及澳門地區的人半數進入中共的大學。這些人都是優秀份子，另外半數有一半就業，一半進入當地大學，這些人是成績稍差的人，只有極少數的人才來台灣。

但現在狀況略有改變。主要原因是中共的眞相被人看清，已經沒有人再對中共政權抱有幻想，所以這並非是國民黨政府爭取得來的。近年來的情況是：進入中共大學的人急速減少，僅有少數人會去。但在香港與澳門工作的人，以及進入當地大學的人仍僅佔半數，而大部份都是成績好的學生。這是我的觀察所得。來台的人數雖然激增，但也僅比去中共政權那邊稍多一些而已。雖然程度比以往稍好，但並沒有爭取到大部份優秀份子。」(一九五八年四月

一日《自由中國》所載〈一個僑生的意見〉

墮落的僑生

此外，僑生帶進國內的物品頗引起海關的注意，因有人專門利用特權進行走私勾當。僑生幾乎不用考試就可以進入學校，因此有些人想盡辦法要取得僑生證件入學，想以不正當的手段擠進大學窄門。由於美援之故，僑生可使用專用宿舍。與大陳島撤退者所居住的小屋相比，可稱是擁有相當豪華的設備。國民黨政府雖然設有特務的舍監來管理，但因特務也知道僑生有特權地位，因此他們也不太敢過於管理。國民黨政府盡量討好僑生，爲的是讓華僑對「自由祖國」留下好印象。被寵就容易囂張乃是人之常情，更何況是集貪污、腐敗、無能、暴虐等惡德於一身的國民黨治下的台灣。僑生從懷疑到幻滅，由絕望到墮落，也是無可奈何的事。僑生身穿夏威夷衫，下著窄褲，戴著太陽眼鏡，用流暢的英語或僑居地方言高聲談話，旁若無人地在街道昂首闊步的景象，在台北並不稀奇。騷擾女性，遇到弱小的人就斜眼瞪人。在XX幫的不良集團中，這些人占了大半。他們靠人數多，進行勒索、竊盜、搶劫、強姦以及殺人，無所不爲。

舉一個具體的例子說明。去年五月六日凌晨零時左右，有位台大學生在校內被三名暴徒襲擊。他們手拿凶器脅迫被害人，搶奪現金七十餘元、手錶、鋼筆等。不到一小時後，他們被警察逮捕，調查結果知道他們都是二十歲左右的僑生。後來他們雖然轉學到別的公立中學就讀，但也因素行不良而遭退學處分。他們都住在基隆路三段的僑務委員會附設僑生宿舍，聽說是因沒錢花用才做案。

該事被新聞媒體大肆炒作，教育部長黃季陸哭喪著臉說：「因品行不良被學校退學的學生，教育部也無能管教，只好讓他們退學，這並非身為教育家的恥辱。」原來如此！這雖是一種好的說辭，但教育部的立場仍是十分尷尬。僑務委員會的工作是：盡量把僑生吸引到台灣，再多也沒關係。用較粗俗的比喻，就如同是皮條客。一旦將僑生吸引到台灣，其後就由教育部去安排。教育部就如同笨蛋傻瓜一樣，負責安排他們入學。華僑實驗中學是為僑生專設的學校，大部份僑生都進入此校。學校方面也是依照原來的目的在應付。有個相當出名的話題是，該校僅僅二、三年就已經更換四、五位校長，亦有被學生毆打而離開學校的校長。以筆者在台南一中任教時期的廣東籍校長為例，他才剛轉任該校沒多久，即被學生毆打而落荒逃離。台南一中是連做夢也沒想到會有此種情事發生。一般的學校原應把僑生以普通學生的標準來衡量，但因僑生的比例太多，受到水準較低的僑生影響，學校整體的水準也跟著降低，這變成一種潛在的嚴重問題。從僑生在台灣社會的特權地位觀之，會遭退學處分的僑生，其素質之差可想而知。為了保護學校的權威與存在，雖有退學處分這種制度，但國民黨政府教育部卻很為難。畢竟政治考量仍優於教育考量。

「應該擔憂的僑生問題」

從此事件報導中，我們了解到有良心的中國人是以何種心情來看待僑生問題。極端的言論是：「犯人是僑生，這不只是僑生本身的恥辱，也是學校的恥辱，社會的恥辱，不！應該說是國家的恥辱。」爲何將這三名退學僑生的犯罪行爲說成是國家的恥辱呢？「政府以種種優待措施與方便爲號召，呼籲華僑青年歸國求學。第一是，希望青年們能在自由祖國接受高等教育，這種水準的教育在僑居地是不可能享有的。第二是，爭取華僑的支持，強化對自由祖國的忠誠心。

但假如部份華僑青年回國後沒有認眞求學上進，染上吃喝玩樂的壞習慣，進而變成不良份子，更甚至犯法被關到牢裏，則遠在僑居地的家長知道後，他們對於自由祖國會有什麼印象呢？他們是否會懷疑祖國是一個怎樣的社會、怎樣的環境呢？

政府對於僑生應該比一般青年給予更多的關心，要多照顧他們。一般的青年起碼有家庭與親戚照料與分擔責任，但海外華僑將心愛的子弟送回祖國求學，因不能在旁就近照料，而委託政府代爲照應。因此問題發生之後，從他們的立場來說，這都是政府的責任與錯誤，因此僑生的管理極爲重要。從以前就有部份僑生染上惡習，輿論亦建議要政府留意，此次強盜事件的發生，可見政府對僑生的管理是如何馬馬虎虎，且毫無改進的意圖。

首先是，公立學校將『品行不良』的僑生退學，這種措施適當與否不無疑問，雖然只是黃季陸教育部長的個人意見，但退學處分是違背除惡導正的教育崇高理想。他說自己沒有立場表示意見，但如果一般學生退學，其家長總會想些善後措施加以補救，但將高中也沒畢業的僑生退學，他隻身在台無法繼續完成學業，也不能就業，只好到處遊蕩。假如其家庭在海外，且經濟上並非富裕，那麼只有走向墮落一途。

僑生退學本身代表一種嚴重的訊息，但教育部與僑務委員會仍蠻不在乎地僅將他們收容在宿舍裏，作爲事件的解決方法。此外，宿舍管理員未能預先防範犯罪，亦不無責任。已經知道他們幾個人都早已是登記有案的不良青年，但卻毫無因應與防範之措施，如今再怎麼強辯都於事無補。

我們知道歸國求學的僑生大多是努力向上且優秀的青年，染上惡習者僅是極少部份。至於品行不良遭退學處分者更是少數中的少數，特別管教這些極少數的不良份子，應該沒有困難才對。然而，教育部與僑務委員會卻沒有方法來解決。最起碼應該不要讓他們失去生活目標，變成異鄉的流浪者。退一萬步想，有些幾乎是束手無策的不良份子，在使盡各種方法都失敗時，也要將他們無事送回家人身邊，並將一切經過詳實報告，取得其家長的諒解。然而政府非但沒有這樣做，卻是放縱不管，簡直毫無責任感可言，結果是將犯罪的人送進監獄。這種作法使國家將以何種面目面對其家長呢？

在此，我們敢說少數僑生的問題出在管理不善。僑生大都住在共同的宿舍，一般學生沒有宿舍設備，僅僑生才享有這種待遇，爲的是管理上的方便。若好好管理，應可將僑生的惡習防患於未然，但當局卻一開始就無心好好管理，發生問題再狡辯卸責。此次事件希望能帶給當局一個反省的機會，立下決心不要讓華僑與國家後悔。」

他們也是國民黨政府的犧牲品

如上所述，僑生問題和「反攻大陸」如出一轍，都是國民黨政府揭示「正統中國」所產生的必然後果之一。犧牲台灣人，浪費美援，此點和「反攻大陸」的情況一樣。但他們若在父母身邊，可能過著平凡的人生。使華僑青年受到一時的利益誘惑，最後造成他們走向墮落之途，這個罪過特別深重。國民黨政府爲了與中共競爭而爭取僑生，這種愚蠢做法停止也沒關係，因爲這是自始就無法分出勝負的。台灣對華僑而言，或許是利益追求的市場之一，也是精神上的麥加聖地。不只是華僑，就是出身福建或廣東的人也一樣，若只是思考如何控制、管理他們，則再怎麼討論也是沒用的。

與大陸廣大的疆域相比，台灣只是彈丸之地，收容能力有天壤之別。假如中共是獨裁專制主義，沒有學術思想自由，國民黨政府不也是一樣嗎？即使無庸置疑台灣的教育水準比中共高，但教育的價值是能因材施教才會發揮效果的。雖是如此，華僑所處的艱苦立場，僅想將忠於蔣經國的部下分散各地，這種打算或這種預備教育的做法，結局一定會導致失敗。

我的想法是，讓華僑成爲僑居地的忠誠國民才是賢明的方法。舊思想的華僑有中國人意識是沒有辦法之事，因有中國人意識而感到痛快，或因而有慘痛的意識，都是華僑的自由。但要年輕世代接受「祖國」的教育，強迫他們保留中國人意識，就好比對老人打強精劑一樣，未免太過於勉強。台灣獨立後的台僑教育方針，絕不能是狹隘的國粹主義。

（刊於《台灣青年》二十一期，一九六二年八月二十五日）

擠、窮、空 (VI)

騙外行人的宣傳花招

嘴巴上說得好聽，卻專對一些沒有學問的人誇大其詞，這是國民黨政府的得意伎倆。他們在教育層面上也是採用相同的手法，教育進步向來是國民黨政府所大肆宣傳的。

《中華週報》曾連載《有關台灣問答一〇一題》，最後更彙成小冊到處分送，其中教育這一項有如下問題：「幼稚園有幾間呢？」；「學童都就學嗎？」；「中等教育成效如何呢？」；「大學及專科學校有幾所呢？」；「有研究所嗎？」，在這些項目中，國民黨政府長篇大論，得意地敘述著小學有一七七五所，學童有一七七七二一八人，教師有四二四二八名，就學率九五・四四％，佔亞洲第二位（第一位是日本）；至於大學則有七所綜合大學，十五所專科，學生總數爲二九七七〇人。多數外國人受到這種誇大宣傳的吸引，都會認爲台灣確實相當繁榮，遠非東南亞各國能比。小冊子上說這都是蔣介石的功勞，台灣人應該特別感謝蔣介石。不只如此，某台大教授應邀來日對留學生發表演講時，不斷地稱頌國民黨政府的「善政」，其所舉的一個例證就是台灣「教育的進步與發展」。將日治時代教育與現在國民黨政府統治下的教育相比，說明就學率是如何的提昇；大學及專科學校已大幅增加等，但戰後十七年來的空白卻全未計算在內，這些留學生因這教授的話而感到十分佩服。

到底這是不是他的眞心話呢？如果是，不得不感嘆台大教授的頭腦有點……，若這是因他職務上的關係，迫使他不得不這麼說，則或許還情有可原。但若是此位教授大言不慚地對以前教過的學生說謊，我想譴責他的這種墮落。一般人看到這個教授的存在，就可推測台灣教育現在是處於何種環境，看到以下鐵證如山的證據，應該更可以正確勾勒悲慘的現狀。

監察委員陶百川的視察報告

這是去年十一月十一日《徵信新聞》所刊載中國人監察委員陶百川的報告。陶氏於十日在監察院總檢討會議上提出此份報告，而他爲提出此一報告曾在全台灣作視察旅行，且視察範圍包括教育部暨其附屬機構及部份公私立大學、中學和小學。視察結果發現很多本質上的缺失。當然，這也不是什麼了不起的發現，幾乎是數十年如一日老調重彈的問題。過去十年來沒辦法改革，也不想去改革，現在甚至以後也是不可能有所改革的。

陶氏稱台灣整體教育的不良現象可用「擠＝擁擠」；「窮＝沒錢」；「空＝內容空洞」三個字

形容，陶氏所言確實切中時弊。既然監察委員都毫無顧忌地批評，我當然也就不客氣。其後，報章雜誌更接二連三出現諷刺性的短評。如「不只是教育如此，公務員也有擠、窮、空的現象」；「不！這種說法還是溫和了些，實情是混＝亂七八糟；塡＝塡鴨；死＝徹底破產。」隨便舉個例子就知道輿論炒得多熱。然而，能夠如此義憤塡膺地發抒自己鬱悶與憤怒的，也只有這些位處要津且地位安全的中國高級難民，至於台灣人則多是默默無語，反正這也不是台灣人出頭的時機，只有抱著爛就讓他爛的心理。陶氏等中國人難民良心未泯，期望情況能稍有改善，焦慮地要求擁有實權者斷然實施改革。無論如何，讓我們先來看看陶百川報告的概略內容。

有關「擠」；「窮」；「空」這三字

首先，陶氏無論到那裏都發現「擠」這種現象。甚至連教育部的任何一個房間也都是同樣的情形，狹小的空間擠滿許多人，學校任何一個教室也都擠滿學生。某小學一年級一班就擠著九十六名學生。師範大學的班級定額是五十人，卻擠下七〇人。台灣大學總計有九千名學生，建國中學收有六五〇〇餘學生。老松國小收容九千名學童。相互擠來擠去的結果，無可避免的是教育的粗製濫造，而在這種擠來擠去的環境中從事教育，只會助長青少年狡猾奸詐的習性。

「窮」的狀態又如何呢?陶百川無論到哪裏都聽到叫窮的聲音，到處都是因沒錢而慘澹經營的光景。老松國小校長月薪爲一〇五〇元，教員薪水更是相當低，約在七百元到八百元之間。大學教授的月薪僅有一九〇〇元。交通大學電子研究所每月的事務費(含水費、電費、印刷費等)爲四千五百元，但單是電費就得耗費八千元，扣掉全部的事務費後還不足三千五百元。台灣大學的事務費每月僅五百餘萬元，這必須支付校舍補修費及九千餘位學生的教材等。相對地，私立東海大學因每個月有美國教會的補助，所以平均每個學生每年可分配一萬二千元，但是國立台灣大學平均每個學生僅有六千元。從上述比較可知，國立學校多麼窮乏。堂堂國立藝術館每月經費僅二萬四千元，其中還包含人事費用。中國醫藥研究所每月經費三萬元。從這些例子可看到我國在教育方面的經費是多麼艱苦，結果當然會造成粗製爛造的現象。

至於「空」的狀況又是如何呢?綜言之，就是人才空洞、設備空洞及青年人的精神空洞，特別是最後一點影響尤爲重大。我們前輩在當學生時胸懷大志，生活與精神均極爲充實，而現在的青年不但沒有認眞做學問與思考，亦未抱持什麼信念，其原因就是對現狀不滿以及對前途無望所致。現在的青年人大都精神苦悶，畢業後全然不知何去何從。對結婚及就職都沒有自信，雖然國家也曾推出若干辦法，但是否符合實際狀況仍然存疑。

另一方面，教師也一樣呈現空洞化，十年寒窗難得獲取一個學位，但卻不受國家與社會重視，美援委員會的電梯小弟與司機薪水都比大學教授還高出很多，眞是令人悲哀。古人言：「哀莫大於心死」。心死之前，人還算是活著，心死了，人生也等於是結束，這才是眞正的悲哀。

七點建議

陶氏更提出以下幾項建議：

第一、應該增加高等教育的經費。依憲法規定，中央政府總預算中對教育、科學及文化的支出不得少於十五%。但是現狀如何呢？中央政府總預算分配比例爲國防占七十八%；外交占三・二%；教育、科學及文化占三・〇三%；司法占一・六九%；社會救濟占一・四五%；財政支出占一・二七%；行政院（不含各部會）占一・〇一%；立法院占〇・四八%；監察院占〇・一八%；考試院占〇・一六%。雖然教育占第三位，但仍與憲法的規定相差甚遠。因此，行政院應該尊重憲法規定，增加教育經費，解決缺錢問題。

第二、要求美援不能再減少。此次視察最深刻的現象是，所到之處無論是教育部或是大學，都可看到美援扮演很大的角色。假如沒有美援，實在無法想像會變成什麼狀態。但截至一九六二年度爲止，美援中教育相關支出爲五千一百萬元，但新政策是今後四年間將逐年減少二十五%，最後美援將會完全終止。美援有如教育發展的維他命，我們的教育若沒有美援，將一日一日逐漸衰退，所以應向美國提出訴求，不可削減美援。我們有充分的理由要求繼續援助，因爲我們防守自由陣營的最前線。日本的國防預算僅占國家總預算的十二％，某年想增加一％的支出，結果遭到反對黨的極力抵抗。爲何日本的國防費占這麼少的比率呢？那是因爲美國在日本設有基地，並進駐軍隊防守日本之故。但是，我國必須將國家總預算的七十八％當作國防費用，那是我們爲自由陣營防守最前線所造成的。美國是自由陣營的盟主，對於代爲防守自由陣營最前線的我國，是不是該出點錢提昇教育呢？

第三、家長會費應該全部作爲學校的經營費用。現在高中、初中及小學都分別收取家長會費，小學每年需繳納二十元；中學每年繳納四十元。這些錢最初是用在教師生活補助上，家長會也很樂意繳納，但是現在家長會費中的四〇％並非由學校使用，而是被省教育廳挪用到教師會館的建設及海外視察等項目。因此，有必要建議教育部及監察院教育委員會不要挪用家長會費。

第四、充分利用各級學校的設備。在尚未充分利用各級學校設備之前，不應擬訂新的增購計畫。現在各小學苦於教室嚴重不足，目前仍是分成兩梯次上課。有部份人士甚至還高喊將六年義務教育再予延長，這眞是奢侈的要求。在延長義務教育之前，應該優先處理的事還很多。若要將一年級學生由二梯次上課改爲全天班上課，仍不足一千間教室。若只是將三、四年級的學生優先改爲全天班上課，則仍不足五百間。假如一間教室的建築費爲五萬元，則五百間約需二五〇〇萬元。此款若由廿二縣市平均負擔，則各縣市僅需負擔一百餘萬元。廢除二梯次制上課，則兒童會多出許多讀書時間，這比延長義務教育年限更具實質意義。另外，也有必要充實各級學校的設備。國立藝術專科學校的音樂科只有鋼琴十一台，其中二台是向家長借來的。教音樂的學校連鋼琴都不夠，叫學生怎麼學習呢？教育部向來只注重外表卻不重視內容的充實。舉例來說，中國醫學研究所花費五年時間籌備，但至今仍未設立。國立藝術館自開館以來已過數年，到現在卻還不是正式編制。師範大學從學院昇格，學生人數已增加到四千名，但內部編制還是和以前一樣。我們有電子、原子物理及其他文化方面的研究所，但幾乎都因經費不足而無法作爲。只注重外表而不考慮內容，只創造形式而不看成果，實質上都是一種浪費。

第五、應該獎勵私立學校的創設，同時提供獎學金。由於國防費用已占那麼多的預算比率，因此除鼓勵民間人士創設私校外，別無他法可突破難關。教育部雖然不禁止私立學校的創設，但也沒有任何獎勵。值得稱許的是，嘉新水泥公司每年提供一百餘萬元的獎學金。若其他公司能比照嘉新水泥公司提供獎學金，協助生活困苦的優秀青年，將能有所助益。一定要促使私立學校充實教學內容，內容充實後即使學費稍貴也情有可原。

第六、應獎勵留學生回國教書。要獎勵留學生回國，首先要提供方便的途徑且設定服務期限。不能因留學生不回國就減少出國名額。另外，政府要保障歸國學人最基本的生活水準。我們每天呼籲留學生歸國，但從未設身處地爲他們著想。有位留學生取得美國大學碩士學位，最近寫信給台大校長錢思亮，表示將回國並請提供副教授以上的職位。錢校長回信稱沒有副教授缺，但有講師缺。這留學生說講師也行，但請提供宿舍。因台大沒有能力提供宿舍，結果該留學生只好斷了回國的念頭。監察委員王宜的兒子王九稑博士，回國服務好幾年之後，最近申請出國卻不被政府允許。王九稑憤慨地說，父母之喪只有三年，當兵也只要服役二年，不准許回國留學生再出國，難道要他老死在台灣嗎？

第七、政府高官應該率先作個好示範，使青年人懷有希望。現在的青年人在精神上已經很空虛，站在社會第一線的人（特別是政府高官）應作好示範，挽救他們空幻的精神。怎樣才能給青年人希望呢？就是孫中山先生寫給李鴻章的建言，亦即「人盡其才」的精神。若能謹守這種精神，則空幻的精神將一掃而空。

在現狀下沒有解決的途徑

就陶氏前述的報告，筆者在此附上自己的看法，供讀者參考。

台灣的教育問題與其他問題相同，基本上都是因人口爆增而造成的。在戰爭結束時，台灣人口僅六五〇萬人。最大都市台北的人口未滿四十萬，現在台灣總人口一一五〇萬人，僅台北市就有一百萬人。一一五〇萬人口中，台灣人自然增加者有九百萬人，其餘二百萬人爲戰後流入的中國人難民。台灣人的出生率與日據時代並無不同，大體來說爲每千人中有四十四人，但由於衛生保健的改良與進步，原本廿二人的死亡率降到十人左右。人口增加率一直保持在每千人增加卅三人的水準。中國人難民在台灣生活安定之後，出生率也有增加趨勢。人口自然增加，可能是國民黨政府爲了確保「反攻大陸」的人力資源，也可能是因孫文的遺囑禁止限制嬰兒出生，進而採取放任政策的結果。對一般國家而言，要養育七十七％急增的人口並不容易，國民黨政府爲了支出占國家總預算八〇％的國防費用，幾已無力再提出一個有效解決的措施。陶氏稱國民黨政府的軍事費用主要是用於防守自由陣營最前線，但假如僅是防衛目的，則根本不需要這麼龐大的費用。這當然是爲了所謂的「反攻大陸」而編列的巨額軍事費。更何況軍事費用中涵蓋數十萬特務的維持費，所以實質軍事費用應該比這個數字更少。國民黨政府的軍事費不用向立法院或監察院報告，到底如何使用大部份的人都不知道。

陶氏指稱，不只中央政府的教育費和憲法所規定的金額相差甚遠，甚至省政府的教育費要比憲法所規定的廿五％少很多，頂多只有十％。至於縣市的教育費依照規定是預算的卅五％，但事實上減少一、二十個百分點也不稀奇。大體而言，中央與省政府的教育預算微不足道，縣市預算中的教育費更是少得可憐。教室不足、教師薪水微薄都是預算偏低所致。不幸中的大幸，小學教師大部份都是台灣人，他們擔當國小教育的重任，陶氏於報告中所誇獎的就是這些台灣人教師。

小學好像從五年級開始全天上課。一年級到四年級都是分兩班上課，甚至還想恢復三班制授課。制式教育是一種猛烈的填鴨式教育，爲應付初中考試，小學授課時間到底有多少呢？他們毫不在意題目是否出自所定的內容，考試題目擺明就是要考倒迅速增加的考生，因此有一年比一年還難的趨勢。這對小學高年級學生的學習造成很大的負擔。學校教育變成是爲考試而讀書，最後演變成所謂的「惡性補習」。「惡性補習」成爲教師的額外收入，這更造成學童爲考試而讀書，互相勾結的風氣越來越盛。教育部爲了學童的健康而嚴禁「惡性補習」，但毫無成效可言。

各級學校的升學率爲何如此高呢？第一、大概是熱心教育的台灣人習性。這是從日治時代留傳下來的傳統。第二、除了部份農村以外，中小學畢業生的就業極受限制，因此除了到學校讀書以外沒有其他選擇途徑。第三，高中之後徵兵問題緊接而來，不去讀大學很快就會接到兵役徵召令。當二等兵得接受艱苦的訓練，若讀大學則可緩徵，而且大學生可成爲軍官，並可縮短當兵期限。

問題是大學畢業以後怎麼辦？台灣每年有一二〇〇〇名大學或專科學校畢業生。人數之多與台灣的經濟規模不太相稱，能就業者僅八分之一，其餘只好當高等遊民。但假如眞的每天遊手好閒會被視爲流氓，而可能觸及違警取締條例，嚴重時還會被送到火燒島，所以形式上先將這些人送到親戚或友人那裏棲身，但實際上這仍舊是潛在失業者。

他們大部份都期望到海外留學，但能通過困難的留學考試而到海外去的只是少數。出國留學的人數每年都不同，大約在一五〇〇到二〇〇〇人左右，大都以美國、日本爲主，其餘分散在歐洲及加拿大等地。我們已經重複說明很多次，這些留學生在本質上都是政治流亡者。眞的要到海外的大學或研究所深造的當然也不少，但他們主要的考量大都是想要脫出台灣，到國外享受在台灣不能享受的自由。他們也不是因爲家境富裕才去海外留學，因此大部份都是勉強籌措資金出國，到國外後拚命找機會打工。在美國的留學生大部份都能解決自己的生活，甚至還有能力匯款給台灣的家人。

國民黨政府表面上呼籲留學生回國就業，但其實內心並不歡迎。因爲假如幾千留學生都回應政府呼籲而大批回國時，國民黨政府也沒有適當的工作給他們，反而會因集體爆發不滿而形成社會問題。幸運的是回國的留學生非常少，若勉強給少數回國留學生工作，則希望利用他們作宣傳。前述陶氏所提到的王九逵（中國人），數年前回國時被稱爲數學大師，成爲報紙廣爲宣傳的人物，但現在他反而又想出國了。這就是回國留學生的典型事例。

在東京大學取得學位的幾位留學生回台大擔任副教授職務一事，最近成爲留學生之間的話題。他們的待遇可能只有一五〇〇元左右，或許他們在當地有靠山，所以還可勉強度日吧！陶氏前面所舉出那位沒有宿舍就不回國的留美學生（可能是中國人），其想法即頗值得同情。

與過著流亡生活的留學生相比，追求學問有成的留學生就幸運得多了。但是若以回國就業爲目的，則易受到國民黨政府的排擠，必須小心翼翼地過活，這又是另一個要思考的問題。目前對台灣青年人最重要的並不是各種學問的追求，而是追求作爲自由人的精神。身爲一個教育者的價值，是在於培養獨立思考的人格，而並非只是傳授知識而已。若覺得這種日子過於艱苦的話，那麼和在馬路邊賣野藥的人又有何差別呢？我們要知道，單是被國民黨政府利用來作爲宣傳，就已是對自己相當大的侮辱。

（刊於《台灣青年》二十五期，一九六二年十二月二十五日）

蔣政權下的台灣社會

營林處縱火逼遷

——來自阿里山的泣訴

本文是根據最近訪問台灣的某日本人的報告和資料整理而成的，爲避免迫害，文中有關人士的姓名用的是假名。

日本的先進們，請聽我說，你們聽說過數百居民因政府放火燒掉房屋而無家可歸，且還不允許重建家園，讓居民在寒天冷地生活的事嗎？

我出身在以吳鳳傳說聞名的阿里山原住民族，名叫牟拉那已可，今年五十四歲，日本時代名爲田中太郎，現在的中國名字叫陳金生，我在阿里山森林鐵路的終點阿里山車站前經營一間類似日本民宿的「小型旅館」。

阿里山原本就是我們的山。很久以前，我的祖先就以此地爲家，自由自在地從這嶺到那嶺，從這谷到那谷，捕獵猴子、山貓、鹿等動物。

自從明治三十九年發現了號稱全日本最大，所謂有紅檜、撒哈拉杉、樟樹、松樹的一萬一千坪大片原始森林後，總督府營林處的官員和雇工就蜂擁而來，從嘉義開始舖設鐵路，在深山開闢林道，使一處神聖的大自然慘遭破壞，不忍卒睹。

多數番社的兄弟成了營林處的雇工，我家也從父親這一代開始放棄狩獵，在平地工頭的驅使下，做些危險又吃重的伐木或搬運工作，因爲這比去追趕野獸的收入要多。

可是，父親在我六歲的那年秋天，因閃躲不及，被砍倒的一公尺粗大樹壓斷了右腿。當時營林處的官員還算有一點情義，以因公受傷的名義授與父親阿里山車站前的三十坪土地，並讓裝上義肢的父親在車站做清掃工作。現在山上住的，大都是像我們一樣與營林處曾有一些關係的人。

等我長大，由父親推薦，我也加入了營林處的現場工作。國民政府遷台後，因爲薪資不如日治時代那麼好，我十年前便辭職不幹了，後來把自己住的小屋改建一下，和父親兩人開始經營民宿。

那是因爲政府開始重視旅遊事業，登山的遊客越來越多的緣故。與別處不同，阿里山的遊客不能當天趕回家，想眺望神秘的雲海、欣賞壯觀的日出，當然就要在山上住一晚了，若是還要到與玉山交界的鹿林山去遊玩的話，就得再住上一宿。

有錢人和外國人都在兩所設備完好的旅遊賓館下榻。營林處職工福利會經營的阿里山賓館規模最大，去投宿的日本人也很多。

就這點來說，吳鳳鄉經營的阿里山旅社規模較小，設備似乎也較陳舊。但若知道阿里山賓館並未取得建照和營業許可，是所謂的地下營業的話，很多人都會感到驚奇吧。不僅如此，他們還蠻不在乎地把賓館的大小便及污水排放到我們的水源裡。關於林務局的暴行，容後再詳細講給你們聽。

我們的民宿則是以手頭並不那麼寬裕的一般遊客為目標。除了住宿費之外，土產和桃子、葡萄等溫帶水果的收入也不無小補。

在阿里山車站前，像我們這樣的民宿有十一家，商店三十九家，普通住宅一〇七戶。這些人被稱為「散工」，有的做導遊，有的當修路臨時工，其中鄒族和平地人各佔一半。

這個地區的居民與總督府的營林處大約同一時期開始在此定居，已經歷經三、四代了。戶籍也整備得很好。我們始終以為，居住權、房地產所有權和營業權都已經確定了。根據嘉義縣吳鳳鄉七十五年整理的資料，阿里山的普通居民有二六二戶，在阿里山買房子或租房的有二九〇戶，合計為一二五二人。但五十五年時有二五八三人，現在減少了一半。據說是因為這裡又冷又寂寞，不是居住的好地方。

貧困的人們在狹窄的地方隨意蓋房子、建商店，招牌顯得很髒亂，我們也很清楚，這折煞了難得的山地風光。

就在這樣的狀況下，三年前開始出現了奇怪的謠傳，說營林處有個「阿里山森林遊樂區」的建設計劃，計劃中也包括讓我們遷移到某個地方。這使我們非常擔心，無心做生意。

吳鳳鄉鄉民代表會召開了幾次會議，並詢問營林處官員謠傳是否爲眞。官員一口否認說絕對沒有那樣的事。一九七五年底，《商工日報》登載了所謂「阿里山森林遊樂區」的報導，謠傳成了鉛字。山上就像猴子洞裡着火似的喧囂起來。吳鳳鄉的汪有義鄉長拜託國民黨嘉義縣黨部去詢問了營林處官員，他們說不知道有那樣的事。完全是在愚弄人。

我看不懂中文報紙。據五年前就在隔壁索烈揚老伯的民宿租房療養的林先生說，十月時，報上已經刊出省政府交通處陳樹曦處長說「森林遊樂區計劃不是都市計劃法規定的特定地區」，行政院交通部旅遊局王副局長也表示「森林遊樂區的林地使用，以行政院的特別核准做依據就行了」等等的發言了。

從這裡可以知道，政府最遲在秋天之前已將建設「阿里山森林遊樂區」作爲既定方針了。與此同時，林先生還說，營林處擬定「阿里山森林遊樂區」計劃時，曾爲法源問題大爲苦惱。

一九七六年七月廿一日，在警戒森嚴中，省政府的瞿韶華秘書長率領各廳處長上山來了。在此之前，比省政府秘書長更大的人物雖然上山來過，但都是來參觀旅遊的，還算是悠閑自在的氣氛。但是這次，山上卻充斥著令人呼吸困難的緊張氣氛。大人物們也不接見鄉公所的代表，住了兩天就下山去了。兩天後便向謝東閔主席作了應該按營林處計劃進行的報告，報紙也大篇幅地刊登了出來。

所謂「森林遊樂區」，漢語中並沒有這個名稱，肯定是從外語翻譯過來的。確實，在台灣能與「森林遊樂區」名稱相符的，只有阿里山吧。阿里山其實是玉山西方山群的總稱，與鹿林山（三二〇五公尺）相連的是水山（二八六九公尺），向南延伸爲石水山（二八四二公尺），往北連緜的是飯包服山，往西北延伸的則是塔山（二五〇二公尺），在這之間，就是前面介紹過的大片原始森林。

從嘉義乘坐森林火車，僅僅幾小時就可以親身體驗到熱帶、溫帶、寒帶的氣候，遊客在登山時，衣服是一件一件地穿上，相反地，下山時是一件一件地脫下，氣氛眞是熱鬧極了。而且，從車窗也能觀察到時時變化的景觀。這裏也是登玉山的入口，即使沒有登山裝備，也可以就近走到鹿林山附近。那兒把群山淹沒得僅剩下山頂的神秘雲海，把玉山的天空染成七彩的朝日，這絕景，看多少遍也不會膩。還有樹圍二十二公尺、高五〇公尺、樹齡兩千年的所謂神木。這些全是別處沒有的重要旅遊資源，除此以外，療養、避暑當然也很適合，我們可以理解營林處之所以將之宣傳爲多目的森林休養遊樂區的緣故。

因此，森林鐵路、山上的登山道、步道重加修整，宿舍、療養所和別墅等都重新擴建，環境美化等也都是必要的，但需要大量資金。對我們來說，開發阿里山是好事，沒有人反對，不只不反對，還舉雙手贊成呢。

可是營林處把我們視爲眼中釘，要獨占利益，世上哪有這樣的國家？儘管中華民國有戒嚴一戒就是三十年的大矛盾，但總還算是自由主義和民主主義的法治國家。既然是這樣，尊重法律，講究不傷害國民基本權利的萬全政策豈不是更理所當然嗎？

據林先生說，按「省政府組織規定」，林務局營林處應屬省政府農林廳，執行造林和護林任務。但是，造林和護林卻被解釋成全體山林的管理。而且，從它將阿里山的命脈——森林鐵路掌握在手裡一事，便足可想見其權限之大了。而官商勾結一起盜伐已經不是什麼新鮮事了。它還利用職工福利會名義開設阿里山賓館進行地下經營的事，前面已經說過了。但林班地的租地人卻在修建住宅搬運建築物質時，也要遭例行檢查甚至頻受阻攔，居民安裝電器和電話也要一一取得營林處許可，更殘酷的是，它們直到現在還不允許六十四年因火災被迫離去的災民重建家園。

任誰看，「阿里山森林遊樂區」都是旅遊事業，營林處不應該插手。「旅遊條例」有「旅遊事業的主管機關在中央是交通部，在地方是省縣市政府，主管機關根據實際情況與有關機關協議計劃風景特區，可以設立特定機構來經營管理」的規定，而「臺灣省各縣市實施地方自治綱要」則規定「阿里山是屬嘉義縣吳鳳鄉的行政區域」，阿里山的旅遊事業當然是要由嘉義縣（吳鳳鄉）來經營實施。

面對居民希望能對營林處的暴行採取若干行動的陳情，政府都無動於衷。吳鳳鄉公所也認爲重要的財源被奪走是一件大事，於是提心吊膽地透過嘉義縣政府向省政府提出過抗議。省政府的回答是：「阿里山地區由中央政府編入國有林班地，應根據森林法來經營。在保護森林資源的同時，促進森林遊樂的發展。一般的鄉市計劃法不適用於旅遊特定區。」阿里山什麼時候被編入到國有林班地的？又，難道森林法是那麼不得了的法律嗎？這太難懂了，我們理解不了。總而言之，台灣既有中央政府及省政府在爭奪並不豐富的資源與財源，使得阿里山的管轄權變得莫名其妙。何況，如果是中央政府與省政府爭的話，省政府當然是輸定了。省主席謝東閔怎麼對付得了行政院長蔣經國？

「森林遊樂區」由中央政府管或由嘉義縣來管並不要緊，營林處以平均一家五萬二千元微少的錢強制我們遷移，交換的是條件苛刻的第四分道地區，眞是太不講理了。

第四分道在現在的阿里山車站往下走四十分鐘的地方，除了有巴士終點站以外，附近沒有什麼旅遊資源。而且，旅社與商店還被隔離在不同的區域，用地被限制爲一戶平均二十五坪，而且因爲是向營林處租來的土地，每月還要交一坪五元地租。建築費當然是自籌了。如果不同意這些條件的話，就請下山去吧。要搬遷下山的人給二十萬元，二十萬元！與修曾文溪水庫時的搬遷金額來比，是低得不合理。

前面說過，阿里山地區人煙稀少，若「森林遊樂區」建成了，就得要有比現在更多的人手，對我們這些很久以前就居住在這裏的人，本應要好好對待才是，然而，現在究竟是怎麼回事呢？林先生解釋說，那是因爲要爲來自平地的新行業創造有利條件的緣故。

總之，營林處的條件是讓我們去死，我們絕對不能答應。如果對方打算那麼做，我們也有相當的心理準備，旅社、商店和「散工」們在吳鳳鄉鄉民代表會的領導下緊密地團結起來，自九月開始，已與營林處官員進行了兩個月的緊張交涉。

我們要求把遷移計劃修正爲重建計劃，如果不行，他們必須答應下面二十項條件。一、保證新地區的用地面積，最低限度也要如現有地的面積大小。二、承認土地所有權和使用權。三、有足夠的遷移補償。四、發給足夠的搬遷費。五、新地區的電器、電話和水管等公共設施應由營林處負擔。六、取消人口遷移限制等等。

一開始，對方暴跳如雷，但經多次交涉，十一月是最後交涉，他們僅是笑笑地聽著而已。我們每次交涉便增加條件，最後總共加到二十項，但其實已經覺得無所謂了。把這事跟林先生講，他搖搖頭笑着說，這樣的交涉，宛如二二八處理委員會在向陳儀提出三十二條要求似的。

十一月十九日深夜一點，我們睡得正熟，卻被一場原因不明的大火燒得無家可歸，火勢蔓延得很快，幾乎讓人不敢相信客人或居民會無人傷亡。當營林處的消防車趕到時，火勢已到無法收拾的地步了。

警方發表漏電是失火起因，但根本就不是那麼回事。自從我們與營林處發生對立後，就開始用心整理環境，特別對火災預防更加注意。兩周前，我們才剛請電器行的吳忠信一戶一戶做過電線檢查。

營林處擺出一副趾高氣昂的樣子，一直說遷移計劃沒有錯，並且禁止我們施工恢復家園。我們相信這場火災的禍首絕對是營林處。他們就是會幹這種事的一幫人。

我們已失去了生存之計，既然沒有團結起來與營林處進行遷移資金交涉，只有在被燒過的地上舖上草席，大家擠成一團，在寒冷中顫抖。林先生拍著我的肩膀說：「總會過去的，總會過去的。」然後就下山去了。

日本的先進們，我們到底怎麼辦才好？

（刊於《台灣青年》二〇六期，一九七七年十二月五日）

（張明和譯）

繁榮背後的腐蝕

——台灣中部的ＰＣＢ中毒事件

去年(一九七九年)五月，台灣中部爆發令人震驚的PCB中毒事件。整個事件幾乎是六八年日本北九州「米糠油中毒事件」的翻版，但此次中毒患者達一七〇一人之多，遠超過日本當時的一千三百人。然而，這些台灣患者卻無法得到肇事公司的賠償，也難以向政府追究責任。

這正是蔣介石政權不斷誇大宣傳其「經濟繁榮」、「民生富裕」的背後眞相。

ＰＣＢ污染首度被發現，時間是一九六六年。後來經過日本米糠油中毒事件，先進國家紛紛積極投入規範管理ＰＣＢ。六九年七月，美國食品藥物管理局下令調查該國食物的ＰＣＢ污染狀況。於是隔年美國最大的ＰＣＢ製造廠「美國莫桑多」(America Monsanto)開始自行管制製造及販賣流程。七一年六月，瑞典政府立法禁止有污染之虞的地方使用ＰＣＢ。稍後，挪威與芬蘭也公佈同樣的法律。

至於日本，則在輿論沸騰批判之下，於七二年九月由通產省下令嚴格管制。在此之前，日本二大PCB製造廠鐘淵化學、「三菱莫桑多」則已自動停產。

雖然少數國家已強化管制，還是有可能從其他國家輸入PCB製品，因此，國際經濟合作開發組織(OECD)於七三年二月通過「關於PCB管制與環境保護的理事會決議」，並且通知各國。

但即使如此，沒有生產PCB的台灣卻仍繼續大量進口PCB，政府的相關管理工作也依舊廢弛。不待言，這是台灣政府抱持經濟發展至上主義，完全不重視企業倫理所致。台灣並沒有像日本有主婦聯盟或消費者聯盟這類組織，環保運動與地區住民運動也付諸闕如。再加上蔣介石政權一向忽視人權，台灣民意之被壓抑可見一斑。

★　★　★

PCB(多氯聯苯，polychlorinated biphenyl)是一種人工有機氯化物(毒瓦斯的嫡系)，早期曾被普遍使用於工業藥品，具有神奇效用。其化學性質非常安定，幾乎完全不會腐蝕金屬，也難以被生物分解。不溶於水的PCB很容易溶於油類及有機溶劑(酒精、丙酮等)，也可自由與塑膠混合。此外，PCB幾乎不導電，絕緣性很高，加上具有其他優越電性，因而對小型電器製品貢獻卓著。

特別在業界眼中，PCB的耐熱性與不燃性更是瑰寶。因為它具有防火機能，所以電容器與變壓器等電器內部，普遍使用PCB作為絕緣油；許多工廠的熱煤體(導熱油)、合成樹脂、合成橡膠、塗料，也都添加有這種「防燃劑」。

然而，若不慎讓PCB進入體內，則會出現難以排泄的狀況。因爲PCB是氯化物，會慢慢破壞內臟機能，米糠油中毒事件患者的臉部、頭部、背部、腰部、屁股等身體柔軟部位便陸續出現無數腫瘍，痛癢難忍。情況惡化時，患者的指甲會變成黑色，眼屎多得眼睛睜不開，並且出現昏眩、嘔吐、全身倦怠等症狀。更糟糕的是，即使以現在的醫學水準，這種疾病仍然沒有特效藥。

除了米糠油中毒事件之外，工業國家的牛乳、魚肉、鷄肉、鷄蛋等範圍廣泛的食品，也都曾被PCB污染。爲了防範毒害擴散，各國政府只好將PCB回收銷毀。比如六九年九月，美國西維吉尼亞州發現牛奶受PCB污染，便立刻下令停止販賣當地生產的牛乳。後來追究原因發現，原來是酪農把變壓器絕緣用的PCB廢液當作除草劑，牧草受到了污染。

此外，七一年七月，北卡羅萊那州的「東海岸終點」(East Coast Terminal)飼料製造工廠發生熱媒體用的PCB外漏事件，導致魚粉受污染，結果除了必須銷毀一萬六千噸魚粉之外，食用該批魚粉飼料的養鷄場也被迫銷毀七萬五千個鷄蛋、十二萬磅加工蛋以及九萬隻小肉鷄。

日本方面，PCB主要用於米糠油加熱脫臭工程中的熱媒體。由於米糠油不可直接加熱，只好把不銹鋼管伸進米糠油槽內部，藉由不銹鋼管中加熱達二百三十度，再不斷循環使用ＰＣＢ以達到間接加熱目的。但後來卻發現，鋼管出現好幾個直徑數厘米的裂縫，ＰＣＢ因而外漏，混入米糠油之中。

不銹鋼管中的ＰＣＢ爲何會外漏？按理說，ＰＣＢ本身不會分解，也不會腐蝕金屬才對。但這是ＰＣＢ保持純粹時的情形，一旦ＰＣＢ被當做熱媒體不斷加熱與冷卻，過程中就會漸漸滲雜水分和各種物質，越來越不純粹。此時若遇到過熱狀況，就會有少量ＰＣＢ分解產生鹽酸，侵蝕金屬。因此，米糠油工廠的不銹鋼管必須定期檢查，大部份工廠也都會每年檢查一、二次，卻只有肇事的「卡尼米倉庫公司」疏於防範，終於釀禍。

卡尼米倉庫公司的米糠油製造設備，其原始設計是一座加熱爐對二座脫臭設備，然而該公司爲了提高產能，竟任意改爲加熱爐一座對脫臭設備三座。結果，運轉時爲了保持脫臭槽達到必要溫度，只好提高加熱爐溫度，使得加熱爐及其週邊機器設備持續處於過熱狀態。在此情況下，ＰＣＢ就很容易分解了。由此可說，日本的ＰＣＢ中毒事件，罪魁禍首是廠商的疏忽與不守規矩。

六八年二月下旬，北九州地區民眾開始出現病因不明的皮膚病，當地醫生束手無策，只好請九州大學相關單位出面調查，終於在十一月初發現致病原因是居民使用的米糠油被ＰＣＢ污染。

★　★　★

七九年五月二十一日，台灣發現首例PCB中毒患者。當時正逢美麗島社激烈進行民主化鬥爭，因此分散了民衆對此一事件的注意力，實爲可惜。各地傳來的患者人數統計，竟比日本還多。其中還有七個是嬰兒，顯示污染已擴及下一代。更令人不忍的是，台中縣「惠明啓明學校」全校師生一百四十七人中，竟然有一百十二人因爲在學校用餐而集體中毒。

很快的，導致中毒的米糠油製造與販賣流程被找出來了，原來是彰化縣溪湖鎮的彰化油脂公司所製造，產品除了賣給彰化縣福興鄉與鹿港鎮等批發商之外，也出售給台中縣神岡鄉的豐香油行，再由豐香油行流入使用者手中，啓明學校即因此成爲受害者。彰化油脂公司規模多大，使用什麼樣的製造設備，新聞報導中沒有詳細說明，但很容易想像的是，該公司的規模與設備應該不會像卡尼米倉庫公司那麼大、那麼精巧，因此，外漏的PCB濃度大概會更強吧。後來事情越鬧越大，省衛生處會同台中縣衛生局進入該公司檢查，但即使如此，彰化油脂公司還是持續製造、販賣。如此死要賺錢的企業眞是令人難以置信！

事實上，台灣並沒有生產PCB，全部仰賴進口。然而，PCB進口來源與進口量，報上完全沒有提及。因此，今年(一九八〇年)首度披露台灣PCB污染事件的NHK電視台記者加藤邦彥推測，有可能是媒體受到蔣介石政權及外國政府壓力，隱匿不報。

當奇怪的皮膚病患者不斷出現，彰化縣政府一位技士聯想到該疾病與北九州的米糠油中毒事件類似。反觀執掌全國衛生行政工作的行政院衛生署，卻沒有任何官員注意到此事，直到地方政府呈上來的患者統計數字暴增，才讓官員震驚，將檢體送到日本化驗。結果一直等到十月六日才證實是PCB中毒。

十二月二十九日，監察院內政與經濟聯席委員會指派郭學禮(青海省籍)與沈宗琳(江蘇省籍)兩位委員南下調查。二月五日，兩人總結報告，內容是「各級衛生主管與機關不需負違法失職之行政責任。但衛生署長王金茂(台灣人)、藥物食品檢驗局長林明道、防疫處長許書刀等三人應變警覺心太低、專業知識不足，難免其咎，應送請行政院酌予議處」。結果，三人只好辦理提前退休。

另一方面，彰化地方法院於今年二月八日，以「從七八年五月到七九年初連續製造、販售受PCB污染的食用油，爲求獲利，罔顧公衆健康」爲由，分別判處彰化油脂公司總經理陳存頂、經理黃文隆與豐香油行老闆劉坤光等三人十年有期徒刑。法院審理此案的過程中，還曾出現民衆騷動。原來，該訴訟早就預定在二月五日宣判，但當天檢察官卻無故缺席，只好延到八日再進行宣判。不禁令人懷疑政府是否眞有心處理此事。

然後，因爲郭與沈兩位監察院委員的報告太過草率，監察院只好增派委員重新展開調查。四月七日，調查委員會做出建議案，「行政院相關機關著有疏失，難辭其咎，應建請行政院予以失職官員適當懲處。」

調查委員會點名責任疏失的行政院機關，包括：衛生署、藥物食品檢驗局、台灣省建設廳、經濟部國際貿易局、商品檢驗局等，調查報告中指出：「工廠設立登記與指導管理方面太鬆弛，有毒化學物質的管制與使用監督也頗疏漏，未來應加強藥物檢驗與公害防止工作。」

監察院乃是「五權分立」(行政、立法、司法、考試、監察)中排名最後面，幾近有名無實的機構。雖然監察院擁有彈劾中央與地方公務員違法失職，及調查、糾正行政院各部會施政與違法失策的權力，但過去從來不曾有效行使職權，反倒是七九年一月二十二日，桃園縣長許信良因抗議余登發被逮捕而前往高雄參加示威抗議遊行，監察院竟因此彈劾許信良，徒然惹人唾罵。

★ ★ ★

整個PCB事件明朗化之後，行政院下令嚴格管制PCB流向，只允許台灣電力公司與部份民間企業(士林電機、新電工業、長興機電、裕昌機電、大同公司)進口，並且用途僅限製造電容器。然而，在台灣「上行下效」、推諉敷衍的官場文化之下，即使監察院於四月七日提出糾正，行政院相關機構還是紛紛撇清責任、抵死不認帳。

比如，國際貿易局宣稱，廠商申請進口PCB時，必需附具工業局(工業行政)同意書，所以責任在工業局。工業局則辯稱，PCB進口屬國貿局管轄事項，該局只在國貿局徵詢是否可允許廠商進口PCB時，簽註附加意見，並且只同意用途是電容器與變壓器絕緣體的廠商申請，不許其改變用途。換言之，工業局也認爲自己沒有責任。

然後是台灣省建設廳說，該單位乃依國際貿易局指示，將ＰＣＢ等九種物質列爲管制品，因此，企業從國外進口這些管制品時，除了必須向建設廳申請、按規定使用之外，還得每個月向該單位報告進口與使用狀況。然而，使用進口管制品的企業接近四十家，而且分佈全島，依建設廳人力，頂多只能每個月實地察訪一次。所以，該單位同樣「難負全責」。

接下來，衛生署則辯解說，ＰＣＢ進口與一般工廠的管理工作並不是衛生署責任範圍。雖然食品衛生與該署有關，但當初實在「沒有人會想到」管制物品竟然流用於食品工廠。

最後是藥物食品檢驗局。該局是七八年九月由省衛生實驗所改制而成，如此的改制，導致台灣省突然失去職掌檢驗業務的機關與人力。結果是，食物中毒與一般食物檢驗的工作，縣市衛生局必須將案子一一送到中央政府的藥物食品檢驗局，公文往返當然更加倍耗時，因而常出現類似中秋月餅的檢查報告在中秋節過後才出爐的窘境。

★　★　★

由於中毒患者高達一七〇一人，向彰化油脂公司與豐香油行索賠的工作難以進行。再加上公司經營者被判處十年有期徒刑，該公司只有破產一途。另一方面，政府相關機關面對事件，只會諉過卸責，受害者終究只能躲在暗處哭泣、等死！

唯一令人欣慰的消息是，經濟部於今年四月下令全面禁止ＰＣＢ進口。台灣電力公司也決定從七月一日新會計年度開始，放棄ＰＣＢ，改用其它替代物質。至於民間五家企業，則同意庫存的ＰＣＢ用完後，就不再進口。

此時剩下島內各地ＰＣＢ回收與銷毀的工作。只是在長期無責任政治的慣習下，台灣政府是否有能力掌握應回收數量，令人懷疑。至於銷毀的方法，美國與日本採取高溫焚燒法，但焚化爐的建設以及將廢棄物運到焚化爐的工作非常費事。而且，銷毀一個變壓器的成本，竟然和買一個新品差不多。再加上搬運過程中萬一出現交通事故或意外，反而會造成污染大量集中的狀況。

總之，原本是工廠生產材料的有用東西，ＰＣＢ卻必須加以銷毀，並且得砸錢投資銷毀設備。我們不禁懷疑，蔣介石政權是否有足夠的政治勇氣與經濟能力加以貫徹？若不然，不只ＰＣＢ污染狀況將更加惡化，台灣其它許多破壞環境的公害也會繼續蔓延，台灣人的精神、肉體也將遭受更嚴重的侵蝕與毒害。

根據五月七日《聯合報》的報導，行政院正式做出衛生署長「申誠」的處分，其餘省市相關衛生機關也有十七人遭受懲處。民眾受害如此慘重，官員的懲處竟如此輕微！

（本文執筆中頗受加藤邦彥先生的提醒與指教。此外，本文也參考了磯野直秀先生所著《化學物質與人間——PCB的過去、現在、未來》（中公新書）。）

（刊於《台灣青年》二三六期，一九八〇年六月五日）

（蕭志強譯）

台灣的綠卡

同樣是綠卡，日本人的綠卡是用來防範空頭帳戶，而台灣的綠卡卻是攸關國民命運的關鍵。但到了最後關頭，究竟誰才會死守台灣呢？就當我們要從內部一窺眞相時，首先浮現的便是綠卡問題。

敵前逃亡的預告書

歐美各國對於有必要長期居留的外國人，通常會發給一張「永久居留證」，這點與日本的做法不同。台灣住民所申請的外國「永久居留證」，以美國佔壓倒性的多數。美國的「永久居留證」是淺綠色，大小跟信用卡差不多，因此一般人多俗稱爲「綠卡」。

綠卡的持有人雖然對美國政府有納稅的義務，但是卻沒有政治上的選舉及被選舉權。除此之外，無論教育、就業、失業保險或免入國簽證等，皆與一般美國公民享有同等待遇。不過對台灣人來說，綠卡的最大魅力所在，還是在於持卡人能享有「永久居住」的權利。

事實上，綠卡的取得並不困難，只要能夠滿足七、八項規定，諸如：有幾等親以內的親戚住在美國、在美國擁有一定額度以上的投資、具備對美國有貢獻的特殊技能，甚至於政治流亡者等，只要能通過這些條件的審查，美國政府便會發給申請人綠卡。由此可見，美國果然不愧爲肚量寬宏的移民大國，只不過申請綠卡還有個附加條件，那就是在取得綠卡之後，每年至少須在美國居住一個月以上。

日本持有綠卡的人數有多少呢？在提這個問題之前，應該先釐清一項重要前提，那就是持有綠卡的理由何在？照常理判斷，最適於日本人的居住地，理當是日本，想到美國觀光或旅行者或許大有人在，但每年都必須安排到美國住上一個月時間，可能絕大部分的人都會打退堂鼓，除了得多花錢之外，工作的安排更是令人頭疼。

台灣目前持有綠卡或有美國國籍的人數究竟有多少，並無確實的調查數據。不過下面這則報導或許有助大家瞭解問題的嚴重性。

一九七八年四月十三日，立法委員莫萱元（一九〇九年生，湖南人）所公佈的一項資料顯示：「在台灣的最高學術機關中央研究院的八十四名院士中，長住台灣的只有二十七人，另有二十三人定居於國外。」針對立委的這項質詢，錢思亮院長的答覆是：「目前定居美國的院士中，有十三名爲美國籍，另有十三名持有綠卡，其餘皆持本國護照。」（《富堡之聲》革新第一期，七八年五月一日所載，元老〈跳船〉）

這足以證明蔣政權引以爲傲的學界權威也對其政權缺乏信心的程度，除了說明台灣學術環境惡劣之外，更明白地告訴台灣人民，他們是一群既眷戀名利又貪生怕死的僞君子。這在任何正常國家都是令人難以想像的事。

綠卡問題之所以會引人注目，應該源自於電視節目主持人的自我誇耀。對演藝圈人士來說，持有綠卡等於公開對外宣示自己是跨海鍍金的優等生，同時也代表晉身上流階級之意。總的來說，這是一種盲目的歐美崇拜及模仿上流階層的心態表現。然而可笑的是，身爲被模仿對象的上層階級，卻刻意隱瞞取得綠卡的事實。

其實演藝人員這種表現還情有可原，但是上層階級的這種行爲卻反映出台灣內部的嚴重問題，這也是綠卡問題浮上檯面的經緯。

問題的源頭

當中國大陸被共黨政權席捲之後，許多國府黨政高官及中央民意代表，一方面怯於稱臣降敵，一方面卻又無心留在大陸與敵人做最後殊死戰，再加上當時台灣的命運未卜，這群人便爭先恐後地逃往美國，隔岸觀火。

或許是逃亡生涯的寂寞難耐吧，也或許是對過去榮光與奢華的緬懷，當中美協防條約簽訂（一九五四年十二月二日）之後，彼等眼見台海情勢暫時安定下來了，便陸陸續續返回台灣，並且一一就任國府的高官要職。對於被台灣人團團包圍的蔣政權而言，這些昔日戰友可說是無比珍貴的存在，彼此的底細也十分清楚，合作起來堪稱愉快。基於對舊識的安全感，蔣政權大方地派予他們職位，如果原有的配置不足，還會特別爲其新設官位，只求將他們留在身邊。

俗語說：「一朝被蛇咬，十年怕草繩。」對於這群曾經遭逢政權崩潰的孤臣孽子來說，心中那股莫名的恐懼始終揮之不去，因此他們從未打算放棄已經到手的美國國籍或綠卡。當然他們也不會將美國的資產移轉回台，或是將滯美發展的兒女攜回國內。說得明白些，這些人雖然身在台灣，內心卻百分之百地向著美國。更令人難以忍受的是，這種牆頭草式的投機心態，也在不知不覺間像疫病一般地傳染給台灣人。

極爲明顯地，蔣政權的體質原本就適合於這群寄生蟲生存。儘管蔣政權在遷台之初曾喊出「一年準備，兩年反攻，三年掃蕩，五年成功」的口號，姑且不論眞心相信的人有多少，至少對那些迷信老蔣的中國人而言，卻眞的產生「只要再過幾年，我們就能回大陸老家！台灣只不過是暫時的棲身之所罷了！」的幻想。大家從街頭如雨後春筍般出現的「〇〇同鄉會」招牌，便能眞切感受這股氣氛。如今這些同鄉會的成員已有不少是在台灣土生土長的第二代，而原來從中國大陸逃難來台者，也在這塊土地上度過了三十多年的光陰，但是這些同鄉會卻永遠不會忘記在前面冠上「旅台」二字，頑固地表達着台灣只是彼輩暫居之地。

一九五八年十月，金門炮戰方歇，美國與蔣政權發表一篇中美共同聲明，美國國務卿杜勒斯在聲明中明白要求蔣介石允諾，將來必以三民主義反攻大陸，而非以武力解決。由於蔣政權心目中的「反攻大陸」戲碼，必須仰仗美國出面發起第三次世界大戰，並與蘇聯及中共發生正面衝突，蔣政權才有機會，在美國的武力掩護下進軍大陸。無奈第三次世界大戰爆發的可能性愈來愈低，美國也無意與中國正面爲敵，於是繼續留在台灣乃成爲蔣政權唯一的出路。此時爲了因應急速膨脹的人口，當權者不得不開始摸索台灣由農業社會轉型爲工業社會的道路。在美國及日本的資金與技術援助下，再加上台灣人民優質而廉價的勞動力，台灣經濟終於順利起飛，踏上了經濟發展的坦途。

但是身爲統治階級的中國人卻始終不願意生根台灣，另一方面，「反攻大陸」也僅止於望梅止渴，自然而然地，台灣便成爲他們眼前一艘應急之用的渡船，過客心態油然而生。

在這段期間，蔣政權所面對的國際環境及條件可說每況愈下，因此有不少派駐海外人員往往利用地利或人際關係之便，悄悄地取得綠卡，以因應將來可能發生的危機。

一九七一年十月，蔣政權的代表被逐出聯合國，台灣社會的人心動搖可說到了頂點。此時許多外交官竟然放棄外交護照，紛紛轉向取得綠卡或外國護照，企圖繼續留在國外觀望。

在一九七三年一年中，光是放棄外交官職務、取得美國移民身份者便高達七十七人之多。目前已知者，包括陳質平（駐墨西哥）、魏煜孫（西雅圖總領事）、劉席舜（駐加拿大）、李琴（駐烏拉圭）、謝然之（駐薩爾瓦多）、凌崇明（駐牙買加）、何鳳山（駐哥倫比亞）等。除外交官之外，當時申辦完成美國或他國移民手續的政府官員，實際人數究竟有多少，至今仍沒有確實的數據。

儘管蔣政權被迫退出聯合國，但是美國仍舊承認「中華民國」，不過自從一九七二年二月美中上海公報發表以來，直到一九七八年十二月十六日台美正式斷交，台灣的逃難移民潮可說到達最高峰，綠卡問題也高度發酵，成爲撼動社會的焦點。

雖然蔣政權一再虛張聲勢，表示將以「處變不驚」來應對當時危機，但是失敗主義早已瀰漫台灣各界，全國上下充滿著國之將亡的恐怖感。從達官顯要、企業首腦到中產階級，幾乎所有人都染上這股逃難病。甚至連跑船的船員也學會趁在美國靠岸的機會，上岸之後便不再回頭，這便是所謂的「跳船」風潮。綠卡正是對自己所奉職的政府以及自己所居住的台灣毫無忠誠度的最具體表現。同時也是一紙敵前逃亡預告書。

「恐共教育」的結果

論起蔣政權的體質，可說與中共政權毫無二致，同樣是一黨獨大、教條主義、恐怖統治……簡直就是一丘之貉，兩者最大的差異，只在蔣政權對共產黨有一種莫名的恐懼與無法匹敵的心虛。「反共教育」便是這種心態最露骨的表現，嚴格說來，國府在台灣推行的，其實並非「反共教育」，而是一種「恐共教育」。

由於蔣政權在大陸上敗給了共產黨，因此對共產黨畏之如洪水猛獸，而自由主義與民主主義則被視爲共產主義的同路人，因此一直受到蔣政權無情的打壓。如果是眞正的「反共教育」，應該針對共產主義進行縝密的分析，指出其立論的錯誤，並以科學態度對共產黨所帶來的壞處提出反論，而且也應研擬出可供實踐的戰術與戰略。

事實證明蔣政權搞的只不過是虛有其表的「恐共教育」，其目的僅在民衆心中培養「共產主義是萬惡之首」、「共產主義最可恨」的成見，然後造成民衆心理上的恐懼，認爲「共產黨的陰謀及滲透能力非常可怕」，萬一台灣被中共拿下的話，一切都完了。在這種偏頗的片面宣傳與教育之下，台灣人民自然推演出如下的結論：既然不想面對悲慘的命運，又不願意誓死奮戰，最好的解決之道便是「三十六計，走爲上策」。

事實上，如果眞的有心要保衛台灣，根本不須要推行這種「恐共教育」，只消培養及鼓勵民衆愛台灣的心即可。倘若能夠在教育上教導人民認識台灣社會、文化、外交及經濟等實情，自然能夠導引出民衆愛台灣的情感。

但是對於死抱「正統中國」神主牌不放的蔣政權而言，台灣只不過是暫時的棲身之所，根本不想培養民衆對台灣的情感，甚至還故意推行反面教育，意圖抹煞台灣的特殊性，刻意誘導人民漠視台灣的存在。

這種脫離土地情感的教育，使得台灣人被迫成爲時間及空間中孤立的存在，年輕人與歷史絕緣，與土地失去連帶感，最終成爲無法確定自我歷史定位的一群。雖然七〇年代之後，台灣曾經迸發出鄉土文學的火花，一批新生代的台灣作家開始從文學中尋找鄉土的感覺，強調台灣的認同意識，無奈最後卻遭到政治權力無情的扼殺。

在這種低迷的政治氣壓之下，根本無法培養人民對鄉土的情感與關懷，甚至連最基本的民主要求也受到統治者傾全力打壓，這便是衆所周知的七九年十二月的高雄事件。在該事件爆發之後，許多人對台灣的命運更感灰心，只要有適當機會，便會毫不反顧地投奔海外的自由天地。

中美協防條約簽訂之後，美國公開表示要保障台灣的安全，而台灣依賴美國的心態也油然而生。由於中美協防條約明文規定駐台美軍的駐外法權，導致台灣社會充斥自我貶抑與崇拜歐美的風氣，對美國國籍的憧憬與渴望也愈來愈大。

一九七七年當時，平均每天大約有三、四十人提出移民美國的申請，合計每月申請人數約爲九百～一千二百人，總合可知每年約爲一萬名之譜。(《夏潮》三卷三期，七七年九月刊載，劉傭一〈請徹底消除在國外置産設籍份子〉)

早已喪失自信的蔣政權在遭遇台美斷交的變故時，除顯露出悲憤慷慨的一面之外，內心那種茫然不知所措的狼狽模樣，更是毫無保留地暴露在世人面前，不計其數的高官大員一心一意只想早日拋棄台灣這艘渡船。在一九七八年上半年，位於台北市南京東路二段的美國領事館居然連續好幾天出現申請簽證的排隊人潮，令人匪夷所思的是，當時竟然還出現了代辦黃牛。

在美國的保護傘尚未失效之前，蔣政權一向採取「漢賊不兩立，寧願玉碎，不爲瓦全」的外交政策，毅然決然地與數十個國家斷絕外交關係。結果使得「中華民國」護照在海外備受歧視，其中尤以往來國際之間的商人受害最爲直接。因此有不少腦筋動得快的商人乾脆以取得第二本護照做爲自力救濟。

表面上看來，這是犧牲愛國心的做法，然而這是國家不義在先，因此他們也不覺得有何良心上的譴責。再說以國際貿易取得外匯，反而對台灣的整體經濟有幫助，說不定這些商人還覺得自己的行爲是理直氣壯呢。

但是單就美國爲例，倘若說，他們是爲了跟美國做生意而不得不申請綠卡，這種說法不免失之詭辯了。畢竟綠卡只提供持卡人出入美國的自由，並無法代替一般護照的功能，對於想順利進出美國的商人來說，「中華民國」的商務護照已具有同等功效。

眞正有需要申請綠卡的，應該是那些在美國設有公司、有必要長期居留美國的生意人。

這種商務綠卡有一個特別的名稱：「E2」，而申請「E2」的先決條件，是必須在美國有一定額度以上的投資。

目前台灣持有「E2」的人相當多，不過這些人在美國的投資金額相去頗大，據說有一家電機企業在美國的投資額竟然高達數千萬到一億美元之間。根據台灣的「外匯管理條例」規定，所有外國投資案都必須通過投資審議會的審查，平均每年通過的外國投資案至多不會超過兩、三件，而且金額多限於數萬美元以下。按照這種情況推論，幾乎百分之九十九以上的「E2」申請者都涉嫌違反「外匯管理條例」。

至於留學生方面，爲了研究學問的方便，確實有必要申請綠卡。筆者在此並無意深究持卡者鑽研學問的用心程度，畢竟這是屬於個人自由心證的領域。然而一旦完成學業，回到台灣之後，持有綠卡的理由便自動消失，如果還繼續保有綠卡，便不得不讓人懷疑他們的動機了。說得坦白一點，對他們而言，回國只不過是求一時的發展，終有一天，他們還會回到美國，選擇當美國人。

移民的五大特徵

黨外人士明白地將綠卡問題視爲移民問題，並且指出台灣的移民有五大特徵。

第一、普遍具有逃亡心態，這一點前面已有詳述。

第二、移民大部分屬於既得利益階級。歷史上的大規模海外移民，不外出於以下兩大原因，其一是理想或政治主張無法見容於當道，於是進行集體遷移，最典型的例子是英國清教徒遷往美國，而鄭氏進攻台灣也多少帶有這種色彩。

另一種是原住土地過於狹小，因生活困苦，不得不被迫移向海外發展。此類移民最大的共通點即是以社會的下層階級居多。從前福建、廣東沿岸居民渡海來台，以及二十世紀初期歐洲貧民以「契約白人」身份移往美國等，均屬此類。

目前台灣的人口密度已經高達世界前幾名，加上耕地面積有限，農民的生活極爲困苦。縱使工業部門能夠吸收部分剩餘勞動力，但仍有其上限，而且待遇亦不佳。基本上，這已經具備下層階級移民海外的必要條件，無奈蔣政權卻不願意正式開放對外移民。儘管「中華民國」憲法第十條明文規定「人民有遷徙的自由」，實則形同空文。在中國式的法律概念下，它對越底層的人民管制越嚴苛，下層階級幾乎寸步難行。

因此絕大多數的移民都屬上層階級。筆者也曾聽聞，歐洲的上層階級也有移民美國的風氣，但是移民者大多是科學家、醫生或藝術家。如台灣這般諸多達官顯貴或企業家集體出走的現象，可說前所未聞。畢竟在陌生的土地上，要尋求政治或事業發展，確實有違人性常理。

第三、有美國永久居留權的人往往先將家人送出國外，自己再回到台灣定居，並且不時往來於太平洋兩岸之間。

畢竟這群高官政要或企業菁英，即使勉強在美國定居，由於語言、人脈及社會認知的差距，不免被大環境孤立，更嚴重者甚至難逃種族歧視，再也無法像過去在台灣那般過著頤指氣使、呼風喚雨的日子。據說有不少人一開始帶著大筆錢財離台赴美，最後卻落得山窮水盡的窘況。

其實這些人壓根兒便沒有在美國發展的打算。他們只不過認爲，在台灣吃香喝辣的好日子恐怕難以長久，所以才選擇逃亡美國，另闢安身之處。雖然身懷億萬家財，卻沒有能力在當地做生意。就算是台灣的牙醫，只要無法取得美國的執照，照樣不准開業。筆者便曾聽說有牙醫爲了求生存，被迫從事當地人不屑的雜役工作。至於教授或作家，由於不擅當地的語言，只好不斷向台灣的報紙或雜誌投稿，藉以滿足個人的自尊與虛榮，諸如此類的異鄉悲喜劇，可說從未停止。

不過話說回來，這些願意在美國努力打拚的人，還算有起碼的骨氣。大部分移民往往難以忘懷台灣優渥的生活，即使身處美國，仍舊希望繼續維持過去的生活水準。可以想見地，在美國有意維持如許奢華的生活，其花費勢必遠在台灣之上，更何況他在美國幾乎沒有任何收入。縱使手中握有十年或二十年的生活資金，仍舊揮不去心中那股無形的陰影。最後所有人的結論都一樣——「在台灣賺錢，拿到美國花」，於是當美國的狡兔之窟完成後，這些移民又一個個回到台灣來。

在這種現實條件下，這些持有綠卡的高官巨賈們不得不鎮日汲汲於生財營利，而在百忙之中，每年還必須抽出一個月的時間到美國小住一陣，說來確也十分辛苦。在美國渡假的日子裏，除了陪陪孫子，安享天倫之樂，另外是就近觀光遊覽一番，此外也無事可忙，總覺得時間過得特別緩慢。這種坐立難安的心情，即使回到台灣的工作崗位上，似乎也久久難以平復。他們一心所想的，只是如何找到更快的生財之道罷了。

第四、這群綠卡持有者毫無疑問是台灣財富的竊賊。當台海局勢尚稱平穩時，他們還懂得避人耳目，一點一滴地將資產移轉海外，但當情勢轉趨緊急時，彼輩再也顧不得面子問題了，拚死命也要將手中的財產拋擲國外。有些人放棄個人的職務崗位，撇下原有的經營事業，頭也不回地逃亡海外，相較之下，這種做法還算可以原諒，更糟的是有些惡棍，竟然臨走還不忘惡性倒閉或倒會，大撈一票才離開。

這些台灣流出的資金絕大多數都流向加州，投入當地的房地產市場，結果導致加州的不動產行情狂飆，不少美國人爲此大表不滿。另一方面，美國各大銀行的加州分行卻因爲獲得此類資金週轉的生意，業績竟然衝到全美第一。

一九八〇年二月十四日，行政院長孫運璿對相關單位表示，應加緊查緝「經濟犯罪」，並且設法引渡逃亡國外的經濟犯。根據法務部長的公開報告，過去六個月間，涉嫌「經濟犯罪」

的嫌疑犯人數即高達三百零八人，案件數達一百六十二件，受害損失金額高達十億元以上。其中包括走私十六件、外匯捲款潛逃一件、逃漏稅五十六件、僞裝破產十件、詐欺及侵占七十三件、高利貸三件，以及其他類別三件。

第五、定居國外的學者回到台灣時，往往特別受到媒體的青睞與吹捧，最後也忘了自己是誰，不自覺地趾高氣昂起來。看到這些在國外無啥份量的無名小卒竟然在台灣自以爲是地發號施令，不免讓人覺得可笑至極。他們爲了確保本身自由進入台灣的權利，無不對蔣政權極盡奉承巴結之能事，但對民衆的怨懟與不滿則視若無睹。

倘若這些學者果眞獲得國際肯定，那就更應該盡早回到台灣，與這塊土地上的人民一同努力。而非惺惺做態，表面上回到台灣工作，暗地裏卻怎麼也不願放棄綠卡，這種表裏不一的做法，徒然增加台灣人民對他們的憤慨。

由於這群「綠卡學者」本身的言論與行爲過度矛盾，終於成爲台灣社會批判的焦點，最後甚至產生「留美學人公害」的流行語。

（本稿多處引述《美麗島》第二期，一九七九年九月所載，林濁水〈綠卡攻防戰〉。）

落伍的獨裁政權的通病

一九七二年，由於中華民國派駐各國的外交官紛紛掛冠求去，同時拒絕回到國內，這個現象遂成爲朝野各界議論的焦點。立法委員莫萱元雖是國民黨籍，卻首先提出激烈的質詢，要求政府拿出具體辦法，有效制止這股歪風，然而並未得到政府方面的任何回應。

這件事不免令人聯想到南越淪亡前的場景。在阮文紹政權時代，南越也曾經發生駐外人員去職拒返的情形。阮文紹當然瞭解此事的嚴重性，立刻派人前往海外，試圖將滯返的外交官帶回越南。沒想到阮文紹自己卻在瑞士銀行開戶，帳戶內還存有鉅額資金，而且其子女也早已送往國外，正所謂上樑不正下樑歪，阮文紹的種種措施，最終也沒有太大的效果。

這種政府高官同時坐擁「狡兔三窟」的情況，絕非南越獨有，在世界各地的落後獨裁國家也極爲常見。例如菲律賓的馬可仕總統便曾經在拜訪南越的阮高祺總理時說：「我身邊隨時準備兩只大皮箱，以防萬一可能發生的緊急狀況！」

繼莫萱元之後，數位國民黨籍立法委員亦聯名向行政院提出質詢：「政府應該積極針對黨政高官，及其家族擁有綠卡或外國護照者進行調查並公佈結果。」最後也是不了了之。國民黨一方面做做樣子，發給這些高官顯要調查表格，要求他們自行填寫，另一方面又宣稱擁有綠卡絕非違法的行爲。

一九七八年，這場「綠卡攻防戰」的最高潮終於來臨。一九七七年十一月，黨外勢力在地方選舉贏得空前的勝利，許多黨外人士順利入主縣市長及省議會。這個結果激發一般人民對政治的高度興趣，人民也開始瞭解政治與自身的安全息息相關。綠卡攻防戰的對立也漸次升高，不僅戰線逐漸擴大，戰火也由中央的立法院延燒到地方的省議會。而主攻的角色，也由國民黨籍立委轉變爲黨外的省議員。

一九七八年初，新任的省議會一開議，黨外議員便點燃了熊熊的炮火。當時「鐵路局」（屬交通處管轄，交通處轄下另有公路局及基隆、高雄及台中港務局）的高階主管多將子女送往國外定居，本人再假借公務出差之名，趁機前往國外探親。於是省議會中便充滿了如許的質詢聲：「請問鐵路局的人事處長爲何如此頻繁出國？」、「有些公職人員向銀行施壓申借高額貸款，事後又借故拖延，形成呆帳，最後則在東窗事發之前趕忙退休……」、「省營的復興公司負責人將所有子女都送到國外……」

同年四月，省政府高級官員派遣秘書前往美國購買不動產之事，被美國的當地報紙披露，成了省議員們追擊的焦點。「據說省政府某官員及家屬不僅持有綠卡，同時還在國外購置不動產，請政府相關單位對此事詳加調查，若爲實情，必須嚴加處分，並採取有效的防範措施，避免類似的事件再度發生。」

面對省議員如此強烈的質詢，省政府人事處長余學海（一九一六年生，河南人）的答覆是：「官員持有綠卡這件事情，過去並非嚴重的問題。由於本處向來亦未察覺此一問題，故從未做過類似的調查。」「如果察有實情，必定慎重處理。」另外還說：「如果官員持有綠卡的動機不純，本處將不會考慮重用這種人。」「至於在國外留學期間所取得的綠卡，原則上其動機可謂純正，本處希望能愼重處理。」

在議員們再三提出質詢，強烈要求政府調查之下，省政府終於答應在六月底之前完成調查。部分議員甚至連方法也替省政府想好了，要求外交部直接向美國移民局請求協助調查，結果還是無疾而終。

至於余學海再三強調的綠卡持有動機「純正與否」，明眼人一看便知是愚弄人民的障眼法，世上哪有人會主動承認自己的動機不純？而人事主管官員對部屬爲保有綠卡而每年必須前往美國居留一個月，卻渾然不覺其對相關業務的影響，這一點更讓人覺得不可思議。

四月二十四日，蘇洪月嬌（蘇東啓之妻）議員則將炮火對準了省議會議長蔡鴻文（一九一〇年生，台中人），對其提出震撼性的質詢。原來蘇洪月嬌不知透過何種管道，竟然取得蔡鴻文的公兒從美國寫給台灣大哥的信，並且在議會當場宣讀。信中大意是：「對於不得不離開台灣，無法隨侍雙親身旁善盡孝道，實在感到萬分遺憾。幸好地球各國間的距離愈來愈近，而在這塊廣闊的新天地，我們也逐漸奠立穩定的生活基礎。現在心中最大的期盼，便是希望彼此能自由來去，在美國享受全家團圓的快樂時光。或許再過幾年之後，我們的孩子們便都能順利地來到美國吧！」

蘇洪月嬌繼而再爆出驚人內幕，原來蔡鴻文的四女蔡月華竟然在日本購置了高達二千餘萬元的不動產。蔡家同時還在台北、美國及日本等地，由二女婿謝天眞負責經營掌管龐大的家族企業，此舉也蘊含分散財產風險之意。蔡鴻文對此的反應則更令人驚訝，他不但沒有提出毀謗的告訴，反而請假逃避蘇氏的質詢。（《富堡之聲》革新第一期所載，賴文華〈建立廉恥的政治—蔡鴻文議長是否在國外置產？〉）

在同一時期，台北市的黨外議員也取得持有綠卡的官員資料，並向市政府提出質詢。第一個攻擊的目標是中山女高的校長張昭南（女，一九三二年生，貴州人）。張昭南曾經多次出任高中聯招的試務委員會副主委，一九七八年首度出任高中聯招的主委。不意當年的高中聯招竟然發生三十多年來首見的洩題弊案，而張主委竟然在聯招作業最繁忙期間執意前往美國，目的即爲了確保其個人綠卡的有效性。

而台北市的教育局長居然還辯稱張昭南絕未持有綠卡，且不常前往美國。當市議員將張氏赴美的詳細證據提出時，原本態度強硬的教育局長不得不啞口無言。

張昭南事件的發生，不禁令人聯想起以色列拉賓總理的一件往事。以色列雖然是只有數百萬國民的小國，卻能夠與擁有兩億人口的阿拉伯世界抗衡，以色列政府本身亦不斷強調這一點，藉以激發民心士氣。以色列建國三十多年以來，絕大部分國民及官員都主動放棄國外安定的生活，回歸祖國投入建國大業。而爲了強化國內的團結，以國政府甚至還立法規定，任何人不得持有外國銀行的存款，違反者必須接受刑事處分。拉賓是以色列的建國元老，同時身負以國的總理要職，不料其夫人卻被發覺在國外銀行擁有數萬美金的存款，最後不得不辭職謝罪。

一九七八年，台灣民衆對綠卡問題的關心瞬間昇到了最高點。各大報章媒體對綠卡問題的報導篇幅也逐漸增加，儘管媒體有時會站在批判立場，但由於攻擊綠卡問題的主力爲黨外議員，因此媒體有時亦會採取相反的立場，揶揄黨外人士的做法。

政府的立場則十分清楚，還是一貫大事化小、小事化無的鄉愿作風。剛開始，不少民衆也心存懷疑，認爲這是少數政治人物爲了做秀，刻意危言聳聽的結果。然而到了七九年三、四月間，許多陸續出現的證據都證明黨外議員所言絕非空穴來風，戰線終於擴大到廣大的社會群衆。

葉依仁的洋洋事件

一九七八年十二月十六日，台灣與美國正式宣佈斷交。基於七二年的經驗，不少人預測台灣將再次刮起逃亡潮。果不其然，這些持有綠卡或外國護照的上層階級，莫不露骨地進行資產轉移。由於這次外交風暴的衝擊程度遠大於過去的任何事件，所以資產轉移的手段也更顯惡質化。台美斷交後的兩、三個月，這群有心人先暫時按兵不動，及待七九年的三～四月間，彼等見時機成熟，便開始採取大規模的動作。第一個發難的正是葉依仁，之後更爆發一連串令人匪夷所思的捲款潛逃事件。

而葉依仁所引發的「洋洋」事件，可說是當時最具代表性者。「洋洋百貨」的前身即為日治時期的菊元百貨，戰後為蔣政權所接收，後來幾經轉手，最後才由葉依仁出任董事長。

葉依仁不僅將公司的營運資金席捲一空，甚至還將提撥寄存於銀行的職員福利金三千餘萬全部提清，翌日旋即搭機赴美，其手法之狠，令人嘆為觀止。

待其順利出境後，公司立即宣告破產，葉妻雖然在公司破產後才離台，但是在出境之前，竟然還來得及先解除不動產的銀行抵押，脫手取得四百萬現金後才離開。

當時葉依仁的年紀不過才三十出頭，他不但未曾服兵役，也沒有進大學，但是卻能夠出任美國某企業的經理，並順利取得美國的綠卡。他年紀輕輕便結婚，婚後共生下四名子女，除了么兒之外，另外三名子女都在美國出生，藉此輕易取得美國國籍。當葉氏夫婦捲款赴美之後，由於么兒並沒有美國籍，在不得已情況下，只好先將其寄養在修道院裏。眼見如此周到的人生道路，令人不免懷疑這個年輕人背後必定有高人指點。

葉依仁的父親葉翔之，一九一二年出生於上海。葉翔之曾是蔣介石的左右手——特務頭子戴笠的部下，早在蔣政權撤退來台之前，其昭彰惡名即已衆所週知。在蔣政權退守台灣後，葉氏還曾成功舉發中共的「台灣省工作委員會」系統，破獲一百四十一個秘密組織，大獲蔣介石歡心。五〇年代之後，葉氏擔任「大陸敵後情報游擊工作」，六〇年轉任國民黨中央委員會第二組組長（情報作業），後來還兼任國防部情報局局長達十四年之久。一九七五年退休後，還獲聘擔任總統府的國策顧問，在台灣的政界握有舉足輕重的影響力。

此外，葉依仁有位名叫葉潛昭的兄長，他曾經就讀於明治大學研究所，表面上的工作是執業律師，實則與黨、政、軍、商各界均有深厚關係。他爲了延續父親在政壇的勢力，曾經以國民黨立委候選人身份出馬角逐七八年十二月的中央民意代表選舉（後來因台美斷交被迫延期）。葉在政見中大肆抨擊高級官員貪污瀆職，自許爲國民黨的改革派，並與「反共義士」們唱和，攻擊黨外人士，以高舉「愛國主義」大旗的正義之士自居。當「洋洋」事件爆發之後，大家才恍然大悟，原來他的一切作爲只是在爲其弟做掩護。

繼「洋洋」事件之後，短短三、四個月之間，竟然有十多家企業發生惡性倒閉或捲款潛逃的弊案，損失金額從數千萬到數億元不等。同年五、六月間，企業界的倒風似乎稍有歇息的傾向，不意七月再度爆發「泛美書局」的破產事件，同時也宣告了第二波資金外移風暴的來臨。

在中美洲的多明尼加、哥斯大黎加等國，有不少敏感的商人嗅到這股資金流動的氣味，竟然興建了上千幢巨戶豪宅，並宣稱購買者可立即取得護照，當這則廣告在台灣的報章上披露之後，這批豪宅果然在一轉眼間銷售一空，令人爲之瞠目。

而這波捲款潛逃的受害者，上自銀行，下至市井小民皆包含在內。以一般倒會的情形而言，首先受害的必然是當事人的親朋好友，但是在人情炎涼的台灣社會，當事人早已顧不了這些了。這種欺人太甚的做法，難免引發民衆的群情激憤，然而不可否認地，在內心不爲人知的角落，也有不少人悄悄羨慕著這群將自己的快樂建築在他人痛苦之上的亂世強梁。

而台灣學界卻普遍將這種「經濟犯罪」歸咎於社會經濟結構變化的不幸結果，試圖與政治撇清關係。他們認爲，這些經濟犯罪的第一個原因，是在農業社會轉型爲工業社會的過程中，原有的道德規範、法律、金融制度、經濟結構及公司組織，都無法有效地配合之故。第二、經濟的繁榮必然導致較高的犯罪率。第三、社會風氣逐漸敗壞，工商業者爲了追求個人得利，對事業本身的存亡缺乏責任感。

這些理由用來說明一般的「經濟犯罪」時，容或妥當，但卻不足以解釋台灣的捲款潛逃歪風。當然，這些因素也是刺激非法資金外移的部分原因，但絕非事件的根本因素。

即使以十年來台灣經濟犯罪的發生軌跡，與景氣變動、資金鬆緊或市場游資的圖表進行對照，也無法尋出任何合理的互動關係。相反地，發生捲款潛逃案件的高低潮卻恰好與諸般政治因素——如國際局勢、外交衝擊等完全一致，但這卻是台灣的學者們所不敢直言的。每當外交上發生衝擊，台灣的投資意願便大受影響，股票市場更是一洩千里，鉅額資金如洪水般流出。企業主的捲款潛逃，只不過是這種政治型經濟犯罪的冰山一角罷了。

早日驅逐這些寄生蟲

在三、四月中所發生的捲款潛逃案件，其實具有兩項極爲明顯的特徵，然而學界諸公卻都佯做不知。第一是數十件捲款弊案皆集中於三、四月之間，第二是主謀者皆持有綠卡，案發後皆遠遁國外。

由此可見，這些捲款潛逃案件絕非與政治無關的「經濟犯罪」。嚴格說來，這種捲款潛逃國外的行爲無疑是標準的叛國行爲，而前文所提及的「社會風氣的頹廢，工商業者過度追求個人利益，缺乏事業存亡的責任感」云云，只不過是將台灣視爲暫時棲身之地的過客心態所必然導致的結果。這群人既對自己生存的土地缺乏歸屬感，要他對其所建立的事業負責任，實無異於緣木求魚。

蔣政權對外匯進出的管理十分嚴格，對資金外流也設有各種預防措施，但正所謂「道高一尺，魔高一丈」，在進出口業者及高官要員善於利用種種障眼法下，究竟能發揮多少作用，讓人懷疑。既知綠卡已成爲捲款潛逃犯罪的必要前提，若無法針對綠卡問題拿出釜底抽薪的解決之道，類似問題恐怕永無根絕之日。至於這次爆發的「洋洋」事件，唯有盡速逮捕葉依仁，將其引渡回國，追究應負的罪責，方能昭信於社會大眾。無奈的是，蔣政權並沒有這個能力。

四月二十三日行政院所發表的一篇文告，再度顯現出政府的無能——「持有綠卡但未具備雙重國籍者，可自由擔任各項公職。至於在職中取得綠卡者，申請休假必須按照規定，公務出差最長不得超過三週，普通休假最多以四週爲限，不准延期，使其持有之綠卡自動失效。」

余學海雖然說過在職中所取得的綠卡顯有動機不純之嫌，然而行政院卻大方地允許持有者可繼續擔任公職，而以嚴格管制出國、出差及休假即可。奇怪的是，兩方對於官員家族持有綠卡，完全未納入考量範圍內。

行政院的說辭無法解釋下述的四個疑點。第一、這些官員可以另外製造出國的藉口，只要不超過規定期限即可，或者故意將出差與休假的時間併在一起。畢竟爲了守住自己手中的綠卡，要鑽法規漏洞實在太容易了。

第二、政府根本沒有意願針對綠卡問題進行實際調查，頂多只在官員申請出國時，形式上詢問當事人是否持有綠卡，被詢問者當然不可能自掀底牌。

第三、如果當事人的綠卡並非在職期間取得，政府是否眞如余學海所稱，將對其進行愼重的處理，令人懷疑。也許其所謂的「愼重處理」，只是任由其自由請假？

第四、駐外的外交官員幾乎人人持有綠卡，針對這些身居國外的公職人員，能否提出有效的管理之道？

爲了淡化民間對政府高官持有綠卡的惡劣印象，國民黨籍的李志鵬立委（一九三二年生，貴州人）竟然在一九七八年底提出以下的質詢：「如果有人對台灣沒有信心，對政府的做法有所不滿，政府乾脆鼓勵他們移民國外算了！如果眞的有人想回中國大陸，不如廣開大門，悉聽尊便！」

李某的目的在於扭轉雙方的攻守態勢，他將那些提出綠卡問題攻擊政府的人論斷爲對政府缺乏忠誠，這麼一來，原本攻擊綠卡問題者反而成爲被鼓勵移民的對象，也是在這場「綠卡攻防戰」中首先被扣上大帽子的一群。

行政院則於一九七九年三月五日針對李立委的質詢做出如下回答——「對於少數對國家前途缺乏信心、有意移民國外的投機份子，政府絕對不會勉強他們留下。」六月二日，省政府也做出同樣的聲明。政府的態度暗示這些高官顯要隨時都可以自由地逃離台灣，而一般民衆也得以沾他們的光，有能力出走者大可如法炮製。如此體貼民意的政府，即使在全世界也難得一見。那麼對於其他不願離開台灣或無力取得綠卡的國民，政府應該更有義務說明國家究竟提供了什麼樣的保障或責任。

老實說，如果這些隨時準備腳底抹油的投機份子能夠盡早離開台灣的話，台灣的社會將會減少許多問題。但是從這次的綠卡問題可以看出，這些人只想繼續留在這艘失舵的渡船上，盡其所能地搜括自肥，直到沉船的前一刻才遠走高飛。

黃順興曾經說過這麼一段話，可說是本文最理想的結論——

「如果我有權力的話，今天我就要把這些傢伙通通趕出台灣！除了那些已拿綠卡的人之外，如果有人申請不到簽證，我十分樂意盡最大的努力幫助他們！如果臨時買不到飛機票，我願意租專機送他們出去。

總而言之，想走的人越快走越好！像這些不事生產的人，活像優雅的寄生蟲，他們留在台灣一天，對台灣就多一天的壞處！台灣人民每天致力於生產勞動，被沉重的稅金壓得喘不過氣來，還得接受這群寄生蟲的壓榨，更嚴重的是，他們這種狡詐腐敗的作風，將對社會風氣帶來嚴重的影響，打擊台灣人民的士氣。我雖然心疼那些被他們捲逃國外的資金，但是只要他們立刻離開，我願意雙手奉上，儘管拿那些錢去買棺材吧！」

（《富堡之聲》革新第一期所載，黃順興〈要走的不是我，是那些亡命者〉）

（刊於《台灣青年》二五五～二五七期，一九八二年一月五日～三月五日）

（賴青松譯）

精神病患的困境

台灣的精神衛生醫療發展遲緩

一九八四年三月三十日，台灣發生了一件令人無法置信的事。當台北市螢橋國小二年級四十一名學童正在教室上課時，突然有一名男子大聲亂叫地衝進來，他兩手拿著硫酸瓶猛然灑向學童和老師身上，然後拿出菜刀亂砍，自殺身亡。

多名學童因此上半身遭到燒燙傷，甚至造成失明等嚴重傷害。由於這名男子的死狀極慘，因此講壇四處濺滿鮮血，學童們不僅遭到硫酸傷害，更因此受到二度驚嚇，害怕得顫抖不停。

這名男子名叫蔡心讓。根據事後的調查，得知他是一名精神分裂症的病患，曾經多次入院。當天他正在螢橋國小附近徘徊。

在一般的宣傳中，我們只看到台灣經濟的發展與太平。但是這個事件讓我們發現到，在繁華的另一面，卻有很多精神病患存在台灣社會中。這些精神病患並未獲得妥善的管理，任其自生自滅，這個事件同時也引起社會關注台灣的醫療衛生行政。

根據同年四月八日的《自立晚報》報導，台北市立療養院副院長胡惟恒先生在談話中指出，台灣約有十一萬五千名精神病患，其中四三%，約五萬人為精神分裂症。但是相對地，全台灣的精神科醫生卻不到一百五十位。以台北市立療養院爲例，十三名醫生須照顧一千多名住院病患，同時每天還必須診療一百二十多名門診病人。這讓每一位醫生都大喊吃不消。

在台灣，公立精神科醫療設施只有八處，即使再加上一些私立的精神病院，病床數也只不過一萬床左右。但是，有好幾個人口超過百萬的縣市卻見不到一家精神病院。而且，有九〇%的省立醫院也未設置精神科。

我在調查日本的情形時發現，根據一九八二年的統計，日本全國的精神病院共計九九七所（全國醫院數為九四〇五所），二三四五五四張病床。（總病床數為一四〇一九九九床，精神科醫生人數為六二四八人，總醫生人數一五五四二三人。一九八一年統計資料。）

台灣的人口約爲一八〇〇萬人，日本的人口約爲一億一〇〇〇萬人。從比例上而言，台灣的規模約爲日本的九分之一，因此換算下來，台灣的精神科應該要有五九八家醫院、一三〇七三二張病床，三七四八位精神科醫生才是。但是從前面的數據，我們可以瞭解到，台灣的精神科醫療的發展腳步極爲遲緩。

精神病的醫療只是其中一例。台灣的醫療衛生行政發展落後已經是極爲嚴重的問題。從預算方面來看，一九八二年度中央總預算的大項目中包含了：

一般政務支出	一四三億六二〇〇萬元	（四・五%強）
國防外交支出	一二七〇億五四〇〇萬元	（三九・九%強）
教育科學文化支出	二八九億四〇〇萬元	（九%強）
經濟建設交通支出	七八八億四五〇〇萬元	（二四・七%強）
社會福利支出	四三九億七二〇〇萬元	（十三・八%強）
債務支出	六〇億七〇〇〇萬元	（一・八%強）
省市補助支出	一四五億三九〇〇萬元	（四・五%強）
其他支出	四十四億九〇〇萬元	（一・三%強）
合計	三一八〇億九二〇〇萬元	

我要針對這個中央總預算追加若干說明。在一九七二年春季之前，蔣介石政權將中央總預算視爲一項秘密，從未公開。一九七二年四月，當時的行政院長嚴家淦針對七三年的會計年度（一九七二年七月至一九七三年六月）預算，首度公開了歲入總額與各項預算的比例。

在這項中央總預算中，最大特色在於國防外交費用約佔40%，保持在第一位。國防外交費用包含國防與外交兩個項目，但是根據消息來源顯示，外交費用其實不過佔2%左右。在最近的一九八四年度預算中，總額爲三二三一億元，約是日本五十兆日圓預算（一般會計）一比二六的規模。八四年的國防外交費用約爲一三三〇億元，佔了四一・一%。

中央總預算的第二項特色是，這麼龐大的國防外交費用的具體支出情形，一般國民完全沒有概念。雖然這項預算是由立法院特別委員會以秘密審查方式通過的，但實際上除了政權核心外，任何人也無法碰觸這筆費用。蔣介石政權設置了這麼一個神聖無法接近的領域，令人不由得不想像中央要員中飽私囊的可能性。

國防外交費用高達40%，日本只有在一九三四年（昭和九年）到一九三六年（昭和十一年）之間有過，當時是戰時體制，國防預算才達到國家總預算的四四・八%。目前（一九八三年），日本的防衛關係費用只不過佔總預算的五・五%而已。

從另一個角度來比較，根據英國國際戰略研究所的《軍隊均衡(Military Balance)報告》（一九八二～八三年）指出，蔣介石政權的國防費用與GNP之比（一九八一年數據）爲六・六%。在隔著三十八度線與北韓對峙的南韓，國防費用只不過佔GNP的六・三%而已，蔣介石政權的國防費用不僅比南韓還高，簡直就是非共產陣營中排名第一的。

在蔣介石政權下，一九八一年台灣國民每人的GNP是日本的一七分之一。但是每人所負擔的國防費用金額卻達一七一美元，是日本國民八九美元的一・九倍，由此可見，台灣人的肩膀上扛著多麼沈重的國防負擔。（這部份請參考刊載於一九八四年四月號《亞細亞的鼓動》，田中

誠所寫的〈第二次蔣經國體制的出航——從試煉邁向繁榮之路〉）

在國家總預算中，醫療衛生行政被列入社會福利中的一項。一九八二年社會福利項目的預算爲四三九億七，二〇〇萬元，佔總預算的一三・八%，名列第三。乍看之下，這個金額十分龐大，但這就是蔣介石政權高明的詐欺、說謊的手法所在。在這筆龐大的款項中，蔣介石政權把退除役官兵的就業輔導費用、公務員退職金等都包含進去，實際運用在醫療衛生行政上的金額，只佔預算的二～三%而已。

在同年四月十六日《自立晚報》的「自立論壇」中，作者黃金瑞主張「社會福利預算應該全部運用在社會福利上」，並且引用聯合國的資料，顯現台灣是多麼忽視社會福利。

根據作者所引用的資料顯示，英國與德國對社會福利的支出，佔國家總預算的四八・一%，美國爲四〇・九%，新加坡爲四五・五%，日本爲三〇%，馬來西亞爲二〇・七%，印度爲五%，而台灣僅有一・三%。

這二十年來，蔣介石政權不厭其煩地列舉數據，宣傳台灣的國民所得成長之高，家家戶戶都有彩色電視機、電冰箱，摩托車又是多麼普及，這些宣傳聽得人都快受不了了。蔣介石政權所公佈的數據本身就存在可疑的用心，即使那些數據眞如其言，但是在這些數據背面，也存在另一部份未被公開的數字。台灣的眞正狀況，不在於這些被公開的數據，很可能必須透過那些未被公佈的數字，才能看清台灣的眞實情況。

整個社會陷入瘋狂

蔣介石政權本來就是靠撒謊與打混仗成立的政權。他們早在一九四九年就被趕出中國，全世界承認中華民國的國家也逐漸減少，僅剩下現在的二十個國家（按：當時的邦交國）。儘管如此，蔣介石政權仍不斷強辯自己是「代表中國的正統政府——中華民國」。一九四七年在中國大陸選出的中央民意代表中，有部分人士逃到台灣來，他們未經過任何改選，終生爲萬年國代。如果這就是蔣介石政權所主張的「法統」的根據，那眞是一場騙局！說要反攻大陸，以三民主義統一中國，終究是一場大夢罷了。蔣介石政權哪有實力反攻大陸？哪裏有什麼三民主義的具體模範？這說法眞是貽笑千里！而且自從一九四九年以來，蔣介石政權宣稱爲了準備反攻大陸，在台灣施行戒嚴令，其實這只是壓迫台灣人的口實而已，是我們所難以接受的暴行。

在這樣的政權之下，其所作所爲充滿矛盾。正如諺語所云：「上樑不正下樑歪」，台灣的社會從上到下充滿了畸形的怪異現象。

說什麼「天下爲公」，事實上是「天下爲私」，說什麼「禮義廉恥」，其實是倫理道德淪喪。我們常常聽人說「台灣人越來越壞了」，這都是因爲受統治的台灣人學習那些中國統治者的惡行造成的。對那些中國人而言，台灣只是暫時的避難所、歇腳處而已，所以他們可以無惡不作。

但是，對台灣人而言，台灣是唯一的故鄉，台灣人不該學習那些中國人的惡形惡狀！台灣社會顯然已經陷入一片瘋狂。人們已經喪失了生而爲人的自尊，只追求物質上的享受，完全忘記精神文化的高尚。其中，不談政治已經成爲一般人的處世教訓。台灣人爲蔣介石政權賣命，滿腦子對中國充滿幻想。爲了出人頭地，如何卑躬屈膝都無所謂，爲了賺取錢財，背叛親朋好友也在所不惜。

光是做爲一個人，原本就不適合住在這樣(台灣)的環境裏。而爲了適應一個瘋狂的社會，每個人多少必須跟著發瘋才過得下去。因爲惡性遺傳罹患精神病的人並不多，大部分的精神病患者都是因爲性格過於神經質，對社會適應不良所造成。台灣的整個社會已經陷於瘋狂的狀態，與一般國家相比，精神病患者人數較高，是不難想像的。

台灣對精神衛生的觀念原本就比較落伍，因此一般百姓對精神病患不甚瞭解，只會恐懼、排斥。如果家裏有人罹患精神病，會被認爲是可恥的事，只會將病患藏在家中，求神拜佛禱告而已。路上遇見精神病患，不是避之唯恐不及，就是給予嘲笑戲弄。

這種情形不僅發生在台灣，二次大戰以前，很多國家都存有相似情形。但二次大戰後，大部分的國家都採取了新的措施。反觀在蔣介石政權統治下的台灣，施政的低能造成台灣比一般國家更爲落後，自然衍生出精神衛生措施失當的情形，令人感到悲哀。

國防費用對ＧＮＰ比(1981年)

(單位：百萬美元，%)

		GNP比	金額
亞洲	北韓	8.8	1,681
	台灣	6.6	3,106
	南韓	6.3	3,970
	泰國	3.5	1,306
	菲律賓	2.2	862
	日本	0.9	10,453
歐美	蘇聯	8.4～15,0	不明
	美國	6.1	176,100
	英國	5.4	24,223
	西德	4.3	29,047
	法國	4.1	23,545

(刊於《台灣青年》二八四期，一九八四年六月五日)

(黃怡筠譯)

高砂族進化或滅亡的命運

山地人

遙遠的開始
記不清的神話
這豐碩土地的美好
歸於你——山地人
肥沃的大平原收穫食糧
山林有無盡的飛禽走獸
這一切歸於你
印現在妳純潔和平的臉上
歌聲響徹無私相親的大地

也是那樣久遠以來
追溯不清有多少祖先的流傳
從平原到丘陵
從丘陵到森林
從漢人的欺詐到日本人的壓迫
交織著奴隸的悲哀
這一切受於你——山地人
自卑、苦痛
刺在你絕望憤恨的心上
歌聲響徹自利相殘的大地
如果再不清醒
你要親眼看見
魂體底滅絕
在這醜陋殘暴的世界
山地人會
消失！絕種！

如果再不清醒
山地人只會
被歪曲在強盜的歷史裏
被污辱在惡魔的傳說中

這是今年四月二十二日發行的《台灣教會公報》一六七七期上刊載的一首名爲「山地人」的新詩。其內容主要在緬懷過去的美好歲月，同時感嘆高砂族在生存競爭中落敗，不得不轉往山地苟延殘喘，如今更面臨亡族滅種的危機。

民族舞蹈及橫貫公路的背後眞相

每年前往台灣旅行的日籍觀光客約有五十萬人，爲了體驗一下與衆不同的異國情調，他們經常選擇到台北近郊的烏來去觀賞泰雅族的舞蹈表演。如果時間允許的話，這些觀光客甚至還願意撥空到日月潭畔的德化社一遊，看看曹族的民族舞蹈，或者一訪花蓮的阿美文化村，觀看阿美族姑娘的舞姿。事實上，將高砂族用爲賺取外匯的寶貴觀光資源，原本即是蔣政權的重要政策之一。

然而這卻是對高砂族人莫大的侮辱！也是對觀光客的一種欺騙！現在大家所看見的那些

耀眼誇張的服裝，還有臉上濃厚的胭脂妝扮，根本不是他們原來的模樣！那些看來無趣且毫無含意的舞步跟表演，根本就是平地商人所杜撰拼湊出來的商業表演。眞正高砂族人的裝扮與舞蹈，其實跟北海道白老村落(泛指愛奴族的聚落)常見的民族衣裳及舞蹈類似，看來極爲樸素而內斂。然而相對於日本人對於愛奴族人的愼重待遇，中國人對於高砂族人卻是粗魯至極。中國人所引以爲傲的中華思想，向來便不曾隱瞞對少數民族的那種莫名的優越感。除了對彼等文化的蔑視之外，同時更強迫對方接受自己的文化與價値觀，這便是所謂的「漢化」，有些妄自尊大的中國人，則喜歡稱之爲「德化」。

目前中國大陸上設有許多少數民族的自治區，至少在表面上看來，這些少數民族比高砂族得到更好的待遇，除了生活圈受到保護之外，傳統文化也獲得起碼的尊重，但是實際上，漢族與少數民族之間的摩擦與衝突可說從未間斷。當漢族勢力較弱時，往往習於顯現親善的模樣，一旦勢力壯大之後，便立刻顯露猙獰的眞面目，大舉破壞少數民族的文化傳統及生活環境。一九五九年的西藏入侵便是最典型的例子，近年來新疆也頻頻傳出暴動的消息。

聯結台中與花蓮，總長達一九二・八公里的中部橫貫公路，向來都是台灣觀光行程的重點路線，相信許多讀者都曾經造訪這條遠近馳名的公路。其實這條公路的前身，是一條名爲「合歡越」(三四一六公尺)的古道，上下顚簸的路程一路走來，至少需要耗費數日的時間。往來的行旅不僅要背著沈重的行囊，還得使勁攀爬溼滑的陡坡，走過搖搖晃晃的鐵索吊橋，每晚投宿在沿途簡陋的駐在所裏。

然而現在，搭觀光巴士只要七個半小時就能夠走完全程。在導遊的說明下，我們才知道原來這都是在「蔣介石總統英明的領導下」，命令退除役外省老兵以人海戰術，從一九五六年七月到一九六〇年四月，費時三年又十個月所開出來的高山道路，其中不知付出了多少寶貴的生命代價。但是至今似乎還沒有人意識到，這條橫貫公路不僅貫穿了台灣島的龍骨——中央山脈，同時更成爲毀滅高砂族人生存環境與文化的深刻破綻。

在一九五四年十二月簽訂的美華條約中，蔣政權接納了美方的要求，強迫隨軍來台的外省籍士官兵退役，藉以降低軍隊的平均年齡。爲了安插這些復員的「榮民」，蔣政權便在各行政單位中安插人事職位，或者讓他們去當現成的三輪車夫。除此之外，有不少人也被動員去開鑿東西橫貫公路，等到公路完成之後，再以「某某榮村」或「某某新村」的名義，將他們安置在公路的沿線各地。

如此一來，不但同時解決多數退除役士兵的安養與監視問題，而且也開啓了高山產業開發的新頁，對蔣政權而言，可說是一舉數得的妙計！原來在平地上無法栽培的水梨、蘋果、水蜜桃、杏桃、核桃、栗子、枇杷等溫帶水果，以及各種寒溫帶的蔬菜與花卉，都能在此地生長，至於較不適於栽種作物的土地，也多被用來作爲畜牧用地。

可是對於泰雅族人而言，這卻是四百年來從未遭逢過的巨變。原本廣大浩瀚的山林，都是他們生息繁衍的樂園，如今卻被粗暴的公路一分爲二，更嚴重的是在道路兩旁錯落分佈的平地人聚落，已開始一步一步地蠶食著這個原本屬於他們的世界。

整體而言，資本主義的貨幣商品經濟制度確實對高砂族的原始部落造成莫大的衝擊，原來可以自給自足的共同體社會經濟結構也被迫解體，風俗習慣與生活方式更是迅速地轉變，簡而言之，高砂族人存活的生態系已經徹底遭到破壞！

筆者記得好一陣子以前曾經讀過這樣的一篇新聞報導，對於孤家寡人獨自在山上生活的外省退除役官兵而言，高砂族的女孩們無疑是最佳的追求對象，除了準備各種金銀打造的首飾、戒指跟手環之外，這些鰥居已久的阿兵哥更使出了渾身解數，用各種甜言蜜語來換取女孩們的歡心，這些都讓山上的女孩們動心不已。

在雙方結婚當天，熱鬧喧騰的中國式婚禮結束後，洞房花燭夜的確讓人感到是一段幸福生活的開始，沒想到從第二天晚上開始，身旁的枕邊人卻每天替換，單純的女孩當然覺得驚訝莫名，追問之下才發現，原來那些聘金跟傢具都是衆人合資購置的「共產」，所以大家一起享受當新郎的權利也是理所當然的結果。女孩子如果膽敢反抗的話，往往會落得生不如死的下場，有些人甚至還因此走上了絕路。

剛開始的時候，高砂族的男人們還有復仇的氣力，無奈對手的人數和武力都遠遠勝過他們許多，使得部落裏的男人逐漸喪失鬥志，有的選擇自殺一途，有的則是鎮日藉酒澆愁，還有一些人乾脆選擇離開這個傷心地。

台灣的人口密度在全世界已是數一數二，爲了提升建設成果，繼續擴大內需的結果，唯一的方法只有深入內陸進行開發。在鐵路電氣化、雙線工程完成之後，接著是南北高速公路的修築，緊接著又輪到橫貫公路的建設計劃。目前預定開闢的兩條南部橫貫公路，包括由台南～德高以及屏東～知本兩線，那麼，面臨浩劫的，將輪到南部的排灣族了。

苦心積慮的統治手法

高砂族目前的總人口數約爲三十萬。在日本統治末期，確切的人數應在十七萬之譜❶，因此，戰後以來足足增加了一倍以上。隨著醫療設備的普及，以及環境衛生的改善，人口增加可說極爲正常，這種現象也出現在非洲或大洋洲一帶，如果一味將之歸諸於蔣政權的德政，未免太讓人無法苟同了。

如果依照南北地理位置的順序，高砂族的分佈情形分別爲泰雅族(Atayal)、賽夏族(Saisiyat)、布農族(Bunun)、曹族(Tsou)、魯凱族(Rukai)、排灣族(Paiwan)、卑南族(Puyu-ma)、阿美族(Ami)、雅美族(Yami)等九族。其中又以阿美族、泰雅族及排灣族的人口較多。

他們並非同時遷徙到台灣這個島嶼上，而是分成好幾波，從不同的地方來到台灣的。因此他們使用的語言也分爲十餘種，彼此間並沒有任何共通的語言。

在荷蘭時代（一六二四～一六六一年），荷蘭人曾將台南附近新港社所用的語言訂爲共通語，並且發明以羅馬字拼音的新港文字，他們不僅教授當地人學習這些文字，還翻譯了新約聖經、信仰規範及十誡等文件，以供傳教之用。到了日本時代，日語成爲新的共通語言，在短短的二、三十年之間，日語的使用可說相當普及。戰後，北京話成爲島上的新共通語，不過年長者還是對日語表現出一種特別的情感，這一點從許多訪台人士的口中都能獲得證實。

目前高砂族人分佈的地帶，總計分爲三十個山地鄉及二十五個平地鄉，而這些鄉鎮的地名幾乎無一倖免地被蔣政權修改爲毫無意義的中國式名稱，諸如復興鄉、大同鄉、和平鄉、仁愛鄉、萬榮鄉、桃源鄉、三民鄉或延平鄉等等皆是。

相信許多讀者都淸楚，台灣的行政院裏有個與部同級的蒙藏委員會，其職權係在管理蒙古或西藏等少數民族，但是令人好奇的是，目前在台灣究竟住著多少蒙古人或西藏人？

更令人百思不解的是，蔣政權如何對蒙古與西藏執行其管轄權力？反過來看，針對台灣島上三十萬的高砂族人，行政院下卻沒有任何主管的專責機關。主管山地事務的最高行政單位，竟是省政府民政廳第四科，到了縣級單位則是山地課。毋庸置疑地，從第四科科長、山地課課長到課員，幾乎沒有一個人是高砂族出身。

此外，在中央民意機構及省議會方面，高砂族有特別的選舉保留名額，乍看之下，容易讓人產生尊重少數民族的錯覺，其實這是蔣政權的狡猾之處。以一九八二年四月的情形爲例，高砂族的民意代表保障名額在國民大會兩名（總數一一四四名）、立法委員兩名（總數三九六人）、省議員四名（總數七十六人）。

在這些高砂族出身的各級民意代表中，從來沒有黨外人士的例子。原來這些人都是國民黨提名的候選人出身，唯有如此才有機會躍入廟堂，成爲所謂的國會議員或省議員。事實上，這些人幾乎都是長年的忠誠國民黨員。

蔣政權爲了順利統治這些高砂族人，可說竭盡了思慮。不過以高砂族的天性而言，大多單純直率，同時也具備耿介的守法精神，因此也有其易於接受統治的一面。

至於高砂族的就學率方面，早在日本時代便有傲人的成績，然而升入中學的比率卻不高，如果有機會唸到高中的話，已經算是族人中的高級知識份子了❷。而且這些少數得以升學的秀異份子中，大多選擇進入警校或軍校，只有少數人進入一般的大學或專科學校。因此，這些高砂族菁英對於出人頭地的機會特別敏感，如此反而容易被國民黨所操控。

對於高砂族人而言，國民大會代表、立法委員及省議員已經是最高的政治位置，只要贏得國民黨提名，實質上即等於當選了。因此，「黨意勝過民意，黨的利益超乎種族利益之上」，也就成了理所當然的道理。這種傾向，在下級的縣議員或鄉民代表身上也頗爲常見。

對高砂族人來說，進入公家機關或企業就職也不是一件容易的事，現實中存在著許多有形、無形的差別待遇。如果要向公務系統發展，回到部落裏當個調查站的專員或主任，可能是比較個容易的目標。

污染日漸嚴重的絕世祕境

在台灣最南端的鵝鑾鼻東方約八十公里左右的海面上，漂浮著一個美麗的小島——蘭嶼。在它北方約六十公里處，則有另一座名爲綠島的島嶼。這兩座小島爲景緻單調的台灣東海岸沿線製造了些許不同的變化。戰前，蘭嶼的原名叫做紅頭嶼，而綠島的舊名則是火燒島。不過，誰都知道這是中國人政府的看家本領，把人家原有的名字改成毫不相干的風花雪月，或是帶上某種不可侵犯的道德氣味。

如今綠島已經成爲專門收容重刑犯的監獄島。我們在此要談的是蘭嶼。蘭嶼的海岸線總長三十八公里，面積四十八平方公里，是一個景色優美的小島，島嶼北端有一座紅頭山（六〇四公里），是島上的最高峰。目前島上共有約兩千六百名的雅美族人。根據雅美族人的傳說，他們的祖先來自呂宋南方的巴丹半島，因此雅美族人的語言、風俗習慣，也跟其他的高砂族人有顯著的不同。

在日本領有台灣兩年之後（明治三十年；一八九七年），人類學家鳥居龍藏一行五人來到這個小島進行了詳盡的調查，並且給予當地的原住民「雅美族」的稱謂。

赤裸著上身，腰際綁上一條丁字褲，這便是雅美族人的傳統裝束。他們還會製作一種雕工精細、色彩鮮艷，而且船首尖尖頂得半天高的獨木舟，用來當作出海打漁的乘具。而栽植在僅有的少許田地中的小山芋，則是他們的主食。雅美族人對死靈極爲敬畏，對於死者的處理方式也十分奇特。鳥居氏見到這塊與世隔絕的美麗島嶼，以及具有特異生活文化的雅美族人，擔心這些珍貴的人類資產受到外人破壞，於是建議總督府限制外地人隨意進入此島。這個提案使得紅頭嶼得以繼續保持對外隔絕，從清帝國到日本統治時代，始終維持著神祕的面紗。

然而當蔣政權統治台灣之後，卻在此地設立了專門訓練頑劣士兵的收容所，其正式名稱叫做「某某管訓隊」。這裏收容了來自全台灣各地受不了軍旅訓練的逃兵。島上共有六個聚落，不過在如此狹小的島上，根本不可能將村民與管訓隊員隔離。有時這些管訓隊員會趁著半夜，雅美族的男人出海打漁之際，偷偷闖進民宅強暴女主人或家中的少女。依照族人古老的習慣，凡是犯下姦行的人，都必須接受村民全體的制裁，無奈犯人是管訓隊的隊員，族人們對其也莫可奈何，只得默默地忍氣吞聲。如今雅美族的婦女可說人人自危，甚至到了不敢一個人上山撿拾柴火的地步。

到了八〇年代，蔣政權決心將蘭嶼塑造成台灣的夏威夷，開始全力推銷蘭嶼的觀光活動。除了增加台東到蘭嶼之間的聯絡船班次之外，同時還開闢台北、高雄直飛蘭嶼的班機，到訪的旅客，除了人類學者、社會學者與藝術家之外，觀光客人數也日漸增多。除了原有的環島公路之外，官方也有意興建貫穿島嶼東西的橫貫公路。這項道路計劃卻受到蘭嶼鄉鄉民代表會主席謝朱明先生的反對，認爲這是假地方建設之名，遂行自然破壞之實。當地的中學校長黃文宏先生也提出質疑：「橫貫道路的經濟性並不高，如果眞的有這筆預算的話，倒不如用來改善民衆的住宅和教育環境！」❸

一九八三年四月，台灣電力公司竟然在島上設置了「國家放射性待處理物料貯存場」！原來台電公司在異想天開之下，竟然將在台灣島上無處可去的核廢料，用石油桶封裝之後送到蘭嶼來棄置。當時雅美族人還不瞭解核廢料的危險性，因此並未表達任何反對的意見。不過對於向來野蠻的蔣政權而言，就算當地人有什麼抗議或反對的聲音，他們絲毫也不會放在心上吧！❹

順便在此一提，這已經是兩年前的往事了，台灣的攝影家王信女士曾在新宿的京王(Plaza Hotel)舉辦一場名爲「再見吧！蘭嶼」的攝影展，筆者也曾經前往一探究竟。這些切入角度銳利的照片，不僅清楚地呈現出雅美族人的生活習慣與風俗，也勾起了筆者無比的鄉愁。當時剛巧王信女士也在現場，於是筆者便問她展名中的「再見」是否有什麼特殊含意。只見她淡淡地笑了笑，回答道：「這些相片都是三、四年前的作品，只怕現在已經找不到這些影中物了吧！」

落後的知識與生活

四月廿四日發行的《台灣教會公報》上除了刊載〈山地人〉一詩，其後還節錄介紹了台灣時報於四月六、七日連載，由洪田浚所寫的〈山地社會現況〉一文。

「長久耽溺於酒精之中，可說是山地部落諸惡的根源，也是一切墮落的開始！隨著資本主義制度的進入，原本具有自主性的自給自足的山地生活開始瓦解了。在資本主義體制的剝削之下，他們苦無反抗的餘力，這股難以忍受的壓力，不斷累積在心裏，最後只得藉由酒精來抒發！」

「在似懂非懂的狀態下，他們與平地人簽下許多不平等的契約。有時明明借了一百台斤的米，卻被人動手腳改爲一百公斤。有時借款的數目明明是一千元，借條上卻被人家改成一萬元。至於償還的日期也往往未予明示，結果不斷累積的利息如同滾雪球般增加，變成永無止境的高利貸地獄。最後連手上僅有的田產或土地也被迫放棄，甚至妻子女兒也被送去抵押，自己最終也淪爲都市裏的浪人。」

「在高雄市前鎮區草衙（漁港附近）一帶，有一處阿美族人群集居住的地方。這裏的男人大多被僱作船員，每次出海，長則兩、三年，短者也要四、五個月。但是船公司經常會假藉各種理由，拒絕發給船員家屬生活費。因此船員的妻子們往往必須出外打零工，換取一家數口的生活溫飽，有些女性甚至還因此淪入風塵。」

接下來是有關南部魯凱族人的情形，曾經擔任山地醫療第一線工作的陳永興醫師，針對他們產業知識的缺乏，以及經濟生活的窘迫，提出了如下的報告。

「農耕技術的低落，生產知識的缺乏，再加上貪圖安逸的習性，在在都阻礙了高砂族人經濟生活的提升。許多山地的特產品，諸如愛玉子、水果及鹿類製品等的大量販售，也受到交通條件的嚴重限制。中間商的利潤跟運輸費用便已佔去大半。再以建築爲例，在屏東，一袋水泥售價四十五元，可是送到霧台山上，卻漲到了一百二十元，高砂族人的生活本來就窮，不料蓋起房子卻比平地人貴上好幾倍，至於其他的建設，那就更不用提了！」

「民智未開，知識無法普及，使得山地社會永遠淪於落後的狀態。山地小學的設備不良，老師的素質欠佳，這是第一個首要的問題。如果要升入國中或高中的話，勢必要遠離家園。在總人口數三千人的霧台鄉，竟然只有兩名專科學生，因此政府實有必要大力補助山地義務教育的經費，提供山地學生更多的獎學金。」

「另外一項燃眉之急，應屬家庭計劃與節育觀念的推廣，還有環境衛生的改善。在山上，養育六、七個孩子的家庭可說司空見慣，對於收入有限的高砂族人而言，要扶養這麼多的家人實屬不易。因此發育不良、營養失調的情況比比皆是。罹患傳染病的比率也極高。」

「菸酒經常是高砂族人的最愛，因此罹患胃腸疾病與咳嗽的人頗多。加上他們往往需要背負重物在山路上行走，而且睡的又是冰冷的石板，所以非常容易患上關節痛或風溼病。」

「許多年輕人都離開山地到都市裏去，到了平地的功利社會之後，這些年輕人才第一次見識到人類追求物慾的衝動。但是只有極少數的山地青年能夠適應這樣的環境。絕大多數人只好再回到山上，但是他們卻染上了穿著奢華的習慣，整天嘴裏哼著電視或收音機裏學來的流行歌曲。看在他們眼裏，故鄉是原始、貧窮而破落的地方，他們再也無法忍受這一切，但是失望之餘，卻又無能為力，結果只能渾渾噩噩，終日不知所已。」

（摘錄自一九七五年十一月發行，陳永興所著《天公疼憨人》中之〈啊！霧台，可愛的山地〉）

海上的奴隸

在六月四日發行的自立晚報上，有這樣報導，提到在基隆市東北角的和平島及八斗子一帶，群居著六百多戶、共計三千人左右的高砂族人。他們幾乎都是受雇的船員，但是他們在船上所買的日常用品，價格卻遠超過一般市價。

基隆其實正是社會寫實派作家王拓的故鄉，他目前正爲了美麗島事件而服刑。王氏曾經在七十三年二月發行的《大學雜誌》上發表〈漁村問題所反映的民心——八斗子訪問實錄〉，以及在七十五年八月發行的《台灣政論》創刊號上發表〈小事情所反映的大問題——八斗子所見、所聞、所思〉的文章，這兩篇都是擲地有聲的批判性報導，不過這兩篇文章之中，並未提及有關高砂族的片語隻字。如果當時高砂族人已經遷入當地定居，以王拓的個性，不可能連提都沒提，由此可以推斷，當時高砂族人應該還沒來到八斗子。而他們來到這裏的時間，應該是在七十五年的八月之後。因此可以想見，在過去的這十年之間，高砂族人的生活確實產生了莫大的變化。

不過在這篇新聞報導之中，並未提及這群定居在和平島及八斗子的高砂族人的族別，也沒有說他們爲何來到這裏。然筆者猜想，他們跟高雄的阿美族或許是同一個種族，儘管就地理上的距離來看，北部的泰雅族較阿美族來得近，但是在實際行動的考量上，乘船由花蓮或台東前往基隆，可能比陸地上的移動來得更容易。

但是話又說回來，不管是基隆或高雄，阿美族與船員之間似乎並不存有任何必然的關聯性。或許因爲阿美族是高砂族中人口最多的一支，而且文化也較進步，主要以農耕爲業。在平地人漸漸不願上船出海的情況下，他們便成爲最佳的預備部隊。至於平地人爲何不願當船員，簡單地說，就是因爲收入少、危險性又高的緣故。

在今年五、六月間，有部分日本媒體大炒一件新聞，原來是少數台灣籍漁船北進鄂霍次克海，闖進日俄雙方協定不得進入的海域中大肆捕撈鮭魚，然後再將這些漁獲廉價售予日本的業者。

新聞報導對這些非法闖入的偷獵者表現出應設法加以嚴懲的強硬態度。就筆者自己的立場，一方面佩服這些漁民冒險闖蕩的勇氣和精神，一方面卻不禁爲他們擔心，就長遠而言，做這種事情絕非台灣漁民之福。

大約兩三年前，台灣的漁船也曾經因爲在小笠原近海非法摘取珊瑚，遭到海上保安廳的取締，這件事也造成一陣新聞騷動。當時筆者的友人曾經前往橫濱入國管理局探視那些被拘留的船員。其實台灣的漁船因爲侵入他國兩百海浬的經濟海域，甚至於闖入領海而被捕的例子，絕對不止於日本沿海，在菲律賓及印尼一帶也十分常見。

如果各位讀者知道，這些非法漁船上的船員有百分之八十是高砂族人的話，相信更會大吃一驚。而且其中絕大多數都屬於下級船員，能夠當上船長、漁撈長或無線通訊士的，可說少之又少。

至於他們的報酬，每個月大概只有三千五百元，而且根據八一年的調查結果得知，平均每位船員大約積欠船公司七萬元左右的債務。海燕號船員王建寶的妻子如是說：「我先生這次是第二次出海，他第一次出海的時候，跟船公司借了一萬三千塊錢，而且雙方說好每個月支領七千五百元的家屬生活費，可是不知怎麼搞的，五個月回來之後，反倒積欠船公司一萬五千塊的債務！所以這次連生活費也領不到，我們的基本生活跟孩子的教育費都成了問題。」

江子正是一名四十六歲的船員，他說：「我本來是大洋公司的船員，三年前在一次海上作業時，不小心被網子扯斷了右手掌，可是為了生活，船員還是得幹下去，在大洋公司倒閉之後，我就轉到全群公司來，不知道總共出海了多少次，最後反而積欠公司八萬塊錢，所以我才想轉到金銘公司，金銘公司答應先借給我四萬塊錢週轉，其中兩萬塊用來還給全群，剩下的部分，金銘公司也會替我負責，可是以後我得在金銘公司為還這筆債而努力工作。」❺

我們可以把他們的情形和日本的船員比較一下。根據昭和五十七年公佈的《漁業白皮書》，昭和五十六年的北轉船（遠洋底曳漁船）上的船員，每人月平均收入約為六十萬圓，這大約等於一般上班族的兩倍收入，由此可見台灣船員跟日本船員之間截然不同的命運。

在此，筆者希望為這些可憐的高砂族船員向日本的新聞媒體討回一點公道，站在日本人的立場，或許會覺得台灣人在沒有漁業協定的約束下，可以恣意地捕撈珍貴的漁獲，但是他們卻似乎忘了，這些台灣漁船也必須冒著被逮捕的危險。而且在沒有外交關係的情況下，一旦被捕，可能就得面對船隻、漁獲遭沒收的厄運，船員們也得入獄服刑。而且在海上瞬息萬變的作業環境下，因爲語言不通，無法正確掌握收音機所報導的天氣變化，一不小心，可能就會淪爲海上波臣。即使不幸遇難，家屬所能得到的保險理賠或慰問金也是少得可憐❻，這也是他們被謔稱作「海上奴」的緣故了。

知識青年的覺醒

長老教會一向對於高砂族的問題十分關心。一九四六年，長老教會在花蓮縣壽豐鄉池南村設立了玉山神學院，除了加強對高砂族人的傳教工作之外，也致力於提升高砂族人的文化水平。

玉山神學院只招收高砂族出身的學生，而且爲保存高砂族的語言，可說不遺餘力。在該校的教育中，也不斷向學生們強調對自身高砂族身份的認同，以及爲族人奉獻的重要性。自從該校創設以來，儘管已經培育出四百多名山地傳教士，然而對於高砂族所面臨的種族消滅的危機，他們的感受也最爲深刻❼。

八十三年五月，在高砂族的知識青年之間開始流傳一份鋼板複印的刊物《高山青》❽。其中心幹部是泰雅族出身的伊凡・尤幹（漢名林文正），一九八三年才剛從台大商學系國際貿易組畢業的年輕小夥子。在發刊詞上，他們懇切地發出內心最沈痛的呼籲！

「我們是一群熱愛國家，遵從法律，關心鄉土的山地青年！我們爲了早日促進『山地的現代化』——政治營運的民主化，經濟發展的系統化，社會福利的全面化，傳統文化的生活化，教育機會的平等化，宗教生活的平常化等目的，而發行這份刊物。

山地青年朋友們！你們想想看！現在這種貧富懸殊的差距，究竟到何時才能拉近？實質的平等要到何時才能實現？徒具形式的尊重何時方能休止？

山地青年朋友們！你們再想想看！如果我們不背起山地的十字架，又有誰願意背起這個十字架呢？

山地青年朋友們！大家奮起吧！現在該是從三、四百年的沈睡中醒來的時候了！」

伊凡・尤幹甚至還在「自救解放宣言」中這麼說道❾：「台灣的原住民應該有權力決定自己的政治地位，並且追求經濟上、社會上以及文化上的發展。這些基本權利，不容受到威權政治的任何壓迫、侵犯或剝奪！原住民在察覺自身所受到的不平等待遇的同時，也應該起而拒絕這種侮辱和壓榨！我們也應該激發漢人自身的罪惡感，使他們願意轉而協助原住民族的解放。我們的族人對於各種外在政治理念、運動、政黨乃至於政權的過分涉入，都是一種道德上的錯誤，同時也缺乏政治上的智慧！我們對於各種國內外的勢力並沒有過分的要求，只希望大家能夠承認我們有追尋屬於自己道路的權利！現今存在於山地社會的各種弊端，與其說是貧窮所導致的，倒不如說是由不公平的社會結構所造成的！大中國主義是一種壓迫性的民族主義！他們總是習於假慈愛與服務之名，粗暴地捍衛自身的特權！現在是行動的時刻了！用我們自己的手尋求眞正的解放！這也是我們最終的希望！」

這篇文章刊登在黨外雜誌《新潮流週刊》第二期（八四年六月十八日）中，筆者懷疑這篇文章正是導致《新潮流週刊》遭禁的主因。從當局禁止這本刊物發行的舉動來看，可知高砂族的覺醒以及爭取自身權利的鬥爭，其對政權的影響遠在平地人的民主鬥爭之上。無奈高砂族的人口稀少，而且分佈的範圍極廣，很難形成有效的團結。因此在與眞正的敵人蔣政權進行最終的肉搏戰之前，無論如何應先取得平地人的理解與協助，可惜的是，到目前爲止，平地人對原住民似乎還存在著難以根除的偏見。

長久以來，獨立運動者便不斷強調，對於高砂族人的待遇，應研擬出一套合理且實際的政策。當我們提出「台灣人的台灣」的呼籲時，這台灣人當然包含三十萬的高砂族人在內。獨立運動的最終目的，原本就是要建立一個尊重人權的台灣社會，因此絕對沒有只尊重非高砂族人的人權，而獨棄高砂族人的權益於不顧的道理。筆者認爲，唯有當獨立運動成功之日，高砂族的問題才有解決的可能。因此，筆者在此對高砂族的同志們提出誠懇的呼籲，讓我們手牽著手，共同迎向獨立的聖戰吧！

〔註釋〕

❶根據台灣新生報編《民國三十六年度台灣年鑑》。依據高砂族研究的權威馬淵東一博士的研究，日本領台初期，高砂族的總人口應在十一萬人之譜。(《民族學研究》一八卷一二號所載，「探討高砂族統治之座談會」，一八九頁)

❷出自陳永興著《天公疼戇人》所收〈啊！霧台，可愛的山地〉，四九頁。根據陳永興的說法，在六個聚落、總計三千多人的魯凱族之中，讀到大學、專科的，只有兩個人。

❸八四年六月廿四日中央日報，記者林淑蘭「太平洋上的綠寶石——蘭嶼景觀要更美化，丁字褲不能代表它外在的一切，應採取積極措施保存其文化特色」。

❹有關頑劣士兵與核廢料的報導係出自於一九八二年六月發行的《亞洲人》第三卷第一期，劉峰松〈爲蘭嶼擔憂〉。

❺一九八四年六月二日發行的《美麗島週刊》第一九一期所載〈山胞淪爲海上奴〉。轉載自一九八四年四月廿一日發行的《前進世界》第六期。

❻一九八三年十月一日發行的《美麗島週刊》第一五一期所載，陳毓台〈苦海餘生——從台灣漁船海難事件談起〉。

❼一九八四年五月廿日發行的《台灣教會公報》第一六八一期。

❽一九八三年七月發行的《暖流》第三卷第一期所載，陳良玉〈高山族是我兄弟——訪《高山青》執行編輯伊凡・尤幹〉。

❾一九八四年六月卅日發行的《台灣公論報》轉載劉一德〈山地人的「自救解放宣言」〉，以及楊南海〈福爾摩莎的今日與明日〉。

(刊於《台灣青年》二八五～二八六期，一九八四年七月五日～八月五日)(陳惠文譯)

蔣政權下的政治文化

台灣媒體對「安保鬥爭」的評論

台灣報紙如何評論日本的安保鬥爭呢？此點對身處當地的人尤感興趣。

爲了慶祝六月二十三日生效的安保條約，蔣介石於六月二十五日特別拍發一封如下的電報給岸(信介)首相，「過去的日美安保條約對於日本的防衛與世界和平有很大的助益，此皆肇因於閣下的大公無私，發揮無比的毅力與無畏的精神，並克服種種險阻才有此成果，也因此方能看到新條約的正式生效。貴國朝野基於正義所努力獲致的成果，對亞洲的安全與世界和平的確保，有著實質的貢獻。此不僅是貴國的成功，同時也是自由世界的成功。以堅忍不拔及堅強的魄力，抗拒國際共產集團的陰謀，壓抑其氣燄，終於印證此舉使共黨赤化的陰謀能防患於未然。有感於過去多年的深交，令人感到無比的欣慰，謹此特致電祝賀，以表敬佩之意。」

電文末尾所稱的「過去多年的深交」，係指岸首相一九五七年六月三日訪問台北時，大放厥辭支持「反攻大陸」，雖然討好蔣介石，但卻與周(恩來)總理的關係漸行漸遠。以這種權威說詞爲基本架構，當日中央日報社論標題爲「岸首相的苦鬥與勝利」，更是以稱讚的口吻評論道：「日美安保條約修訂的過程中，岸首相表現出無比堅忍的精神及勇氣，不顧社會黨的反對及共產黨發動的示威暨暴力威脅，斷然拒絕內閣總辭暨立即解散國會。在此波濤洶湧的政爭中，能始終如一屹立不搖而勇敢邁進的原因，誠如他自己所說：將自己的政治生命作爲日本繁榮與國民福祉的賭注，這也是因其固有的精神意念所獲致的結果。」同日，《徵信新聞》的社論「從岸首相的引退聲明中看日本的政局前途」中，也提到由於普遍害怕戰爭之心理因素及共產黨的滲透等，再加上輿論界及文化界甚至自民黨的河野、松村及三木等派系群起反對，岸首相最後不得不引退下台。至於藤山外相把促進和平與睦鄰政策視爲外交政策的基礎，這種論調是對中共這個惡鄰欠缺認識所致。

河野、松村及三木等派系公然提倡與中共接觸，其目的在凸顯社會黨的存在價值，此舉也爲日本政局帶來眞正的危機。

六月二十四日，《聯合報》的社論「不要讓岸首相成爲無謂的犧牲」中指出，岸首相遵循釋迦牟尼佛所教導的自我犧牲精神，以作爲一個政治家所應有的胸襟與抱負，而在最後毅然引退下台，但其主要原因是日本共產黨及左翼勢力不斷坐大之故。雖然日本及美國很早就主張將共產黨視爲非法組織，但共產黨勢力仍然不斷擴張。

無庸贅言地，這種論調絕對是出自國民黨政府狂妄的傑作，岸首相及美國大使館持這種看法只是加以附和。

就今日而言，到底「新安保條約」是否真的不好？日本是否真能維持中立政策？以自民黨多數作爲後盾的岸首相的做法是否妥當？共產黨是否真能操縱社會黨及輿論呢？老實說，我們一般人是不太了解的。

但是，六月中旬的全國大規模示威運動，國民黨政府不但刻意忽視日本全國輿論對此抱持的同情態度，東京大學校長的聲明及文化界的憤慨，反將其歸於共產黨的陰謀策動。據《中央日報》六月十七日的社論「日本的政治危機」、《聯合報》同日的社論「擔憂日本政局的前途」及六月九日《新生報》的社論「日本人！積極反共吧！」，均很顯然地對日本呈現嚴重誤解。「因此，我們認爲這些反政府人士均爲共產黨，應狠狠加以鬥臭、鬥垮。民主主義毫無益處，獨裁就獨裁吧！無所謂」，帶有濃厚的自我辯解加上自吹自擂的味道。

諺語說「一朝遭蛇咬，十年怕井繩」，對世界各地這些從事Z字形（迂迴）示威運動者而言，國民黨政府的說法反而成爲人們嘲笑的宣傳材料。

《新聞天地》是香港民營專爆內幕的周刊，平時基本立場還算自由公正，但或許是慮及在台灣的銷路，其論點竟與前述台灣報紙大致相同。在六月十八日發行的六四四號中，刊有吳錫仁〈泰山鳴動鼠一匹〉的文章，指出日本六月四日發生的大遊行中，「總評」宣稱有五百六十萬人是假造的數字，事實上只有六十萬人參加。與此相對的是，日本報紙均將「總評」「警視廳」發表的數字並陳，以愼重的態度避免造成獨斷。吳錫仁一味強調官方發表的數字，並稱參加者均收取酬勞，「每人津貼二百日圓，總花費爲二百八十萬美元，並向中共提出收支報告。」此種說法顯然是刻意抹黑。他因此推論說：「反對派高喊『新安保條約是日本女性的寡婦契約書』，『我們不要當砲灰』，其實是藉機煽動新安保條約通過，將造成帝國主義抬頭，掀起戰爭，使青年們到戰場赴死，女性成爲寡婦，對日本人民的心聲相當冷漠」。康孔泰並批評說：「只要給六百日圓，就能雇人參加遊行，日本人眞便宜。但最厲害的是社會黨，不必切腹自殺，只要依賴盧布和人民幣即可。」對於女大學生樺美智子的殉身，他們更是無情地說：「她是被想錢想瘋了的大學生所踩死的。」（見該誌第八六五號〈六百圓一條蛇〉）。相對於此，其偏頗的看法是：「新安保條約顯示日美兩國立場完全平等，有良知的日本人均應贊成。」「反對日美安保條約者完全是爲了維護共產陣營的利益。」（見該誌六四六號〈六月政治風暴掃三島〉）

以上三則報導均標明是「東京航信」，有意向讀者表示其權威。然而，有如美國駐日大使館判斷艾森豪訪日事宜，或日本駐德大使館傳達希特勒必勝的情報一般，當地的報導未必最具可信度。

香港除《新聞天地》之外，尚有周鯨文編的《時代批評》。在六月十六日的第十卷中，該刊登載社論「日本何去何從」，指出「日本左翼團體和政體的錯誤行動，是受到莫斯科和北京所派指導員的操控」，「其目的是要打擊美國，遵從中共或蘇聯所高喊『將美國趕出遠東』的口號」等，只會一再重複意識形態的說辭，令人深感失望。

由此可知，洛克斐勒四世從下榻的京都旅館寄給美國媒體的公開信，相對於港台這個充滿惡意和偏見的黑暗世界，尤其顯現其光輝的睿智。

我們聽到多數的日本人主張「反對岸信介，但並未反美」、「希望艾森豪來訪，但現在不宜」、「爲守衛民主政治而戰」。但從國民黨政府到「海外華人」，均一致主張反岸＝反美＝共產黨，或一口咬定那是共產黨的伎倆，一味進行虛僞的批評。

然而，中共的反應又如何呢？以最近一期《人民中國》（一九六〇年七月號）來看，它被做成「支持日本國民反美愛國鬥爭」的特集，充斥各種口號和謊言的文章，令人不得不閉目掩耳。

如此，反而會給予反共派攻擊的藉口。爲何雙方都要採取如此極端的論點呢？難道不能依據事實進行觀察分析嗎？幸而我們在日本已經修煉到能夠建立自己的思想，否則眞不知要如何因應這些胡言亂語了。

（刊於《台灣青年》三期，一九六〇年八月二十日）

（陳奕中譯）

國府反對沖繩回歸日本

很多日本人因蔣介石一句「以德報怨」就感動落淚，但眞正瞭解國民黨政府反對沖繩回歸日本的卻很少。

以下摘錄台北《徵信新聞》六月廿九日及七月十日的記載。

「美國承認日本在沖繩的潛在主權一事，明顯違反民族自決原則。」

甘迺迪總統於六月廿二日承認沖繩（國民黨政府稱之為琉球）屬日本的潛在主權。國府憤慨地說：「中國與沖繩無論歷史上、文化上或是地理上均有悠久且緊密的關係。」

在六月底七月初，立法院與監察院強烈批評外交當局的「軟弱外交」。外交部迫於無奈，不得不採取明確的強硬態度，一再表示「將竭盡所能加以阻止」。

但如冷靜考量被稱爲亞洲大英帝國的日本與美國間的親密關係，及「我國當前國家處境，與國際間講求利益不顧道義的現實」，此事已毫無力挽狂瀾的可能。但從「正義的立場」

來看，美國人連在法理上也站不住腳，只會殘酷地踐踏沖繩人民的希望。國府一面感嘆，並一面強烈指責。

「一九四五年七月，波茨坦宣言規定，『日本主權限於本州、四國、九州、北海道等重要的島嶼，及聯合國規定的其他小島』。一九五一年九月，舊金山對日和平條約規定『日本放棄沖繩群島，並交付聯合國託管』，美國被指名爲受託國。又依據聯合國憲章第七十六條規定，『託管的最終目的是希望被託管人民達成自治與獨立的願望』。如今，美國不顧委任託管的限制，恣意承認日本的『潛在主權』，這很明顯是法理認知上的錯誤。

基於『主權不可分割的原則』，承認日本的『潛在主權』無異等於否定沖繩的獨立資格，剝奪沖繩人民的自決權，且違反全世界公認的『民族自決』大原則。

過去被帝國主義國家佔領的殖民地，有很多在第二次世界大戰後從聯合國託管中獲得獨立，如非洲的喀麥隆、托哥及索瑪利亞等。

日本統治沖繩僅六〇餘年，如果六〇餘年的統治即具有『潛在主權』，那麼上述國家根本就沒有獨立的資格。英國對美國的十三州也具有『潛在主權』；中國對沖繩更有資格主張『潛在主權』。」

「我們並非要求沖繩領土，而是希望沖繩能自主獨立，因此斷然反對沖繩回歸日本。」

「沖繩與中國有親密且悠久的歷史關係，中國歷史從隋唐時代起即有很多有關琉球（流求）

的記載，但當時沖繩與台灣常被混淆，因此沖繩的古代歷史考證尚未完備，但最遲到明初，中國與沖繩的關係即有可資信賴的記錄。

明洪武五年（一三七二年）一月，明朝派楊載為使節，赴沖繩告知洪武帝即位及更改年號。中山王尚察度為了回禮，命其弟泰期等人隨楊載入朝上貢，中國與沖繩開始建立外交關係。

明萬曆卅七年（一六〇九年），薩摩藩派兵掠奪沖繩，捕獲國王要求朝貢。之後，雖在日本的武力威脅下，沖繩仍然對中國自稱藩屬，未曾怠慢朝貢。沖繩以中國這個宗主國為榮，並使用中國年號，這種關係持續約五百年之久。

清光緒五年（一八七九年），中國與俄羅斯邦交陷入緊張關係，紛爭頻起。日本乘機以武力併吞沖繩，日本雖然就沖繩問題與清朝交換許多外交文件，但清朝絕不承認日本主張的任何主權，中日甲午戰爭之後，沖繩就在模稜兩可下成為日本所主張的領土。歷史事實顯示，中國對沖繩的關係絕非日本所可比擬。至今沖繩人與韓國及南越一樣，均沿用中國姓名，風俗習慣也保存中國的傳統，使用農曆並且慶祝端午節與中秋節。如果日本對沖繩可主張『潛在主權』，則中國應主張『完全主權』，但是我們對沖繩並無領土野心，只是希望沖繩人民能獨立自主。斷然反對日本所主張的『潛在主權』。」

「沖繩面積二三七〇平方公里，各島人口合計約一百萬人，將之與亞非新興國家相比，

無論面積或人口，早就具有足堪獨立的條件。」

「單就歷史而言，沖繩具有悠久的建國傳統，早在仰望中國爲其宗主國時，即具有獨立國家的雛形，當時歐洲人尚未將足跡踏上美洲大陸。

具有五百年光輝歷史的國家，雖說被強鄰蹂躪並統治六〇餘年，但其獨立自主權在恢復之前就被抹煞，在道理上是講不通的。」

監察委員丘念台指稱「日本不知終止其野心，繼沖繩之後，接著就要併呑台灣、韓國與滿洲」。

以前曾爲日華合作委員會會員之一，且在日本有很多知己的丘念台，在六月廿八日的監察院外交委員會提出如下的意見書：

「沖繩是被日本侵略的地區，與小笠原群島的回歸日本截然不同，現在承認日本對沖繩有『潛在主權』的話，將來一定會認爲日本對台灣、韓國與滿洲具有殘存主權。

沖繩本來就是一個獨立國家，它被日本佔領的時間僅比台灣被日本佔領早二十年。日本戰敗，卻沒有名分地主張殘存主權。美國因與日本關係密切，因而做出這種不顧國際正義的獨斷行爲。

現在日本左派與共產黨勢力增強，假若承認沖繩回歸日本，就如同將沖繩視爲第三世界國家，美國最後將會失去重要的軍事基地。」

國民黨政府在台灣捏造「琉球革命同盟會」，且長年來一直庇護支援。

「琉球革命同盟會」會長蔡璋於六月廿八日向國民黨政府外交部拍發一封哀怨的長篇電報，其中提出五項質問：

「①雖然行政院在六月二十二日發表強硬態度，一再表示『將竭盡所能加以阻止』，但外交部在正式評論裏卻採取低調回應的態度，這不是矛盾嗎？

②雖說『將竭盡所能加以阻止』，但對美、日兩國有無採取任何具體措施呢？

③『阻止』的另一個方法是加強中國與沖繩的合作。日本是西歐式的理想主義者，對美國及沖繩運用巧妙的手段，從事重大的政治投資，但我們這個『自由祖國』爲何不多下點功夫說服沖繩人民呢？

④沖繩的政治走向對中國安全極具影響，對台灣亦復如此，即使反攻大陸後，沖繩對中國也是同樣重要，我們這個『自由祖國』爲何沒有遠大的眼光去看待此一嚴重的事態呢？

⑤我們這個『自由祖國』以往一向對沖繩人民的愛國運動給予鼓勵與支持，如今在重大關頭卻顯現冷淡的態度，這又是什麼緣故呢？

我們無人可以依賴，眞是痛心疾首。」

〔附記〕

提及國民黨政府對沖繩的態度時，筆者想指出下列三點：

第一，中國人仍保有前世紀的遺毒，「中華思想」仍然根深蒂固地殘留著。比較瞭解他們思想的台灣人，早已洞悉他們高喊「偉大的漢民族」或是「淵博的五千年文化」這種宣傳的目的，並已覺悟這種文化業已式微。這種「中華思想」在沖繩問題上更是露骨地呈現，多數中國人至今仍相信日本的神武天皇就是秦始皇當時所派遣的特使徐福，再加上女王卑彌呼接受倭奴國王印，及遣隋使、遣唐使的派遣等傳說，因此十分輕視日本。

中國人對沖繩所強力主張「潛在主權」或是擴大為「完全主權」的謬論，也有可能不知何時會擴及於日本，這是誰都不敢斷言的。

第二、國民黨政府主張沖繩居民的「民族自決」，並論及沖繩的獨立能力，筆者希望這種主張也能適用於台灣。台灣人三百年前為了追求新天地而移居台灣，無論是在政治、經濟或文化上，均獨自發展出與大陸截然不同的風貌。中國人為何對此一點也不加以考慮，從一開始就認為台灣是中國的神聖領土，並以中國人稱之，企圖將其與大陸合成一體。

事實上，原本國民黨政府想利用沖繩問題與日本做政治交易。一九五七年八月張群訪日時，國民黨政府即以承認日本對沖繩的主權為條件，交換日本必須支持國民黨政府，並阻礙中共政權加入聯合國，以及代爲消滅在日本的台獨活動，而國民黨政府則以解散「琉球革命同盟會」作爲回報。

但日本早已瞭解沖繩自始就已默認日本對其擁有主權，因此國民黨政府在此計未能如意之後，乃改而主張沖繩應該交給美國託管或獨立，並希望中共牽制對岸的日本。結果，美國全然不聽從國民黨政府的建議，反而承認日本對沖繩擁有潛在主權，使得國民黨政府對沖繩的政策徹底失敗。

第三、此外，國民黨政府自稱是自由祖國，揑造「琉球革命同盟會」這個組織並加以庇護。我覺得蔡璋這個人非常可憐，或許應該稱他爲傀儡，其立場有點類似台灣人亡命日本或推動獨立運動，只是我們沒有得到任何人的援助，也沒有爲任何人賣命。

筆者呼籲日本盡早解脫蔣介石「以德報怨」的符咒，從而正確認識歷史的事實。

（刊於《台灣青年》九期，一九六一年八月二十日）

（陳奕中譯）

反攻大陸的神話

——「以蔣經國之矛攻蔣介石之盾」

春夏之間，香港的第三勢力呼喊「反攻大陸」的聲浪又再升高。其理由是：第一、中共統治下的大陸連年發生飢荒，民衆襲擊政府的糧倉，殺害共產黨的中下層幹部，這是十年來首見的不穩狀態。這可說是提供反攻大陸的絕佳時機。第二、台灣國民黨政府無論是在政治、經濟或是社會各方面都逐漸崩潰，如不在軍事力量比較健全之際進行反攻，機會將一去不復返。這對中國人而言，是難得看到的一種玉碎精神。第三、咸認是一種本質的原因，目的是要追究國民黨政府的責任，想將國民黨政府逼入困境。

最早高喊儘早反攻大陸的是周鯨文主編的《時代批評》，他於五月十六日出版反攻專刊。周將所撰的〈反攻必勝論〉放在卷首，來自各地的投稿合計十三篇。其重要者如下：

張六師：〈反攻大陸與大陸反攻〉

謝扶雅：〈依孔孟之道論反攻〉（來自美國的投稿）

董時進：〈反攻應該即刻進行，不要只是討論〉（來自美國的投稿）

趙雲鵬：〈建議組織亞洲反共聯軍〉（來自日本的投稿）

孫寶剛：〈反攻大陸的軍事手段〉

納　蘭：〈主張開闢敵後戰場〉

何雨文：〈現在反攻大陸的十種有利因素〉（來自台灣的投稿）

崇　鼎：〈堅強的內應〉

湯若谷：〈海外華僑要求儘早反攻大陸〉（來自加拿大的投稿）

這些都是勇猛的議論。另外，其他的第三勢力出版物，如《祖國》雜誌在二月二十日社論中刊載〈探討反攻大陸的可能性〉。當然其結論是可能性一定會有。筆者在此介紹一些速成的兵法以供參考：

①組織各省籍的機動部隊，讓山東人攻回山東，湖南人攻回湖南。

②機動部隊一定要用正在服役的幹部（最低也要尉級軍官）組成，百花齊放式地於適當時機以飛機空降各地。

③機動部隊應該具有高度政治信念與組織能力，其具體內容是：(1)依據憲法忠實信奉民主主義；(2)確實能掌握大陸農村組織與活動狀況；(3)熟悉民衆組織與訓練。

④機動部隊降落後，立即佔領人民公社，打倒共產黨幹部。打開糧倉救濟飢餓民衆，在當地組織游擊部隊切斷交通，如滾雪球般地確實展開游擊戰。

⑤機動部隊在最短的期間內至少降落一百個單位，讓共產黨軍隊疲於奔命。

⑥機動部隊同時在大陸沿岸地區數個地方進行騷擾性登陸作戰，牽制共產黨軍隊的主力。

⑦讓游擊戰轉換成反共革命的戰爭，再登陸正規軍夾擊共產黨軍隊。

也有讀者說，杜勒斯這個人不可能要求蔣介石放棄反攻大陸的念頭。這種說法到底有無可能呢？例如要將一百個單位的機動部隊降落，是否有足夠的飛機呢？即使成功降落，是否能獲得民衆的支持？抱持質疑的讀者應該不少吧？

讓我們聽聽中國人對此事的批判。「反攻大陸！這種動人心弦的呼喊，讓漂泊在天涯海角的中華兒女興奮，無條件地接受與擁護。他們臥薪嘗膽，不打倒匪僞政權絕不甘休。但光陰似箭，轉眼十多年就這樣過去。部分人變得消極與麻痺，只是在感情上催促政府反攻大陸。威猛的呼聲如排山倒海湧進來。特別是最近演變成一股無法壓制的力量。」「一切包在我身上！」這種印在報紙的言論多少過於激情，眞正有建設性的極少，這種現象確實不妥。

六月三日《新聞天地》刊載東方赫〈反攻問題的幾種錯覺〉一文，將前述各種充斥於新聞的反攻論說評爲「主觀、空想、冒險及等待時機論」，這是極爲嚴厲的反駁。如後所述，這種說詞很明顯地是在巴結國民黨政府。在結論部分，東方氏用這種離間式的說詞，表示自己也沒有積極且有效的戰略計劃，因現在政府沒有這個能力且環境也不允許。但只要解開主觀、空想、冒險及等待時機論的迷思，答案自然就會出現，因爲「世界上沒有不可能的事」。

國民黨政府當局的反應又如何呢？他們打從一開始就知道沒有反攻大陸的能力，但不反攻大陸這件事不能讓台灣一百五十萬中國難民知道，也不能讓在中央政府統治下的九百萬台灣人瞭解，且如果不在國際上叫喊反攻大陸，就會失去一個中國的實質意義。

反攻大陸實際上是政府的專利，看此次香港第三勢力認眞要求國民黨政府採取實際行動，這使國民黨政府相當爲難。但這種過於認眞的叫喊，不禁令國民黨政府感到懷疑，擔心會不會是一種陷阱？過去它開過一個無限期的保證支票，但現在卻被強制要求兌現。此種陷國民黨政府於苦境的做法，當然不能忍受。

讓我們猜測第三勢力的眞正目的何在？假如國民黨政府反攻大陸失敗，國民黨政府當然也跟著瓦解，但如一旦成功，又可能被要求分一杯羹。

因此，國民黨政府決心打擊第三勢力吶喊反攻大陸的主張，但若從《中央日報》或政府高官的口中說出恐有不妥，因此訓令國民黨所屬機構《香港時報》來進行。這是國民黨政府的一貫手法。

我們從六月九日《聯合評論》知其內容與意思，也就是透過讀者投書的方式進行，以「蔣經國之矛攻蔣介石之盾」爲題發表。

「最近數個月，我們發現《香港時報》不斷刊載反對反攻大陸的文章：『這些叫喊反攻大陸的人並沒有將敵人的實力計算在內』；『知識人缺乏對兵法的認識』；『情緒論』；『如路邊賣蛤蟆油』，文章把這些人當笨蛋在罵。尤有甚者說：『這些人外表看似反共，但實際上卻心存惡意，應該指責他們。』開始時我有些驚訝，以『反攻復國』爲象徵的政權，這十二年間沒有一天不叫喊著反攻大陸，爲何透過海外的機關報發表這種矛盾的言論呢？今天讀到貴雜誌所屬《台北通訊》，方知這是蔣經國最新決定的三大宣傳方針之一。

蔣經國指示海外國民黨機關報紙抵制反攻大陸言論，目的並非對反攻大陸論者與正直人士之間展開筆戰，而是要透過這些來糾正其父親固執的反攻大陸主張。這是世界上最不可思議的事，他們透過種種途徑攻擊蔣總統。例如：

1.《香港時報》『大陸同胞赤手空拳發起革命一定會造成很大的犧牲，我們應該考慮這點，不能以犧牲大陸人民爲代價，當作反攻大陸的導遊費用。搶了大陸人民的功勞，陷蒼生於水深火熱之中。』關心香港反共報紙的讀者，無論是誰都知道貴雜誌與《星島日報》等多數雜誌，主張政府儘早反攻大陸並找出一條生路，但他們並沒說大陸同胞今後將赤手空拳地發起革命，並作政府的嚮導。即使這麼說的也只有蔣總統一人而已。他在去年元旦『告全國同胞書』中曾娓娓道來，要大陸同胞用拳頭，拿起圓鍬、菜刀以及火種當武器對抗共產黨軍隊，然後國民黨政府軍隊再登陸呼應。蔣總統說：『這就是所謂中國國民革命與傳統戰術』，因此《香港時報》很明顯只是引述蔣總統的話。

2.先不談蔣總統在過去曾說『幾年準備，幾年反攻』，他去年非法被選爲第三任總統時，也曾約定將在六年內回北平。今年的元旦也宣稱今年是勝利之年。但《香港時報》以過去所沒有的強烈語氣表示：『現在不是時機』，這無疑是給蔣總統一個當頭棒喝，現在既然不是時機，今後再高喊反攻大陸，不是罪加一等嗎？

3.《香港時報》說：『敵人利用反攻大陸問題來分裂我們，我們不得不警戒。』衆所周知，反攻大陸是全國人民一致的願望與要求。今日，大家批評政府的種種失政與失態，如果還要求改革的話，就是對這政府還抱有希望，要全然忘記政府過去種種不法作爲是不可能的。對一人一姓的獨裁專政是不是還有什麼留戀呢？只有一個不可思議的信念，就是台灣還存有反攻大陸的軍事力量。政府若反攻大陸，則一切都可解決。換言之，反攻大陸才是謀求團結的唯一途徑，爲何要盡說些分裂的事呢？《香港時報》所說的「想要分裂我們」，「我們」莫非就是指蔣總統與蔣經國。全國的人民將因反攻大陸而上下團結一致。但嘴巴總是叫著反攻大陸的蔣總統，是否可能被主張不應該反攻大陸的愛子蔣經國分裂呢？這就如同以前全國團結一致主張抗日時，主張不應抗戰的汪精衛即從抗戰陣營分裂如出一轍。假如眞是這樣的話，我倒希望這種分裂能早日實現。

4.《香港時報》對主張反攻大陸的人，揶揄他們只是一群『橫眉豎眼叫喊反攻大陸及爲什麼不反攻』的人。假如這不是惡意污蔑，也是一種『以小人之心度君子之腹』的說法。我主張反攻大陸並非要政府付出很大的犧牲，也相信我們不是要坐山觀虎鬥。政府若不是以國家民族爲前提發動反攻大陸，反而利用反攻當作一種宣傳口語，維持其一人一姓的獨裁專政時，那些熱血奔騰的人會爭先恐後當反攻大陸的尖兵嗎？果眞如此，則應該猛烈批判他們。但是果眞蔣介石與蔣經國之間有矛盾的主張嗎？看到蔣介石多次與美國新聞記者會談的情形，對照其『告全國同胞書』，發覺他並不是眞的頭腦僵硬，而是他狡猾到從不會忘記要看美國的臉色談話。蔣介石也似乎並非是老到癡呆而深信反攻大陸會成功，所以由父親於適當的時機高呼反攻大陸口號，但暗地裏由兒子專心建設台灣的千年王國。這是一種默契的分工體制，香港方面也不是全然不知。他們知道蔣經國是台灣的實質統治者，我們不能忘記的是，他們計畫將攻擊目標集中到蔣經國身上。」

（刊於《台灣青年》九期，一九六一年八月二十日）

（陳清賓譯）

「偏安電影」的標本

——我看「薇薇的週記」

從四月十五日起爲期五天，在東京召開了第十屆亞洲影展。參展國家有日本、韓國、香港、新加坡、馬來西亞、印尼、國民政府，參展影片包括記錄片、劇情片在內，共有四十三部，結果最大獎由松竹出品的「古都」獲得，依照往例，其他的獎項內容豐富，有最佳男女主角獎，配角獎、最佳音樂、最佳攝影等，分別由各參加國囊括，結束了一場盛會。明年預定在台灣舉辦，印尼早已表明不參加的態度。國府在此次的影展中，獲得兒童節目獎和「促進國際和平最佳貢獻獎」，沒有傷及顏面地落幕。

亞洲影展是在十年前，由大映的永田喇叭擔任發起人，計畫將日本電影推銷至亞洲地區，表面上是透過電影打著親善旗幟創辦的影展，因而主辦地由各國輪流，今年已是第三次重回日本主辦。

此次影展雖然沒有讓日本電影廣獲歐美接受，在亞洲地區的銷售狀況也沒有達到預期般的成果，由於和其他影片的水準差異太大，日本方面的熱度也年復一年地冷卻下來。不過，在其他國家還有很高的利用價值，日本不能輕易遺棄，這也是實情。

電影在銀座的「山葉會館」上映，分為上午和下午兩場，一天播放兩個國家的電影，評審在第一天下午前往觀賞的是國府出品的電影，在不算寬敞的會場裡，觀眾（誰都無法自由前去觀賞）稀稀落落，一點也感覺不到影展的氣氛。

第一場是獲得不少獎項的記錄片「中國繪畫的藝術」。上映時間約二十分鐘，台灣出品的電影普遍平淡。劇情是描繪台灣知名的山水畫名家黃君璧由一名助手陪伴，在庭園散步後進入屋內，面向桌子畫出一幅山水畫的過程。影片中有英文旁白，讓人聽得一頭霧水，但因為內容是描述世界共通的藝術創作，對「國際間的理解有所貢獻」。

畫家在美麗的庭園裡滿足地散完步後，坐下來研墨、調色，在長長的畫紙上瀟灑揮毫。觀眾正想著他畫的主題一定是庭園的一角或遠處的羣山，他卻題了「峨眉山月半輪秋」的詩句。為了顧及畫面的平衡，遠處一山、近處一谷，濃淡的雲靄飄逸其間，山崖邊有一紅頂的觀望谷，松樹的姿態自由奔放，山澗溪水也任意暢流，峨眉山就是如此吧！因為未曾去看過，只能相信它了。心想，不知中國服的長袖子何時會沾上墨汁弄髒了畫紙，而一直讓我們提心吊膽的黃老師，眞是居心不良呀。

然而，令人疑惑的是，他為什麼不畫「陽明山望明月」或「烏來瀑布」或「霧靄中的日月潭」呢？是因為前去寫生太花錢，或者是「心不在此」呢？

提到太平樂，戲劇片「薇薇的週記」（中央電影，一九六三年三月製作，片長一時三十分，黑白新藝綜合體）是最典型的作品。說到女主角華欣在「金門島上之橋」中飾演石原裕次郎的情人，許多讀者都會哈哈地笑著點頭稱許吧！但是，獲獎的是扮演薇薇的九歲少女周明麗。我認為她演技並沒有那麼好，國民政府的電影獲得兒童節目獎，是第二次，想必評審也相當頭痛吧！

將週記譯成diary、日記，是欺瞞外國人的巧妙手法，提到少女日記，總會使人有多愁善感的聯想。但事情沒這麼天眞！週記一旦成為訓導主任、安全主任等調查學生思想的統制手段，若被貼上「思想有問題」的標籤，那就是攸關生死的「黑資料」了。

可是我們的薇薇的父親是某農機製造所的技師，狂熱於工作，經常晚歸。不知是租的或自家住宅，他們住在二樓建築、水電完備的洋房裡，也有女傭。但令人質疑的是，這些費用的支付從何處而來，莫非是貪污得來的？薇薇之下僅有一個上幼稚園的弟弟；年輕又漂亮的母親終日悠閒，追求新潮的妹妹像壁蝨般死皮賴臉地黏著她，每次都要央求一百元的零用錢。薇薇的母親得知夫婿被人中傷和公司的女職員有染，因而歇斯底里地離家出走。後來住在女性朋友的宿舍，到公司上班，險些遭到上司的誘惑，也是一般電影的情節。

薇薇在週記上寫了謊話。可能是出於小孩子的虛榮心態，而且也經過她的虛構潤飾，她把自己的家庭寫得幸福美滿，使身為班導的華欣老師很羨慕。那時，這位老師還沒結婚，男朋友正向她求婚，而她正猶豫著要結婚或選擇工作。

她發現薇薇的情況有異，乾脆前往家庭訪問一探究竟，結果薇薇的家裡雜亂，父親手勢笨拙地使用熨斗，時常燙焦褲子。因爲在這之前，家裡的女傭和當差的來往親密，辭掉工作了。

華欣老師知道被小孩子騙了之後，十分生氣，但也很同情薇薇和她父親的境遇，於是費心協尋薇薇的母親，讓她看薇薇的週記，促使她反省。

薇薇思念母親的心情愈來愈深切，有一天放學後，她在街口徘徊，猶如離家出走的小孩。驚慌的父親趕緊和華欣老師分頭尋找。傍晚的小巷下著傾盆大雨，攝影機不厭其煩地呈現每個人生悲壯的鏡頭，緩慢的步調好像沒完沒了。薇薇的母親也知道事情的嚴重性，幫忙尋找，終於找到了薇薇。此時，誠如「孩子是夫妻的連心鎖」這句諺語，夫婦倆破鏡重圓。華欣老師也瞭解到家庭生活的可貴，決定和男友結婚，一切都圓滿結局。

影片中出現了台北的街頭景物、陽明山、兒童樂園（遊樂場），令人懷念。四處都很整潔，看起來人們生活富裕，想是一個適宜居住的國度。再看薇薇就讀的小學，一班四十名學生左右，空間充足，華欣老師穿著露出大腿的新裝扮來學校。要是每個小學老師都這樣打扮的話，確實也不錯。不過，這是現實情況嗎？最近，立法委員不是曾感慨台灣的小學老師待遇差、一班有近百名學生擠在一起上課嗎？新聞也曾報導兒童樂園的管理員圍毆遊客情事，眞是一個可怕的場所，最奇怪的是，影片中沒有拍進任何一個像台灣人的人，女傭人或當差者都是說得一口漂亮北京話的中國人，令人似乎都感覺不到「反攻大陸」的緊迫氣氛。反正反攻大陸也只是國民政府的口號而已，但難道不能更具體呈現現實的庶民生活的一面嗎？總之，這是一部描繪中國難民的上層階級生活的假相，是膚淺而沒有任何價值的「偏安電影」。

（刊於《台灣青年》三〇期，一九六三年五月二十五日）

（陳奕中譯）

犯了選舉恐懼症的蔣政權
——台灣地方選舉全部延期

一九七六年三月二十五日，行政院（院長＝蔣經國）決定將預定在今年底明年初舉行的地方選舉全部延期，決定改於一九七七年十一月中旬同日投票。延期的選舉項目如下：

一、第五屆省議員選舉（一九七七年二月一日任期結束，依規定應於一九七七年一月以前改選）。
二、第七屆縣市長選舉（同上）。
三、第八屆縣市議員選舉（一九七七年五月一日任期結束，依規定應於一九七七年三月以前改選）。
四、第七屆鄉鎮長選舉（一九七七年四月一日任期結束，依規定應於一九七七年三月以前改選）。
五、直轄市台北市第二屆市議員選舉（一九七七年十二月二十五日任期結束，依規定應於一九七七年十一月中改選）。

以上公職的任期都是四年，因此無法避免地每隔四年均會碰到「選舉年」，即使多年來蔣家政權一直在選舉中使用不正當手法，但卻從來沒有延後選舉過。

過去雖有將預定在一九六七年舉行的第三屆省議員選舉延期，而與隔年的縣市長選舉同日舉行的事例，但此次將四種地方選舉全面延期，以配合最後的台北市市議員選舉，就如同報紙所形容的是「史無前例」，蔣家政權又重施故計將其獨斷獨行的本質呈現在台灣人眼前。

自一九五〇年即逐漸在台灣實施的地方自治（亦即所謂各級地方選舉），其目的就是要對抗共產中國。對於標榜「自由中國」的蔣家政權而言，選舉無疑是用來對外宣傳「中華民國自由與民主」的利器。

然而，一張突如其來的公告就實質剝奪台灣人的選舉權與被選舉權。對其庇護者的美國而言，也許只會感到無奈，但島內的台灣人卻是相當憤慨。

在戒嚴令實施近三十年，且憲法亦遭凍結的局面下，無論蔣家政權如何大肆宣傳地方自治，但外界均知其實情並非如此。以來自大陸的中央民意代表（如國民大會代表、立法委員、監察委員）的選舉區被佔據爲理由，將其改選採無限任期制的非常識措施，造成所謂「萬年民代」的民主笑話。爲了達成民主的僞裝，台灣「省」的好幾種地方選舉就這樣熱熱鬧鬧地展開。

對台灣人而言，早已知道所謂地方選舉就是蔣家政權揑造虛構體制的一部份，爲了貫徹國民黨一黨專政，種種詐欺方法（如收買、籠絡、恐嚇、搗亂及干涉等）均露骨呈現，這是爲扼殺反對勢力的一種設計。此外，即使「無黨無派」的候選人當選，在制度上就用一種類似精神上的束縛，使當選人處於絕望的心境。但此種「假戲」總比沒有選舉還好，台灣人利用選舉的機會發出不滿的共鳴。爲了相互串連彼此間不屈不撓的精神，無論是候選人或選民均很熱心地投入選舉。

這次蔣家政權爲何使出此種粗糙的手法呢？

表面上的理由是，若年底到明年一整年合計五種選舉接二連三舉行，無論是人力、物力或財力都將是一大負擔，對生產建設有不良的影響。若是這種理由，那像過去一樣停辦選舉不就好了嗎？或許是我們孤陋寡聞，擔心選舉耗盡國力並對生產建設產生障礙，在民主主義先進國家中似乎從未聽過這種說法。拿這種愚蠢的說法爲理由，莫非是將台灣人當作笨蛋而加以愚弄嗎？

只會寫些誇張報導的報紙也援例大肆宣揚說：「與其去五次投票所每次投一票，不如去一次而投五票較方便，這樣還比較合理。」又說：「將五次選舉熱潮一次發散，可以防範棄權的情事，也可降低一些選舉樁腳暗中活動的機會，同時又可使一些泡沫候選人退出選舉。」

從這些誇張報導的字裏行間，我們可以看到一些令人擔憂的訊息。

第一、有一種疑慮是「省」民的被選舉權有可能受到壓抑。一次的選舉即有一次機會當候選人，就好像一次只准報考一個學校一樣。但是考試每年都有，而選舉則較爲嚴苛，只要落選就必須再等四年。

第二、選舉期間，五種候選人亂七八糟地展開競選活動，且每個人的競選政見也都不同，選民將會毫無頭緒。

第三、現任縣市長的任期因而自動延期一年，但是沒有心理準備而進行延期並不是好現象。因縣市長原本是年底改選，而施政計畫是以四年任期而擬定，如今延期一年，則第五年即必須另擬新計畫，但事實上此點並非易事，因此將四年施政計畫拖延爲五年實施的可能性就很高。

對我們來說，蔣家政權的意圖相當清楚。

蔣家政權犯了選舉恐懼症！對於去年底增選立法委員選舉時的不法行爲，台灣人表現出高昂的憤慨，使蔣家政權嚇破了膽。蔣家政權終於瞭解到，至今台灣人的憤恨仍未平息。唯恐此種情緒如雪崩般地延續到年底的省議員選舉，到時會發生什麼意外事件很難預測，倒不如先將省議員選舉延後一年舉行，再利用此一期間想些惡點子。因此，爲了模糊焦點，乃決定將縣市長選舉、縣市議員選舉及鄉鎮長選舉一併延期。

對台灣人來說，省議員選舉與中央民意代表增額(台灣選出名額)選舉是在所有選舉中最受關心的。七十一名省議員中台灣人佔六十八名，而與國民黨對立的「無黨無派」者佔十二名(其中一名為外省人)，在各級公職中所佔比例最高。

無論是候選人或是選民均知：「談起中華民國好像很了不起，但實際上大家都有共識，知道這是指台灣」，尤其是省議員選舉所凸顯的熱絡更是特別。過去郭雨新、郭國基、李萬居、許世賢及李源棧等人一個個當選，他們在省議會所作的演說不止震撼省政府，亦常震撼中央政府，博得台灣人的喝采，令人記憶尤新。

五〇年代至六〇年代間，作爲台灣人的意見領袖而活躍於當時政壇的這些省議員，雖然有的已經辭世，有的已經退休，現在僅少數碩果僅存，令人感到有點淒涼，但這些人仍是各級公職人員中最受台灣人敬重的人物。因此，對蔣家政權而言，預定在年底舉行的選舉是相當頭疼的事。

如將省議員選舉與次一級的選舉同時舉行，就像對省議員選舉潑一盆冷水一般，對省議員候選人是一個嚴重的打擊。因爲省議員傳統上在都市是靠縣市議員拉票，在農村就靠鄉鎮長拉票。這種情形與日本國會議員選舉類似，同樣是靠縣議員或市議員拉票。但若是同日選舉，縣市議員與鄉鎮長爲自己的事已經焦頭爛額，哪有餘力爲省議員候選人拉票呢？(國民黨的提名候選人靠所謂的「組織票」即可應付)

截至目前，省議員候選人都是靠多數的縣市議員拉票，但如果按自己的意思聲援甲議員，則會受到乙議員的怨恨，選舉運動就很難運作。相較於省議員候選人，縣市議員與鄉鎮長因爲可以確保自己的地盤，所以在同時選舉時較不會受到影響。

假如眞如蔣家政權所預料，將省議員選舉延後一年舉行，則能不能遮住充滿憤怒的台灣人的眼睛，還在未定之天。

不久的將來，美國將承認中共政權。在這種不利的國際政局下，追求台灣獨立的動向，不但是海外，連在台灣內部也將逐漸發酵。去年八月創刊的《台灣政論》，在短短的時間內已形成一股強大的勢力，不論批評「中華民國」體制或在獨立運動路線上，已匯集台灣人的共識。碰到年底的增額立法委員選舉，台灣人將以選舉演講或選舉政見挑戰蔣家政權。措手不及的蔣家政權將會進行鎮壓，並作不公平的選舉，除了極力阻止批評勢力的當選外，更立即對《台灣政論》作出停刊的處分。

但是，已自覺到台灣命運目前正處於重要關頭的台灣人，將不再像過去那般輕易屈服。幾千、幾萬的群衆將包圍政府機關，持續不斷地抗議不公正的選舉。

另外，本聯盟台灣本部的同志們亦將展現實力，就像一月六日全台灣發生大停電所引起的大騷動一般，今後台灣人的反蔣家政權運動將越來越強大。

事態演變至此，如蔣家政權仍然玩弄選舉這種民主規則，台灣人將不再把選舉當一回事，最後終將以武力與其對決。

（刊於《台灣青年》一八七期，一九七六年五月五日）

（陳奕中譯）

引起風波的台北防洪計畫

目前台北橋對岸的三重市和蘆洲鄉二重一帶的住民正處於憤怒與惶恐的漩渦中。

今年九月中旬，經濟部水資源委員會公佈，台灣省公共工程局與水利局共同擬訂台北地區防洪計畫實施方案。

四年計畫預計花費四十五億一千萬元以完成一連串的土木工程，目的在防範台北地區的水患。

①洪水疏導工程：開鑿二重疏洪道，用以疏解部份洪水。入口在沿淡水河左岸的中興橋上游的二重附近，全長約七・七公里，寬度約有四五〇公尺。在淡水河兩岸興建堤防，右岸約七二四七公尺，左岸約四二〇〇公尺。預算爲三十五億四千萬元，其中包括土地徵收(約五百甲)、九億三千萬元工程費。

②堤防建築：爲減低三重蘆洲區洪水所帶來的災害，在淡水河左岸興建三重、蘆洲堤防，與上游的疏洪道入口相連接，右岸堤防的下游則一直延伸到疏洪道出口。

台北橋的三重市方面，其堤防平均高度因受到各種條件的限制，只能有五・五公尺，而上下流的堤防平均高度則可隨水位增減。

堤防用地編列足夠的經費加以徵收，堤防的基礎工程則因考慮未來可能加高而加強地基。

預算共計四億五千萬元，其中土地徵收及補償費合計八千六百萬元，工程費三百萬元，管理及預備金五千五百萬元。

③排水設施：排水管線四條，全長約十五・九公里；引水管線二條，全長約三・二公里；抽水站四座。

預算共計五億二千萬元，其中土地徵收及補償費合計二億四千萬元，工程費二億二千萬元，管理及預備金五千四百萬元。

排水管線容量每三年評估一次，以一小時能承受七十八公釐的雨量爲條件，抽水站總排水量爲每秒五十七立方公尺，以洪水淹沒人口密集的二重地區可能造成的結果作考量，二重疏洪道是依據當地的地形作規劃，但當地居民則正反意見都有。因這地區地勢較高，即使颱風也無淹水之虞。因此，行政院早先即核定頂坎工業區的建設。當地工廠林立，約有五百餘家工廠，數萬人在此就業。若要他們全都撤離，則其損失之大將無法估計。

二重地區以中興橋爲界，與台北市少數的繁華街之一——西門相接。土地價值估計每坪約四到五萬元之間，故能否順利以每坪一千元徵收，頗令人懷疑。

若要開鑿疏洪道，塭仔圳反而比新莊更適合。這一帶的地勢比三重（海拔五公尺）還低三公尺，挖掘地勢低的工程較爲簡單，且比較容易克服物理上的問題。這地方因不是人口密集的地區，所以無論是土地徵收或補償均較容易進行。

蘆洲鄉鄉民代表會知道這個計畫之後，連日打電話給省政府建設廳長陳敏清及水利局局長陳文祥，要求兩人北上實地考察，但兩位局長皆以公務繁忙爲由，拒絕前往實地考察。

另一方面，以國泰紙廠爲首的頂坎工業區數十家企業聯名向政府陳情，要求政府修改計畫或打消計畫。居民從正面對政府的計畫表示反對的事例在最近確實少見，因此令人特別感到訝異。

今早剛抵達羽田機場的友人來訪，交給我仍有油墨味的兩、三種報紙，他告訴我當地居民的憤怒。

「這眞是天理不容的粗暴舉動，此事在三重市引起很大的騷動。再如此亂搞的話，可不是那麼輕易就能平撫居民的情緒。」

「但如只靠文書、電話陳情或訴願是無效的。至少也要頭綁布條大舉向國會及政府施壓或是靜坐示威，如同日本的三里塚事件一樣，以實力加以對抗。」

我故意說些不中聽的話，友人突然垂頭喪氣地說道：「政府的原案是在塭仔圳打通疏洪道，但因宋美齡是大股東的塭仔圳信華紡織廠反對遷廠，所以才變更改爲二重疏洪道。」聽他一說，我豁然貫通。

戰前的中國大陸也曾經聽過類似的事情，亦即假如建鐵路碰到政府高官的祖墳，大都必須迂迴繞過。衆所周知地，對於政府高官所擁有的土地根本碰不得，此點導致土地改革無法落實。

友人所言並不確定是否爲眞，但這倒是符合蔣家政權一貫的作風。台北市被淡水河、新店溪及基隆河所圍繞，地勢低窪（海拔不超過七公尺），每逢豪雨或久雨不晴時，就會引起水災。

在我高中時期，台北市是人口三十萬的都市，東西十一公里，南北十公里，從南端的台北帝大到北端的台灣神社，即使是逍遙自在地漫步，也僅需兩個小時左右就可走完。當時同樣人口三十萬的都市有仙台、廣島與漢城等，台北被誇稱是其中最美且最適宜居住的城市。郊外有沼澤（內湖等）地帶，當水過多時即可自然調節水位，所以並沒有發生過什麼嚴重的災害。

戰後，蔣家政權帶來大批中國難民，爲了替他們蓋房安置，加上最近的高度成長亟需工廠用地，逐漸開發這些沼澤地帶，結果市區急速膨脹，變成人口超過二百萬的大台北都會區。另一方面，蔣政權又不進行下水道的整治、河川的清理及堤防的加高補強等，因此造成水災頻繁發生。

此外，政府將重點置於治水工程是件好事，然而總工程費四十五億一千萬元，比十大建設的「蘇澳港建港」（四十一億六千萬元）還高。資金的調度尚無著落，卻不斷壓制居民的激烈反對，而建設如此龐大土木工程的理由究竟何在？吾人今後將注意其發展。

（刊於《台灣青年》一九四期，一九七六年十二月五日）

（陳奕中譯）

快從迷惘中醒來吧！

——給蔣派「華僑總會」幹部們的忠告

今年夏天，我參加在加拿大KINGSTONE所舉辦的第四屆世界台灣同鄉會後，順道到美國、加拿大各地訪問，與許多台灣人進行意見交換，他們不約而同地問我一個類似的問題：「日本可說是海外台灣人運動的發祥地，人數多，而且成功者也不在少數，但相較之下，卻顯得消極，其原因何在？」

雖不是質問的口氣，但對我卻十分震撼。於是我做出以下的辯解：「但是過去十八年來，在日本的台灣獨立運動資金都是他們資助的。」

他們似乎能夠接受我的說法而不再追問，但事實上無法接受的人反而是我。在訪美途中，這件事一直是我心頭上的疙瘩。

第四屆世界台灣同鄉會的議題爲「海外台灣人的責任」，世界各地的台灣人同樣爲台灣的命運擔憂，因此希望集結民心，以打倒蔣介石政權、獨立建國爲目標，然而似乎只有在日本的台灣人與大家站在不同的陣線。

在日台灣人雖然提供獨立運動的資金援助，若以人數和資產的比例而論，該金額絕對不能算少。但悲慘的是，那些人也擔任擁護蔣介石政權的「華僑總會」幹部。

有誰不要名利呢？那些人多半是經營中華料理店、酒館或小鋼珠店等服務業，對他們而言，「華僑總會」幹部是個十分有魅力的頭銜。我曾聽說，在東京有人爲了爭奪副會長職務而捐出一百萬元。

若被亞東關係協會任命爲幹部，就必須從事捐獻或在雙十節和青年節募集會員等工作，這無疑等於被蔣介石政權所利用。

儘管如此，也不是完全得不到好處，至少能有自由往返台灣的保證，而且還能獲得「僑領」(華僑領袖)的特權。

此外，他們會響應蔣介石政權「華僑投資」的號召，對台灣進行投資計畫，這才是蔣介石政權眞正的企圖。對台灣的投資就是擔任人質的角色，投資額愈大就愈無法反抗蔣介石政權。如果是美國或日本的企業，一旦遇到緊急狀況，政府都會出面解決。然而，那些華僑幹部卻沒有任何人會爲他們出面，所以只能用忠誠心買保證。

以這種方式存在的台灣人，在歐美地區是看不到的，因此可以說是日本特有的產物。

今年夏天，美國龐斯國務卿訪問中國時引發不少話題。於此同時，美國國會正舉辦關於台灣人權的公聽會。如前所述，當旅居歐美的台灣人正大力鼓吹政治意識抬頭時，在日本的亞東關係協會卻在研討如何加強控制台灣人。

我自美返國後才知道，原本由蔡長庚一人所組織的「台灣同鄉會」，正聯合部份「東京華僑總會」的台灣人幹部，共同組織「留日台灣同鄉會」（會長楊文魁），目的在與我所屬的「在日台灣同鄉會」對抗。

此外，由當時惡名昭彰的特務黃清林編輯的《自由新聞》中，也開始對獨立運動者進行明顯的攻擊、中傷。

中國人的狡猾與台灣人的愚劣於此明顯地展現。中國人要搞垮台灣人，無須勞動自己的手，只要交給台灣人就行了。這就是所謂的「以夷制夷」。

成爲走狗的台灣人，在得到主人的恩寵後，替中國人執行許多惡行。另一方面，台灣人卻將怨恨累積在自己人身上，完全忘卻隱身幕後操控的中國人。

在幕後黑手的控制下，台灣人無一倖免，只能等待著淪爲中國人奴隸的命運。

不幸的是，至今中國的魔掌仍然存在，且是我們提供它存在的條件，因爲有一部份台灣人認定自己是中國人。事實上，中國人絕不會認爲台灣人是中國人。所以我們應該記住，在台灣的中國人與在大陸的中國人本質是一樣的。

爲了加強台灣人自身的認同感，歐美的台灣人近年來急速地集結，企圖發展屬於台灣人的民族。

他們稱少數奉承中華人民共和國的台灣人爲「併呑派」，而不與其往來。「併呑派」只能自我鞏固，已喪失和台灣人來往的勇氣。

蔣氏政權每況愈下，已經沒有人想再擔任其特務。現在雖有被從台灣派來的中國特務，然而只要是台灣人勢力較強的區域，就不會有他們的踪跡，只有勢力較弱的區域——例如中南部——才有他們逞兇之處。

大家從以前就知道，蔣介石政權的大官要人都會讓自己的子女居住在美國，同時自己也取得美國的永久居留權，以做好隨時逃走的準備。

這次也聽說，蔣家一族已在美國擁有約相當於台灣六分之一大小的土地。

當我在華盛頓與美國的政治家、記者會談時，就深刻感受到蔣家政權已是風燭殘年之勢。在龐斯國務卿訪中之前，包括台灣的學者、文化界、工商界甚至其在美國的走狗們都曾在《紐約時報》上連日刊載文章——據說全篇價碼爲一萬二千美元，四分之三篇爲八千美元，內容則寡廉鮮恥地寫著「不要放棄我們」的乞求哀憐字眼。在美國的台灣人看到此種情況，只能說「成什麼體統，眞沒出息」，更別說期待蔣介石政權重新燃起鬥志。

然而，當我回到日本時，這兒就像是個完全不同的世界。還有台灣人甘之如飴地接受亞東關係協會的指使，隨處可見類似戰時日本大本營所發出的宣傳物品。

這眞是一幅落後的醜惡景象。再這樣下去的話，在日本的台灣人就要受到全世界台灣人的唾棄了。

怎麼會出現這種怪異的台灣人呢？

就我的分析看來，他們與生活在歐美各地的台灣人不同，多半是在戰前就已經移住日本。日本戰敗時，是否該撤回台灣的問題，迫使他們站在命運的交叉點上，用怎樣的理由才能不被撤回呢？這也決定他們的命運。

他們能夠免於蔣介石政權的鎮壓和搾取，也沒有受到重大歷史事件——二二八事件的洗禮。相反地，他們在日本支持蔣介石政權，以戰勝國國民的身份享受經濟上的特權，建立起現今的資產基礎。

其間，中共政權抬頭，有些人由支持蔣介石政權轉而支持毛澤東，以致分裂爲東銀座的「華僑總會」(蔣派)和新橋的「華僑總會」(中共派)，各有其獨自的一段歷史。

這些人的共同特徵就是都能幸運地留在日本，未曾體驗今日台灣人認同意識的原點——二二八事件。

流佈在他們之間的是中國人意識——雖然那也只是觀念上的中國人意識，但若要說這些旅日台灣人的獨特表現是發源於此也不爲過。

支持中共的人們組織「台灣省民會」，協助中共大使館的對台工作。他們比任何一個中國人還熱情地高呼「解放台灣」，因爲這是唯一回歸台灣的道路。

此外，除了能夠往來台灣之外，有些人是因爲持反共立場才支持蔣介石政權，所以實際上對蔣介石政權的信賴感並不深厚。

在日本與中共建交之前，有許多人急忙歸化日本，這就是證據所在。於此，中華民國遭到抹煞，中華人民共和國的大使館成立，也許是因爲害怕受到報復，所以急忙歸化成日本人。然而，因爲蔣介石政權也憎恨中共，所以在日台灣人與其取得中共護照，不如歸化爲日本籍，因此便將原本的歸化申請書改爲提交國籍脫離證明書。

雖然已歸化爲日本人，但國民黨仍鼓勵其擔任「華僑總會」的幹部，所以出現「田中太郎」「鈴木一夫」擔任「華僑總會」會長、副會長的罕見現象。「台灣省民會」的會員們對此無不嗤之以鼻，一切是如此地不合理。「田中太郎」「鈴木一夫」是亞東關係協會的走狗，一旦他們出面擾亂獨立運動，台灣人也許就必須再次發起抗日運動。

在一九七七年這個時點上，某些在日台灣人呈現的就是這種生態。我們不得不將之記錄保存，爲此我感到十分遺憾，也希望他們能誠心反省。從此刻起，不要再當蔣介石政權的走狗，現在反悔並不算太遲。願大家能帶著台灣人的自覺，參加獨立運動的聖戰。

（刊於《台灣青年》二〇五期，一九七七年十一月五日）

（陳奕中譯）

「光復節」彈唱的老調

每逢十月二十五日，也就是所謂的「光復節」，台灣的報紙依照慣例都要刊載「天下爲治」的文章，這如同日治時代的六月十七日「始政紀念日」一樣。

但也正如「始政紀念日」在台灣人心目中被詛咒爲「死政紀念日」一樣，「光復節」終究是令台灣人哀嘆的「烏暗日」啦。

統治者的說詞都是一樣的：「台灣幸得我方統治，台灣人才有今日之幸福可言。」這是「勝利者的理論」，至於失敗者的台灣人，只有默默聆聽的份了。

容我介紹二、三則當前的重要語錄：

「國父深愛台灣同胞，曾前後三度造訪台灣」

孫文確實曾經來過台灣三次，這是事實。但最後一次是一九二四年於前往北京途中，暫時停靠在基隆近海，並沒有登陸。

他只到過台北兩次。第一次是一九〇〇年，第二次是一九一八年。

第一次是因爲惠州事件的關係，他前來請求兒玉源太郎總督提供軍事援助。事後由於山縣(有朋)內閣垮台，伊藤(博文)內閣繼任後，改變外交方針，請託失敗。(孫文打算與帝國主義者聯手的事實是不容忽略的。)

第二次是在梅屋敷，好像和幾個台灣人見了面。但從那些御用學者所編撰的一整本與台灣相關的史書之中，居然無法傳達詳情，想必是因資料匱乏吧。

我們很難想像總督府嚴密監視孫文，並嚴格審查每一位打算與他會面的人的情景。以一般常識來推測，他們好不容易才見了面，卻只能流於形式上的問候了，不但沒有辦法談論政治，就連想聽都不可能。

「八年抗戰就是要讓台灣回歸祖國的懷抱」

這簡直是痴人說夢。對蔣政權而言，台灣充其量不過是一個「贈品」。只是任誰也沒想到，這個贈品居然會是一支上上籤，在大陸淪陷之後，得以讓蔣政權在此安養三十餘年。擊敗日本的是美國，蔣政權不過是躲在重慶罷了。四大家族除了集資四百億美元準備隨時落跑之外，腦海中想著的，盡是和共產黨之間的那一筆帳。

在台灣人看來，將台灣讓給蔣政權，是麥克阿瑟將軍這一輩子最大的失策。

島內的台灣人在嚴格的情報管制之下，年復一年地被灌輸愚蠢至極的謊話，因而難保有些人會深信不疑。

這可能是因自我本身的知識不足吧，就某種程度而言，也是難免的。因此，除了點頭稱是之外，也別無他法了，若說他們有錯，其罪孽還不致於太深。

然而最叫人難以容忍的是，居然有台灣人前仆後繼地替中國人否定台灣人的存在。那些披著學者外衣的文人，眞不知他們是受託於人，還是自己賣身相許。

最具代表性的，莫過於「台灣史蹟研究會」主任林衡道這一號人物。此人生於一九一五年，台北縣人，東北帝大畢業。戰後曾經在幾所大學任教，也擔任過台灣省文獻委員會委員。

他確實是一個知識份子，但他的本性腐敗，寡廉鮮恥。

他竟能平心靜氣地剽竊別人的作品，還能像自己發現新事物一般地夸夸其談。

要是在正常健全的社會，早就容不下這樣一個卑劣的人物了。只可惜在台灣這個畸形社會裏，反而重用了他，增添了他的威風。

他不知在何時搞了一個「台灣史蹟研究會」，還自命主任一職，擺出一副文化界要人的面孔。

這一兩年，只要一到「光復節」，他就必定舉辦「會友年會」，固定忠誠地宣示「台灣與大陸是不可分的一體」。今年他又提出了這樣的看法：「長久以來，台灣和大陸從地緣、血緣、人文關係上，都與中國大陸有著密不可分的關係。」在他忝不知恥地說出和去年相同的話之後，又說：「在清朝時期，台灣住民之間是以『同安人』、『漳州人』、『安溪人』相稱，並沒有『台灣人』這一通稱。所謂的『台灣人』，是日本帝國主義所發明的新基軸。」

在清朝時候，台灣人稱自己是「同安人」、「漳州人」、「安溪人」，還是「台灣人」？這並不是什麼大問題。但台灣人的自我認同尚未形成是無可否認的。

不過，隨著對大陸的記憶淡忘，我們不難想像有些人已開始改稱自己是「台北人」、「台南人」或是「屏東人」。

如果以整個時代背景來看，我們稱大陸爲「唐山」，從大陸來的人爲「唐山人」，這倒是不爭的事實。而從語言的角度來看，雖然我們在自己同胞之間還缺乏穩固的台灣人的認同，但和外來者之間，已逐漸形成明顯的區隔。

這實在是有趣的現象。不管台灣或日本，那些一心一意想討好中國人的台灣人——不，我們或許不能將林衡道看做是台灣人，因爲他本人並不認爲自己是台灣人，說不定他也不希望別人以台灣人稱呼他——由於台灣人這個稱呼和他們心目中的主人——中國人的稱位是對等的，所以他們不敢冒這個大不敬之罪，只能一味地逃避。

奴隸性強到這個地步，我們也只有佩服了。

去年十月二十五日，他們在台南近郊的鹿耳門發表了宣言。

「台灣與中國大陸在地緣、血緣及人文關係上是一體的，台灣是中華民國的台灣。」

「我們陸陸續續發現了久遠以前的大陸的犀、虎、象、野牛、鱷魚等化石，在高雄縣、澎湖縣、台南縣也發現了彩陶、黑陶文化的遺跡。此外，在北部也發現了和福建省相同的新石器及陶器的文化遺跡。這些都是數千年以前由中原輾轉傳來的。」

我正覺得這內容好像在哪裏讀過，於是翻找了一下書櫃，居然在一九四三年（昭和十八年）二月清水書店發行的「台灣文化論叢」中找到它是國分直一博士的論文。他不但沒有據實援引，還自圓其說地隨意竄改。

例如，國分直一博士提到「台灣的史前文化可分爲北支文化，例如黑陶、彩文土器這一類的發現。同時也發現了和北部印度支那或與雲南地方有深切關聯的文化，例如有肩石斧、青銅斧（扇狀斧ロ）等發現。這一類北方或南方的文化是如何傳到台灣來的，我們沒有辦法舉出實證來加以論述……」（「有肩石斧、有段石斧以及黑陶文化」，同書四十二頁）用這種廣闊的視野看待事物，才是眞正做學問的態度。但是那些厚顏無恥的御用學者，居然可以臉不紅氣不喘地提出「這是歷史上第一次中華民族的大融合。在中國悠久的歷史中，台灣是最能代表中華民國的一省」的結論。

數千年前的台灣住民屬於哪一個種族，誰都不敢妄下定論，但他們卻可以若無其事地論定自己是漢族？

他在宣示文的最後，還不忘記叮嚀：「希望那些挑撥離間者，能早日痛改前非，參與我們的研究。」

我想對這些人提出一個根本的質疑：他們到底以爲蔣政權還能存續幾年光景呢？果眞要盡忠節義的話，是不是也要爲蔣政權殉死呢？

或者說，他們是要施展中國人的劣根性，發揮中華思想，張開雙臂歡迎中共的侵略？還是搖身一變成爲台灣人，高喊獨立萬歲呢？眞想看看他們會有什麼樣的下場。

（刊於《台灣青年》二〇六期，一九七七年十二月五日）

（陳惠文譯）

韓愈名譽受損風波

1. 韓愈死於風流病?

潮州同鄉會發行的《潮州文獻》第二卷四期(一九七六年十月)刊載了一篇發行人郭壽華(七十六歲)寫的〈韓文公蘇東坡給予潮州後人的觀感〉。

潮州同鄉會是來台的中國人所組成的無數同鄉會中之一,《潮州文獻》是其會誌。此種會誌除了傳遞會員的消息之外,還整理故鄉先賢耆宿的事蹟,以解鄉愁爲其目的,自然而然地,內容上也以炒冷飯或彰顯自我者居多,不太值得一看。

但是這一次郭先生的這篇文章吸引了衆人的目光,而且在台灣的中國人社會裡引起一陣大騷動。

郭先生的文章裡有一節提到,「韓愈在性格上具有無法完全從傳統的文人才子的通病中跳脫之處,除妻妾之外,也不免流連於風花雪月,他在潮州已染上風流病,因此過度耗掉體力。後來又誤信方士的硫磺鉛下強精劑，離開潮州不久，就因硫磺中毒而亡。」

同是潮州同鄉會會員的黃宗識向台北地方法院提出告訴說：「誹謗中傷故鄉引以爲豪的文豪韓愈，說他是死於梅毒，眞是太過份了！」

即使在日本，大家也知道韓愈是著名的唐宋八大家之一。韓愈（七六八～八二四年），昌藜人，字退之，卒諡文公，因反對迎佛骨進宮，被流放潮州。蘇東坡（一〇三六～一一〇一年），同爲唐宋八大家之一，眉山人，名軾，字子瞻，卒諡文忠，號東坡。與王安石的新黨對立，又從惠州被流放海南島。

二人雖都不是潮州人，但都曾有一段時期被流放潮州，爲這個地方留下了百分之百具宣傳效果的詩文，因此潮州人對他們極爲崇敬。

例如，韓愈「朝奏一封九重天，夕貶潮陽路八千」的「左遷至藍關……」詩句，眞是膾炙人口，完全封住漳江鱷魚之害的〈祭鱷文〉，更是一篇幽默的名文。另外，蘇東坡的「四月十一日初吃荔枝」的〈荔枝嘆〉等，從這類以吟詠當地名產的綺麗詩文到地方風物的詩句頗多，讓當地人感涕交零。

台北地方法院以黃和韓愈並無親戚關係，沒有告訴權而不予受理，結果由稱爲韓愈三十九代孫的韓思道（七十八歲）代提告訴。台北地方法院由他所提出的「韓氏宗譜世系表」，承認韓思道是韓愈的直系子孫，因而受理告訴，對郭所寫的「染風流病等等」，認爲是「明顯知其爲虛假之事」，毀損了死者的名譽而被判決有罪，宣告罰款三百銀元（新台幣九百元）。

對郭壽華來說，這成了意料外的筆禍。因爲郭是《潮州文獻》的發行人，在潮州同鄉會也是主要成員。以他七十六歲的年齡來判斷，應是一位熱愛或緬懷鄉土的保守派吧。這樣的人竟寫出那樣的文章，企圖顚覆故鄉的形象，實在令人有點匪夷所思。沒有讀過全文無法下斷定，但他大概想寫些有關韓愈的事而無從下手，對大部分人都不想觸及的韓愈的死因又追究太深入，這一點眞是不妙至極。

韓愈患病當然有其典據。首先，在白居易（樂天）的詩中有「退之服硫磺，一病訖」一句，其次是五代的陶穀《淸異錄》中記載「韓愈晚年頗親近脂粉，因此依賴強精劑。混以硫磺末作餌，餵食公鷄，不使之交尾，飼養十日再予烹煮食之。取名爲『火靈庫』，每隔一日食一隻。最近似乎有見效，但最後反而因此喪命」這麼一件事。

白居易和韓愈幾乎是同時代的人，也有深交。白居易自己曾坦誠說：「無法完全忘懷聲色杯酒」，因中風，不得已才放開諸妓，因爲他是此道之豪，其記述具可信度。另外，陶穀是五代人，時代相距甚近，想必是有所依據的吧！

話雖如此，身爲一世文豪、思想家的韓愈，其地位和評價並未受到減損，反而有不少人對韓愈充滿人性味，覺得格外富有魅力。儘管如此，繼黃宗識之後，韓思道之所以提出告訴，單純來思考的話，這也是受潮州同鄉會的感情牽絆所致吧！若胡亂臆測，其中必有政治意圖在起作用。這件事受到社會各界的關注，也是因爲台北地方法院受理告訴，並對毀謗韓愈之實做出有罪判決之後才開始的。

2.「族譜不可信論」

在此想喚起讀者注意的是，台灣的司法官幾乎都是國民黨員。司法官除了依循法律，另一方面也依照黨的指示行動，或受理告訴或趕出法庭、或上訴或放棄、量刑或重或輕，莫不依此。

爲了一篇關於千餘年前古人的死因的文章，而提出名譽毀損告訴的人也太沒常識了，但是受理其告訴的法院更是沒常識得離譜，在如此嚴重欠缺常識的地方，敏銳的人應該可以立刻察覺到其中奧妙。

衆所周知，蔣政權以繼承中國的法統和道統自居，誠如他對敬仰的萬世師表孔子在大陸受到批判，更奉暴君秦始皇爲民族大英雄一事給予強烈的反擊一樣。這大概是蔣政權視郭的文章爲小型的「批孔」，唯恐此種風氣蔓延，具警告意味而指示判被告有罪的吧？黃宗識提出告訴的階段，政府尚未插手其中。然而，黃提出的告訴給政府提供了某種暗示。接著找來了韓思道。其餘就是法官的工作了。「三個臭皮匠勝過一個諸葛亮」，什麼事都可以牽強附會，讀者等一下就可玩味司法黃牛的法律論了。

韓思道主張自己是韓愈第三十九世孫的依據是「韓氏宗譜世系表」。台北地方法院視爲眞物，承認其告訴權。不過，根據率先批判此一判決的薩孟武（立法委員、台灣大學教授）指出，族譜原本就是不可信賴。即使在封建專制時代，官吏於履歷上如果寫出自己是某某名人的第三代、最多第四代還可以，到第五代就引人猜疑了。

標榜自身家世及家系的風氣始於魏晉（三世紀）以後，如史書所記載的「唐末五代亂，衣冠舊族多離去鄉里，或爵名中絕，而世系考無所」（宋史卷二六二劉燁傳），或「唐末喪亂、籍譜罕存」（宋史卷四三九梁周翰傳），唐代的族譜到了北宋，已被用懷疑的眼光視之。現代距宋朝又過了近千年，族譜已愈來愈無法信賴了。

如此說來，「韓氏宗譜世系表」的「文公二十四代、玉珍」一條裡，據說有「唐至今千有余年，屢遭兵火，家譜無存。相傳，文公二十四代孫、玉珍」的旁註。這是郭壽華對於支持一審判決的台灣高等法院提出更審要求時指出的新事實。

郭還指摘「韓氏宗譜世系表」雖是民國二年（一九一三年）製成，但在「三十九代、思道」一條，有「民國三十三年應襲奉祀官」的旁註，此一預言是從何得來的？

嚴靈峯（台灣大學教授）推論，此最後一頁的筆跡有所不同，一定是民國三十二年（一九四三年）以後所作的增補，而且沒有爲韓愈設奉祀官之事，在政府的資料裡已很明顯，將予追究法院爲何沒有察明這件事。

對學者文人的批判，台北地方法院的薛爾毅庭長也於報紙投稿應戰。「法官沒有明辨」是先進國家的事。「族譜不可置信嗎？那麼政府爲什麼承認孔德成爲孔子七十七世孫，而立爲奉祀官？」這是拿出特例，躲在政府的權威下，想攻破一般論的歪理。

薩孟武再提反駁：「山東曲阜的孔家，自漢高祖十二年十一月祀奉孔子以來，每個朝廷都任命各代的嫡子爲奉祀官，授與奉祿。所以孔家的族譜與其他姓氏相比，遺留有正式的記錄，因此可以置信。正因爲能夠置信，林語堂在戰前上海的《論語半月刊》中，寫了「見到了南子」的批判時，孔德成當時並沒有告林語堂毀損其祖先的名譽。」

薩孟武又進一步說了慘痛的諷刺。相同姓氏的人也不見得有相同的血統。漢唐二代對外夷來降者多賜國姓。如果漢代是劉，唐代是李，那麼今日的劉姓是有劉邦（漢高祖）的血統之人？或是劉淵（匈奴人，創立五胡十六國之一的前趙）的血統之人呢？今日的李姓是有李世民（唐太宗）的血統之人？或是李元昊（鮮卑人，創立西夏）的血統之人呢？或是李克明（突厥人，創立後唐）的血統之人呢？誰都弄不清楚吧？如果黃宗識因爲姓氏不對而非韓愈的子孫，韓思道雖說是同姓，也不能保證是韓愈的子孫啊！

薩孟武爲台灣人說出了非常好的愷切言詞。在這場風波中，台灣人賺到的是薩孟武的「族譜不可信論」。因爲蔣政權強制台灣人進行大陸的祖籍調查，獎勵整理族譜。台灣人很少發現這是蔣政權的愚民政策。任何人都對尋根抱有興趣，想誇耀舊有的家世，狡猾的蔣政權對此趁虛而入，並認爲只要台灣人沒忘記和中國大陸的關係，就應該不會尋求台灣獨立。

對台灣人而言，調查祖籍或整理族譜並非全無意義。台灣人只要分淸自己是台北市人或高雄市人即可，否則在被統治者的共同命運之前，此舉也近於無意義。我們應該思考的是，如何才能早日脫離中國的可憎的糾纏。

3. 我是王審知的子孫？

說到我自己，我家祖籍好像是泉州府同安縣，但沒有族譜。爲什麼我知道是同安縣呢？因爲家族的墓碑上都刻有「銀同」二字。我一直記得人家告訴我，「銀同」乃是同安的美稱。

自從我開始研究語言後，如果看到辭典或論文裡出現同安方言的論述，總會特別注意。但我的台南方言裡，可說幾乎沒有留下同安方言的特徵。總之，我可以把它解釋成我們家族已移居台灣甚久，所以從福建話（同安方言）演變成台灣話（台南方言）了。

那麼王家是幾時移住台灣的？我從未聽說過，台灣割讓日本時，父親十六歲，我常聽他說起牽著祖母的手四處逃亡的故事。他們只告訴我祖父留下龐大的債務便一命歸西，以及祖父的某個兄弟考中舉人的事等，所以王家是有來歷的門第（舉人和債務是否兩相抵消掉了，這是我幼小心靈解不開的疑惑）。對王家而言，祖父之前的事就像是神話，薩孟武所言半點不差。

有趣的是，有某個我父親曾擔任過會長的台灣王姓宗親會的王姓祠堂，正門上漂亮地掛著「開閩第一」的扁額，祀奉的主神正是王審知。總之，台灣的王姓人家以誇耀身上流有王審知的血緣爲榮。

王審知是歷史上的風雲人物。王氏原爲河南省南部的富農，康末發生黃巢之亂（八七五～八八四年），這個地方受到嚴重的蹂躪。王潮、王審邽、王審知三兄弟美其言說爲了自衛，聚集一家老小組成一支軍隊，但實際上是成爲流寇（《新五代史》有「雖說審知起盜賊」之言），似被黃巢軍隊追趕，又似追隨其後，他們渡過長江，南下江西省、從南康進入福建省北部，到漳州、泉州，攻陷福州，終於稱霸整個福建。

王氏八八五年進入福建，並在福建掌握實權與地位，長兄王潮被唐朝任命爲福建巡察使是在八九六年。然而，歷史學家認爲，審知從後梁至九〇九年被封爲閩王之後，到其孫延政被南唐圍攻投降的九四五年爲止，共三十六年是閩國的命數。不管怎麼說，閩國的核心人物都要數第二代的王審知（在位期間八九七～九二五年）。附帶一提，據我推測，福建話的文言音體系，和此一王氏的固有方言有很深的關係。

福建的地方誌記載了「八姓從王」的一則美傳。意思是指林、黃、陳、鄭、詹、丘（邱）、何、胡八姓追隨王氏進入福建。另外，還有如《閩書》所記載的，八姓進入福建，可追溯至晉末永嘉之亂（四世紀初）。這對八姓來說是愉快的說法吧！

衆所皆知，其他如台灣的陳姓祠堂，供奉了開拓漳州的「開漳聖王」陳元光。唐朝初年，泉州（今日的福州）和潮州之間的廣大地區，稱爲「蠻獠」的化外之民橫行其間。陳元光將之征服，開闢漳州（六八六年），因其功勳，子孫世襲刺史職位，這是基於他扶植此一地方的勢力，合乎史實。

如此大有來歷及家世的王氏和陳氏子孫，爲何還飄流到海對面的瘴癘之島台灣呢？大部份渡台的傢伙，正如《續修台灣縣誌》的作者謝金鑾巧妙地指出，皆爲「無依無靠者，尋寶者、內有隱情者、無法謀生者」，「膽小者、有家室者、士農工商在內地能自立者」未必會冒險（請參照拙著《台灣—苦悶的歷史》）。

既然如此，王氏和陳氏到了明清業已沒落，結果應該說其子孫是出奔台灣陷入了窘境？或者王審知和陳元光原本就是外借的祖先呢？

哎，怎麼說都可以。遺憾的是，我們的祖先千辛萬苦來開拓台灣，即使在這過程中，受到中國疏離、遺棄，但由於仍未切斷自己對大陸的血緣觀念，因此無法成爲精神上眞正自由的人。

只要看到此種可憎的大陸情懷至今仍糾纏住台灣人，就可明白苛責父祖是很殘酷的。二二八造成那樣的犧牲、長達三十二年在蔣政權的壓制下呻吟；另一方面又看盡中國大陸局勢混亂的台灣人，如果到此能稍微清醒自省就好了。總之，是這邊的「開倒車思考」和那邊的巧妙策略，妨礙了這種覺醒。

一九七三年八月，台北出版了一本《台灣百家姓考》。著者彭桂芳是一位女性，我不知道她是台灣人或中國人？有何經歷？但根據序文說，她以前出版過《五百年前是一家》得到好評，因此寫了這本續篇。

這本書選了台灣具代表性的百個姓氏，說明其根源，例如，陳是舜、林是比干、黃是黃帝、張也是黃帝、李是顓頊高陽氏、王是周文王、吳是周泰伯、蔡是周武王的弟弟蔡叔度……的子孫等，天馬行空地列舉出這一堆「根源」，想像力實在豐富。她的意圖，是藉此煽動台灣人或中國人沒有區別，同樣流著古代皇帝聖人的血脈。我想應該沒有台灣人會如此被煽動而認爲：「我的祖先是如此的偉大，因此我無法不做中國人！」然而，總是出乎意料地令人難以理解，爲什麼蔣政權的愚民政策是如此惡毒，而且手段精細。

4. 詭辯的伎倆

薩孟武主張倘若可以信賴，經過千餘年的今日，子孫也沒有告訴權，刑法第三一二條的「既死亡人」應有時間上的限制，否則，我們便無法輕易地評論古人了。不論王莽或曹操、秦檜或張邦昌也罷，哪一天有個自稱其子孫的人冒出來，我們說不定也會挨告。果眞如此的話，歷史學家也只有關門大吉了。

有關這一點，台北地方法院的楊仁壽法官強烈辯解。刑事訴訟法第二三四條第五項規定「死者的配偶、直系子孫、三等親以內的旁系子孫、二等親以內的姻親」都有告訴權。直系子孫！那就是幾十代、幾百代後也沒關係。

刑法第三一二條的「毀損死者名譽罪」，其立法精神在於保護子孫的孝心，必須考慮中國的習俗對死者的尊敬之心比外國強不可。

但是，「毀損死者名譽罪」只限於「明顯而知其爲虛假之事」，其保護的範圍不比生存者廣，因爲這沒有直接違害到死者的名譽。有關死者生前的事蹟，既已「蓋棺論定」，那些在社會上，或者史書或其他典籍上已有評價和記載，如果過份地妄加誹謗，身爲子孫者不能忍受，也是理所當然。刑法已於民國二十四年（一九三五年）施行，因此對古昔之人，自然不能無視其一定的評價。

攻擊佛教、道教，獨尊儒教，一心擁護重視道統的韓愈，其立場已不言自明了。

以前，曾有人說，所謂「毀損名譽」（「誹謗」），即使不是眞實，說話的人無惡意，或發生誤解的話，也不構成「明顯而知其爲虛假之事」。如果我信以爲眞而只介紹的話，即使被人罵說書讀得不夠，也不觸及「毀損死者名譽罪」。

法官到底是以何種理論判定郭壽華以「明顯而知其爲虛假之事」誹謗韓愈呢？這讓我們見識到詭辯的手腕。法院和黃宗識同樣都將「風流病」解釋爲「花柳病」，認爲足以致死的「花柳病」一定是「梅毒」。

嚴靈峯對其杜撰的理論提出以下的反擊：「風流病」只不過是現代的知識份子通用的俗稱，沒有明確的定義。「花柳病」早已成爲醫學上的術語，而且和成爲法律上的法定名詞不同。郭所寫的「風流病」是「好近女色」等意思，孟子也曾說「大王好色」這樣的話，因此，「風流病」即是古代聖賢也無可避免的。如果法院硬將之解釋成「梅毒」，而不能提出醫學上有力的證據，誰都無法信服。

有關將「風流病」解釋成「梅毒」，法院並沒有陳述理由，但對於被要求提出證據一事，卻準備了以下的說詞：是否爲「明顯而知其爲虛假之事」終究取決於被告的心理，從外表要找證據是不容易的。因此以各國的通例，對於「毀損死者名譽罪」，大多採用「舉證責任倒置」的制度。刑法第三一〇條第三項前段中提到的「對於欲誹謗之事，能給與眞實性證明者，不罰」，就是這個意思。本項的舉證責任，例外地由被告擔負。亦即事實的「眞實」如何，決定有罪無罪的人，原則上不能由原告證明。否則的話，告訴者反而會變成自打嘴巴。本條文中說「給與證明」而不說「經過證明」，只要有可以證明其「明顯而知其爲虛假之事」所應有的事實，那就足夠，不用問是眞是假。

郭壽華「舉證責任倒置」的結果，因爲無法舉出證據證明自己在「明知其爲虛假之事」所應有的事實，乃確定他有罪。

針對這一點，薩孟武直接提出反駁，不是應該對證據提出反證嗎？譬如，A控告B於○月○日○時，潛入自己的房間偷東西，B如果有反證，就應該舉出那個時刻在哪個圖書館讀書等等，決不能說因爲B是認眞的學生，應該不會進去偷東西而作出判決。如此的判決，在法理上稱爲「論點忌避的誤謬」或者「訴諸個人人格的誤謬」。

郭壽華引述古人之言爲證據，韓思道有沒有舉出反證呢？如果有反證的話，法院就必須對雙方的證據作鑑定。最好的是能夠驗屍看看。

5. 學者文人的危機感

總括而言，薩孟武、嚴靈峯等學者文人把郭壽華的有罪判決看成是「文字獄」，似乎已感到如影隨行的危機感。薩孟武除了具有大學教授的頭銜之外，還是行事硬骨的立法委員，筆鋒尖銳，令人印象深刻。

依薩之言，在古代中國反而較有言論自由。東漢的王充（二七～九一年）的《論衡》中，有〈問孔〉〈刺孟〉二篇批判儒學的傳統學說，但東漢的天子也沒有將之列爲禁書。少數的例外，如明代的李卓君（一五二七～一六〇二年）因爲批判程朱的道學，神宗萬曆三十年（一六〇二年）以後，直至清朝一代，李的著作都禁止刊行。儘管如此，這都是孔學和道學號稱興盛，如天子那般極端專制的同一時期，王陽明（一四七二～一五二八年）曾批判：「道爲天下之公道。學爲天下之公學。朱子之得非我所爲，孔子之得非我所爲。」但也不曾聽過王陽明因此被免職。

明代以前，中國民間的言論極其自由。杜甫的〈石壕吏〉就是批判賦稅橫徵暴斂的寫實詩歌，同樣的，〈兵車行〉則是露骨地道出反戰思想。到了白居易的〈長恨歌〉，更大膽地描寫玄宗因「重色思傾國」，以致「漁陽鼙鼓動地來，驚破霓裳羽衣曲」，引發了安祿山叛亂，造成「六軍不發無奈何，宛轉峨眉馬前死」的悲劇。但是，此後天子可曾因此而處白居易「不敬之罪」？

中央研究院的近代史研究員張玉法諷刺說：我國的司法官難道有義務要保護三皇五帝到明、清爲止的古人名譽？如果有那樣的義務的話，以現在的編制至少要擴增二十倍，且附屬設施上要興建大規模的歷史研究所，要先培訓爲古人找證據的檢察官、律師，以及對古代文獻有高度鑑定能力的法官。

歷史學家有權利研究任何一個歷史人物。韓愈在政治、學術上影響力極大，因此歷史學家更加有自由研究的權利。如果只是因爲舉證不足而被關進監牢的話，歷史學將瀕於消滅，留下來的，只有阿諛奉承的文章而已。

輔仁大學教授羅龍治認爲，韓愈是「匹夫而爲百世之師」，其人格和地位任誰都無法否定。如果有人想加以否定，其人猶如蚍蜉（大螞蟻）之撼大樹，只會被人譏笑不自量力而已。

然而，韓愈因硫磺中毒致死，事實就是事實，誰也無法否定。西洋人有句俗諺說：「吾愛吾師，但吾更愛眞理。」希望我們的民主政治社會裡，也有這種追求眞理的精神。

哎，中國人的事就交給中國人去解決好了。台灣人有另外必須思考的問題。台灣人應該思考被蔣政權在這一事件上強加扣上的歷史觀。從鄭成功、丘逢甲、羅福星、到現在無不強迫推銷蔣家父子爲救世主。台灣人有自由對台灣人的歷史作出正當的評判。我們已經開始着手部分的工作了，將來若有餘力，沒有道理不探求他們的生平、習性、甚至是死因，蔣政權眞正恐懼的，恐怕就是這個吧！

（資料取自一九七七年九月上旬的《聯合報》）

（刊於《台灣青年》二二四期，一九七九年六月五日）

（李莜蘋譯）

文獻委員會的功過

最大的文化事業

知道台灣省文獻委員會的人很多，它修復有關台灣古代的文獻資料，也發表有關台灣歷史、語言和民俗的研究。它的前身是台灣省通志館，成立於一九四八年六月四日，那是二二八事件發生後一年三個月的事。林獻堂擔任第一任館長，隔年七月一日改組爲台灣省文獻委員會，林獻堂仍擔任第一任主任委員。林先生因難以忍受蔣家政權的惡政而逃至日本後，接任者爲黃純靑、林熊祥、李騰嶽、方家慧、洪樵南、張柄楠、林衡道以及現任的江慶林。李騰嶽的前四任皆是日治時代即享有盛名的文化工作者，以後的主委則不淸楚他們的背景，令人吃驚的是，像林衡道這種特務背景出身的文化幫閒人士也夾雜在內。文獻會地址最先設在台北，一九七二年移往台中。

中國自古以來即有編纂地方志的傳統，地方志是新興王朝編纂前朝史實，同時也印證當今王朝的正統性所在。台灣省通志館也是基於此一精神而設立，但卻被賦予更大的工作（亦即從事文化事業），這就是台灣省文獻委員會發展的過程。

根據一九五八年三月發行的《台灣文獻》第九卷第一期，第三任主委林熊祥所撰「本省十年來的文獻工作」報告中，其十年內出版的刊物如下：

一、台灣省通志稿卅二冊，五六五八〇〇〇字，待印通志稿十九冊，三百萬字。

二、台灣叢書（詩乘，裨海紀遊、日本帝國主義下的台灣）二十冊，二四二萬字。

三、文獻專刊廿四冊，三一四八五〇〇字。

四、圖書資料收集二七五一五冊，文書資料三一四一七件，拓本一六九〇件。

五、資料調查六四〇九件，資料抄錄一五一四八一一字，資料交換一一二八冊。

六、資料整理，文字七十六萬字，圖表五六〇幅，相片一五〇〇件，資料翻譯廿五萬字，考證廿二萬字，新聞剪報七六五五二頁。

此外，地方上一年有兩次文獻工作討論會，舉辦文獻展示會、學術演講會及戶外活動等。

一九五三年以後，各縣市仿效台灣省文獻委員會的做法，也成立文獻委員會，開始進行類似的工作。根據林熊祥所撰「台灣修志的理論與實際」（一九五九年十二月出版的《台灣文獻》第十卷第四期，台灣省文獻委員會），「本省從民國四十一年（一九五二年）開始，為呼應總統文告所倡導的文化改造運動，內政部指示省政府在各縣市成立文獻委員會。」總統的文告是指今年的元旦文告，其內容爲：「倡導社會改造運動，促進上下融合，創造勤勞服務風氣，促使國民精神爲光復大陸作準備。此兩大運動的推行是宣揚我國固有文化，發揮民族精神，發揚先人奮鬥事蹟，追悼先賢遺德。」（引自《台北文物》創刊號，內文有吳三連所題字的「本刊的使命與目標」）

內政部指示：「本省光復後，政府施行憲政，這是政治史上的盛舉，將地方自治的施行、經濟建設與改革等刊載在地方志上永世流傳，表揚先賢先烈的言行功績與節操、鞏固國家意識、發揚民族精神。」（引自林熊祥所撰「台灣修志」）由此可知，蔣家政權內心對文獻委員會的盤算應該相當清楚。

網羅一流的文化人才

截至一九五九年十二月爲止，《台北市志》、《台北縣志》以及十九縣市地志紛紛出版或編纂中。此外，一九五一年十月台南文獻委員會帶頭出版《台南文化》；一九五二年台北市文獻委員會出版《台北文物》；雲林縣文獻委員會出版《雲林文獻》；台東縣文獻委員會出版《台東文獻》。一九五三年台北縣文獻委員會出版《台北文獻叢集》；花蓮縣文獻委員會出版《花蓮文獻》；高雄市文獻委員會出版《高市文物》；南投縣文獻委員會出版《南投文獻》；新竹縣文獻委員會出版《新竹文獻通訊》。一九五四年，僅有彰化縣文獻委員會出版《彰化文獻》一誌而已。一九五五年，有苗栗縣文獻委員會的《苗栗文獻》；台中縣文獻委員會的《台中文獻》；嘉義文獻委員會的《嘉義文獻》，及台南縣文獻委員會的《南瀛文獻》等四誌出版。一九五九年，則有宜蘭縣文獻委員會出版《宜蘭文獻》。

但「〇〇文獻」因經費短缺，文字內容太多，終因不易維持而中斷，甚至停刊，屢見不鮮。到一九八四年七月，僅剩《台北文物》、《台南文化》及《南瀛文獻》等三種刊物而已。這三種刊物，自創刊以來水準都較高。台北市是大都市，亦是文化、經濟與社會的中心，台南市則是最早開拓的城廓，研究報導內容豐富、人才雲集。其他縣市，只有台南縣能夠長久維持，因與台南市有相同的歷史背景，並有吳新榮這個卓越的編輯之故（此段參考一九八四年七月發行的《台灣文藝》第八十九期，張炎憲所撰「戰後台灣研究的發展脈絡(二)」）。

因手中資料不太齊全，又因篇幅的關係，不能將各縣市具體叙述，僅列出《台北文物》創刊號（一九五二年十二月一日出版）的主要主筆及其介紹如下：

三年來台北市衛生行政　王洛（台北市人、台北市衛生局長，醫學博士）

本市戶政的沿革　王飛龍（台中縣鹿港人、台北市民政局長、台北市文獻委員會委員）

月餅與秋節　朱鋒（台南市人、台南市文獻委員會委員）

台北市傳染病院的今昔　李騰嶽（台北市人、台灣省文獻委員會委員，醫學博士）

見面話小考　李獻章（台北縣大溪人、編著書《台灣民間文學集》《福建語法序說》）

車鼓戲在台北　呂訴上（台中縣北斗人、著書《陳三五娘》《偵探化裝術》）
本刊的使命和目標　吳三連（台南縣人、台北市長）
漫談台北市語音的變遷　吳槐（台北市人、台北市文獻委員會委員）
台北市文化的過去與現在　林熊祥（台北縣板橋人、台灣省文獻委員會副主任委員）
本市救濟事業的過去及現在　陳全永（台中縣北斗人、台北市民政局社會科長）
台北市大事表　陳世慶（台中縣梧棲人）
《台北文物》創刊紀念辭　黃純青（台北縣樹林人、台灣省文獻委員會主任委員）
古往今來話台北　黃得時（台北市人、台灣大學文學院教授、省國語推行委員會委員、台北市文獻委員會委員）
台灣民主國的內變　郭水潭（台南縣佳里人、台北市事務股長）
擦皮鞋（畫）　郭雪湖（台北市人、台陽會員）
連環圖畫（畫）　楊三郎（台北市人、台陽會員）
西班牙人據台考　廖漢臣（台北市人、台灣省文獻委員會委員）
斯文界之回顧　劉篁村（新竹市人、前台北師範教諭）

手中另有《台南文化》第三卷第一期（一九六三年六月發行），但某些投稿的文化界人士的簡歷不詳。

五十年來南社的社員與詩　許丙丁
馬子翊筆下的台灣　林咏榮
台灣明墓考　石暘睢
台灣民主國在台南二三事(下)　朱鋒
台灣風物志(五)　賴建銘
福建語之文獻　吳守禮
大井頭考索　顏興
赤崁樓修復記　盧嘉興
三山國王廟　連景初
風浪險惡之台灣海峽　林朝棟
陳璸謁康熙記　林斌
由蔣公子說到蔣允焄(上)　黃典權
台南市志凡例綱目　本會

《台北文物》刊載的，多是台北縣市的文化界人士，《台南文化》則以台南市的文化界人士較多。記憶力較好的讀者應該不會忘記，這些文化界人士大都曾是《民俗台灣》(池田敏雄編集)的主筆者。(請參考拙作〈喜愛台灣的池田敏雄先生〉)

蔣政權的盤算

此事該如何說明呢？現在我要展開我的論點。這些人現在大都已經七十多歲，且幾乎都是日治時代晚期的青壯賢達人士。

蔣家政權在二二八事件時期，認爲台灣文化界人士都在批評政府，因而有意抹煞他們的功績，這些人好不容易才驚險地虎口餘生。那時還不太被注意到，但他們對鄉土的熱愛是不容置疑的。他們是否會因某種契機而成爲激烈份子呢？蔣家政權對此窮於應付。我推測這就是蔣家政權成立文獻委員會的動機。

有句諺語說：「沉默不語，心事重重」，尤其知識份子特別有這種心境。若沒有可發洩的地方，就很危險，讓他們有發洩的地方，則可減輕不滿，以防範第二次二二八事件的發生。當然這是政治策略的運作，讓他們做台灣歷史、語言、民俗等相關調查最爲適當。

在大正末昭和初的政治運動最高峯時，這些文化界人士都還很年輕，當他們成長到壯年時，都已是社會的中堅份子。然而台灣人的文化政治運動逐漸退燒，他們充滿精力又無處宣洩，甚至正逢推動令人反感的皇民化運動，而在此運動達到最高點時，便形成反軍國主義的態勢。瞭解台灣人心聲的「民俗台灣」創刊時，便紛紛有台灣習俗、民俗等文章投稿。《民俗台灣》不過是一個小雜誌，一九四一年夏天創刊，一九四五年初停刊，前後不到四年。雖然台灣人瞭解《民俗台灣》，但畢竟它是日本人創辦的雜誌，不能盡情地書寫。這種不能盡情發表的狀況，一直延續到戰後（亦即五十年代初），蔣家政權同意開闢發表文章的園地，並允許自由發表文章，這既可增加知名度，也有稿費收入，一舉數得。在觀念上，這些人與其前輩們有中國人的意識形態，同樣對祖國中國充滿幻想，不同的是，日本教育已融入他們心中。在日治時代，他們即能以日語自由的表達，但因漢文基礎已根深蒂固，因此戰後也能以中國話寫些較艱深的文章。

在日治時代與蔣家政權時代，他們都寫台灣歷史、語言、民俗等的相關文章，但在各個領域有系統地做學問與研究者卻很少，多是憑記憶力或以獨自鑽研的知識做研究，這也是不得已的做法。日治時代因台灣人被嚴格限制接受歷史、語言、民俗等文科的高等教育，同時也見到當時台灣人避之唯恐不及的風潮，任何統治者都不喜歡被統治者研究自己的歷史、語言、民俗等，因爲此種研究會引起愛鄉土的情懷，容易造成對統治者的反抗。台灣人以前如做此種研究，連吃飯都會成問題。但記憶力往往也會有錯的時候，獨自鑽研的知識也會陷入主觀。以下打算以語言爲例加以探討。（僑居海外就有暢所欲言的自由）

不符合現實

他們在省縣市的各種文獻雜誌上發表的文章，多以有關歷史者爲主。這有很多缺點，如不能以台灣人本身的立場來記載歷史；如荷蘭佔領台灣時，將台灣開拓到什麼程度；鄭成功軍隊登陸安平何處；西來庵事件中，日本人做了什麼慘無人道的行爲。雖然他們對歷史上的個案做詳實的調查與考證，但沒有人從歷史的觀點作一正確定位。

《歷史是什麼》的作者說：「以現在觀點回顧過去，無法看得清楚，也不能徹底地瞭解過去，眞正的歷史要從現在的角度開始。」

我很想問問他們對現實的瞭解有多少？他們焚香放爆竹慶祝回歸祖國懷抱，不及一年就發生二二八事件。他們身邊的人有的被殺、有的受傷、也有被勒索或本身被逮捕的。蔣家政權對於二二八事件好似沒有發生一樣。一九四九年蔣家政權逃到台灣後施行戒嚴令，再度進行大規模的肅清運動，很多台灣人都被犧牲。除了和蔣家政權同來台灣的中央民意代表終身不改選外，黨政軍特務佔據重要職位，台灣人政治家只不過是廁所裏的花瓶，象徵性地給幾個職位。土地改革的眞相如何？三民主義的殘骸在哪裏？爲何台灣話被如此欺壓？有良心與良知的人應會懷疑且義憤塡膺。

他們或許可以逃避現實而在歷史中韜光養晦。從某方面而言，這不失爲賢明的做法。但以現實情況爲題的文章，不對蔣家政權阿諛拍馬實在不行。所以說：如不能面對現實，無法寫出眞正的歷史。

這是一個千眞萬確的事實，這些台灣文化人幾乎沒人參加政治活動。他們是否因爲寫文章、編輯雜誌，而將全部活力消耗殆盡呢？或是他們自認文化界人士，政治交給俗人去做即可？但看看他們所尊崇的前輩，不但發行《台灣青年》、《台灣民報》、《台灣新民報》，也組成台灣文化協會、台灣民衆黨、台灣自治聯盟，挺身支持政治運動；他們後輩發行的《台灣政論》、《這一代》、《美麗島》，組織黨外勢力和執政黨對抗。台灣人在對抗外來政權時，他們卻想在這段歷史上缺席，這應該是不名譽的事吧！

與清朝政策酷似

研究中國史的人都知道，清初康熙、雍正、乾隆皇帝都曾做大規模的編纂工作。《佩文韻府》一〇六卷、《拾遺》一〇六卷，是康熙皇帝於一七〇一年命令張玉書等七十五位學者編纂，並於一七一一年完成（『拾遺』稍遲於一七二〇年完成），是供詩人運用的韻書，依據二字、三字、四字的成語末字所屬的音韻（一〇六韻）排列。

另外就是有名的《康熙字典》。以張玉書、陳廷敬爲總校閱，動員近三十名學者，耗費七年，於一七一六年才完成。收錄字數約四萬七千字。諸橋轍次博士所編的《大漢和字典》尚未出書前，這是世界上最大的一部漢字字典。

第三是有中國最大類書（百科全書）之稱的《古今圖書集成》。總計一萬卷，陳夢雷主編。於雍正皇帝的一七二五年完成。這是從古今圖書中依類別、書目加以排列。分曆象彙編、方輿彙編、明倫彙編、博物彙編、理學彙編、經濟彙編等六篇，並再細分爲卅二典，六一〇九部，並於一七二八年由蔣廷錫等增訂。

乾隆時代當以《四庫全書》最爲著名。這是針對當時收集的重要文物，再分爲經、史、子、集四部，編成大叢書。一七七二年皇帝敕令編修，隔年設立四庫全書館，以紀昀爲負責人，動員三二〇名學者，於一七八一年完成謄寫本三四六二種，七九五八二卷抄本，全部七份。其中朝廷留五份，另有兩份留給一般讀書人用，且爲了分散風險，分開保管。

談歷史書不能忘記下列慘事。在進行前所未有的大規模編纂工作時，另一方面也發生殘酷的文字獄。清朝發跡於滿州，漢人在論及時都鄙視爲「夷狄」。當述及明朝滅亡的始末時，則會被科以酷刑，著作被禁或被視爲叛書，燒毀或沒收皆有之。

礙於篇幅，無法詳細介紹，僅列舉其中二、三例。首先是發生在一六六三年康熙皇帝時的莊廷龍事件。他是浙江富豪，從明朝宰相朱國禎手中獲得明史稿本。他邀集多位名士，補充崇禎皇帝在位的史實，完成《明史輯略》。書中有詆毀清朝的紀事，受到同鄉歸安知縣吳文榮告發，後因賄賂而免一死，但死後舊罪重提，屍體被挖出來曝晒，其弟莊廷鉞被處死刑。被誤爲作者的朱佑明及其五子、寫序文的前禮部侍郎李令晳、收賄官吏參校茅元錫、刻工、書店老闆，全部七十四人均遭殺害，婦人則流放邊界。

其次爲一七二六年雍正皇帝時的查嗣庭事件。當時他是江西鄉試主考官，出考題曰：

「維民所止」。維、止兩字被視爲將雍正兩字去頭，查嗣庭被訴入獄，老死獄中。他的兒子被判死刑，族人也都進牢獄。

乾隆皇帝的彈壓更爲嚴酷。編纂《四庫全書》的目的，就是要檢查所有圖書內容，故有全毀書目、抽毀書目的情事（一部分丟棄），徹底做到禁書的方針與基準。一七五七年，彭家屏與段昌緒私藏明末史書，被判死刑。一七六七年，齊周華因出版呂留良的著書，被判吊刑。

文字獄的結果，漢人讀書人形成一股不接觸近代史及現代史的風氣，談論天下國家事既不合時宜，眞正做學問，也只是沈潛於古典籍、古文獻等實證主義。這種探討事實的工作，在各派學者所辦的研究會及討論會中，有時也會因他人而受牽連。因此，自己一個人關在書房，埋首書堆從事「僕學」，也是極爲自然的事。清朝最具代表性的學問——考證學就是這種情境下的產物。

獨立後公正的評價

將清朝的事例提出討論，是因其與台灣的情況類似，特別要提醒讀者們注意。簡言之，就是文化政策中的「糖果與皮鞭」。我不認爲蔣家政權是刻意學習清朝進行整肅運動，並施加到台灣人身上，但不管怎樣說，兩者的確非常相似。

拿清朝的大編纂動員許多漢人讀書人，文獻委員會的工作也動員台灣的文化人，其目的與精神沒有不同，且其結果都能創造文運昌隆，一舉兩得。

另一方面，蔣介石政權對反政府人士絕不寬貸而強力彈壓。台灣雖沒有文字獄的字眼，卻常聽到「禁止發行」與「沒收」。文字獄是十七世紀到十八世紀一二〇年間的話題，在台灣則是抹煞二二八事件的評論。一九六〇年摧毀雷震的《自由中國》，不久又脅迫李萬居的《公論報》，其次是《台灣政論》(一九七五年)、《這一代》、《夏潮》(一九七九年一月)、《美麗島》(同年十二月)接連被迫停刊。

以一九八四年出版的三十三種黨外雜誌中，七月份受禁止發行處分的即有十八種，十月份又有七種雜誌總計十九期受到同樣待遇。

《蓬萊島》第十八、十九、二十期；《台灣廣場週刊》第七期；《前進週刊》廿八、三十、卅一期；《薪火週刊》第十三、十五期；《八十年代半月刊》第十五、十六期；而純文藝雜誌的《台灣文藝》第九十一期(八十四年十一月)毫無理由地被禁止發行，蒙受數十萬元的損失。代表性的文化界人士發行人巫永福大嘆道：「這比日治時代還要嚴苛。」

或許有人認爲這還不及清朝處死刑、罪誅九族嚴厲，但歷史已前進二百年。

拿清朝的大編纂工作與文字獄相較，每個人都認爲前者的功勞足以彌補後者的罪過。文獻委員會與言論彈壓的功過相比又如何呢?「〇〇文獻」內有流傳歷史的大論文，是要流傳下來好呢？還是不流傳好？說他們的文章不好是太過失禮，但他們修纂古文獻資料，卻不熱衷歷史研究，則只不過是浪費人力，爲工作而工作罷了。當然，文獻委員會的工作並非都沒有價值，也有很多值得討論的事。但現實上台灣人受蔣家政權的奴化教育，同樣是言論自由被壓抑的狀況下，有人冒著生命危險起而反抗，但像文獻委員會那種作風者也大有人在。此事就等台灣獨立後再做正確的論斷吧！

（刊於《台灣青年》二九三期，一九八五年三月五日）

（劉惠美譯）

一個詐欺出版的話題

我在一個很親近的國會議員家裏，看到一本以《中華民國建國七十周年紀念——台灣》爲題的B5版六八四頁豪華精裝本。

這本書在今年四月十五日發行，發行所：大藏經營研究所（東京都千代田區有樂町二—一○—一號，東京交通會館，所長住谷甲子郎），編輯：太平洋新聞中心（代表：小川優，監修：李嘉），定價二萬五千日圓。

李嘉是國民黨中央通訊社東京分社長，在所有資深駐日特派員中具有舉足輕重的地位。然而，在瞭解此書出版的背景後，我突然有豁然開通之感。

其內容是對現在台灣的政治、經濟、社會及文化等做一般性的介紹。這本書應該在去年出版，但因政治大拜拜結束而使其價值跌了一半。發行日期耽擱也就罷了，該修正、補足的資料應立即添加才對，但該書不但出處不正確，內容也是既簡單又草率。舉幾個較醒目的例子來說：

1.去年十一月行政院人事大變動，但資料卻沒有更新，行政院副院長依舊是徐慶鍾(現任為邱創煥)；交通部長是林金生(現任政務委員)；國防部長是高魁元(現任為宋長志)。

2.國民大會代表、立法委員、監察委員的名單裏有些人已經過世，但依舊未予更新。

3.在「紳士錄」裏，應該早已過世的陳之邁(原駐日大使)、嚴慶齡(裕隆汽車公司董事長)、賴清添(中國人纖公司董事長)等十人仍然記載著「健在」。

4.交流協會理事井口貞夫(原駐華大使)已經過世；沖豐次(原兼松江商會會長)及因矢次一夫訪問中國而瓦解的日華合作委員會仍刊載其中，且會長還記載著石井光次郎。若是石井氏地下有知，一定會苦笑不已吧？

5.省議員、縣市長去年十一月改選，縣市議員去年一月改選，但書中仍沿用一九七七年十一月的舊名單。在不到一年的時間內，邵恩新已從台北縣長、台灣省民政廳長、台北市長三級跳，一路昇遷到行政院顧問，但書中仍然記載著「台北縣長」。

6.固有名詞更是錯誤百出，如國家安全委員會委員長(正確是國家安全會議主席)、台北商業銀行(正確是台北市中小企業銀行)皆是。

7.統計資料不是引用一九八〇年九月份，就是只到十二月爲止。

再指陳下去並無意義，但我認爲編輯對台灣幾乎是毫無認知，監修的李嘉難道是睜眼瞎子嗎？

說是「太粗糙了」也不為過，而寫序的三個前議員也可歸於同類，但我想他們應該是不瞭解內情，才會草率答應的吧！

依我看來，這種企劃一定是惡質的日本出版商與李嘉相互勾結的傑作，且亞東關係協會一定也負擔了不少資金。該出版社並要求亞東關係協會購買數百冊，打算大賺一筆。這種書，一般人當然不可能花二萬五千日圓去購買，因此販賣對象鎖定一些要在台灣當說客的人，及一些與台灣有關係的企業團體。

企業團體如被強迫推銷也沒辦法，只好當作是一種交際費用。政治家當然更不可能花這筆錢了，我從幾位日華關係懇談會的議員口中得知，送書的人不知是誰，既沒道出名字，也沒留下名片，就這樣悄悄地擺在議員桌上。接受贈送的人是以日華關係懇談會的會員為主，人數約二百數十名左右。然而，會將這種高價書籍平白送人的，想當然耳，只有亞東關係協會了，這也難怪該書會有馬樹禮代表的推薦文。

亞東關係協會的錢都是台灣人民的血汗錢，而台灣人民的血汗錢如此被揮霍，實在令人無法忍受。

為了回報借書給我的議員，我就將書中錯誤的部份指出，該議員聽後，苦笑地說：「送我書，我是很感謝，但像這樣錯誤百出，要叫我們瞭解台灣，不是適得其反嗎？且建國七十周年，不就是指去年的事嗎？」

事實上，我每年均會買台灣研究所（地址：東京都杉並區下高井户四—九—九，所長：若菜正義）發行的《台灣總覽》。一九八二年度的版本係於五月二十日發行，總計一〇七八頁，定價七千八百日圓。頁數幾乎是《中華民國建國七十周年紀念——台灣》的兩倍，但價格卻不到三分之一，內容可信度又高。

拿出這一兩年發行的《台灣總覽》與《中華民國……》逐字比對的結果，即可察知如前述的錯誤百出，當然《台灣總覽》也並不全都正確，但《建國七十周年紀念》這本書幾乎有三分之一或四分之一是剽竊自八〇年版的《台灣總覽》。

在日本，像這樣粗製濫造的出版品實在很少看到，在虛有其表的封面下，卻是這麼粗糙的內容。唉！將這本令人覺得羞恥的《建國七十周年紀念》送人，實在沒有什麼意義。

（刊於《台灣青年》二六二期，一九八二年八月五日）

（陳奕中譯）

第二代中國人諸樣相

對鄉土文學與農民的蔑視

——第二代中國人的意識形態——以王文興為例

二次大戰後在台灣成長的第二代外省中國人到底有什麼想法呢？若能明白他們的想法，對台灣的未來將有很好的參考。根據我的調查，可以把他們分爲兩種類型，底下我將詳加討論。

傑出教授的生活背景

台灣大學文學院外文系的年輕教授王文興，於一九七八年元旦在台北耕莘文教院演講「鄉土文學的功與過」，遭到許多台灣人的強烈反感，從而提出指責或抗議的文章——我對這些看法，有同意之處，也有不同意的，我想這就是問題所在。

王文興是一九三九年出生的福州人，今年（一九八〇年）四十一歲。台灣大學外文系畢業後，留學美國愛荷華大學國際作家研究室，拿到文學碩士學位。返台後在母校任教，同時也進行寫作，被列爲「中國人第二代作家」。一九七二年於《中外文學》發表〈家變〉一文，描寫兒子虐待父親，是一本「離經叛道」的小說，曾引來一陣騷動。

提攜王文興的人，就是文學界大老顏元叔。顏元叔身兼台灣大學外文系系主任以及《中外文學》社長，而王文興正是他的得意門生。

顏元叔也屬「第二代中國人」，一九三三年出生於南京，一九四九年一家移住來台。由台北工專、建國中學而考入台大外文系。畢業後留美，學成返台於母校任教，這也是他們一貫的模式。

台灣人作家的鄉土文學自前年（一九七八年）春天遭到「中國人第二代作家」一連串的攻擊後，於八月底的國民黨第二次文藝座談上幾乎被全面扼殺。雖然王文興沒有加入扼殺鄉土文學的行列，卻於此次演講中揮下大刀。雖言「功與過」，但事實上演講內容偏重於「過」的一面。

其實王文興於前一年底（一九七七年）即曾在台中東海大學演講類似的題目，遭到台灣學生的激烈抗議。但這回不是外縣市而是台北市，所以主辦單位耕莘文教院也很緊張。耕莘文教院位於台北的交通要道上，是天主教經營的文化中心，常有學者、知識份子於此舉辦收費的演講會。

當晚的聽衆每個人都繳交十元的門票來聽演講。不知是王文興還是耕莘文教院主導，他們以數十名學生佔住最前面與兩側的座位，並擔任護衛與捧場的角色。王文興一上台即聲明：等一下要發言的人，不得超過五分鐘，他的回答也不超過這時限；並且要發問的人，在台下發問，他回答問題則在台上回答，並說：「今天恰好是大年初一，那麼，我們可以來賭一個咒，假如要是誰不遵照這個協定的話，誰就是烏龜。」

然而演講尚未結束，聽衆就氣憤地不斷提問，弄得王文興無法招架，會場一片混亂。混亂之中，王文興撂下一句：「我的老婆不見了，我要回家找我的老婆。」就擅自走下講台離開會場，眞是意想不到的結果（參考曾心儀《這樣的「文學講座」》、巴人〈鄉土文學的功與過演講側記——引發爭論、高潮迭起〉）。

王文興的演講早已準備講稿，並非隨興臨場發揮，因此是有既定的想法。從演講稿來看，也知其想法、立論是一貫的。

演講稿刊登在《夏潮》（因余登發事件而自一九七九年一月廿四日起禁止發行）第四卷二期（一九七八年二月一日號），《夏潮》其後又分成幾期繼續刊登指責、抗議此演講的文章。潘榮禮（彰化社頭鄉人）與蕭國和（彰化田中鎮人）合編《這樣的教授王文興》，於一九七八年五月由高雄的敦理出版社出版。敦理出版社也常出版楊青矗的小說集，是擁護台灣作家的正直而堅定的出版社。

王文興的演講分爲兩部份，一爲討論鄉土文學；一爲分析台灣經濟與文化，後者所占的分量與時間較多。讀了之後，覺得他的文章中充滿俗不可耐的優越感，而且句句臭氣薰人。可以說，他是一個戴著金邊眼鏡、一身美式西裝、裝模作樣而油光滿臉的人。

王文興本人充滿著自信。對目前在台灣的生活似乎相當滿足。在他自己專攻的文學領域當然無庸贅言，但即令是在經濟與文化方面的分析，也是氣焰高漲。

一想到如此淺薄的人竟以台大教授的身分專橫跋扈，就覺得台灣人實在可憐。所以他的演講會遭到指責與抗議，我覺得是理所當然而大快人心的。可是，他的言論也並非全不可取。諷刺的是，那些指責、抗議他的台灣人所沒思考到的問題，他都想過了。整體而言，在其不合常理的演講中，確實也有超越一般常人的卓見。

粗製濫造的文學理論

王文興對鄉土文學的認識與批評，簡而言之就是粗製濫造。他認爲鄉土文學的貢獻就是擴大至目前爲止的台灣文學所描寫的範圍，寫出鄉土的現實生活。二十年來，中國人作家壟斷台灣文壇，只寫大陸往事及在台灣的中國人社會。對此而言，他認爲台灣人作家寫的是台灣的農民及勞動者，寫作本身沒有什麼不好，只是理論完全是錯誤的，這就是鄉土文學的罪過。

鄉土文學有這樣的理論嗎？我可是從來沒聽過。王拓、楊青矗、陳映眞、黃春明、王禎和、七等生這些鄉土文學作家只因發自內心而拚命寫作，應該沒有高呼理論的多餘時間。由他們的表現及發表的場域來看，他們很淸楚自己所處的立場，因此倒不如說他們是戰戰兢兢的。

然而，王文興卻恣意爲鄉土文學提出四個理論，此點完全是錯誤的。他所謂鄉土文學的四大缺點是：①文學必須以服務爲目的。②文學力求簡化。③公式化。④排外性。他認爲鄉土文學只是以寫實主義的手法描寫鄉土，除此之外一無所有。

對於王文興的這四個論調，連胡秋原這樣的中國人也指責：「台灣鄉土文學的作家據說並無這四點主張。這些理論和四大缺點，都是王文興自己造出來，再自己反對的。但在他的說明中，卻又處處炫耀他的荒謬。」(胡秋原〈論王文興的Nonsenst In Sense〉)。

王文興認爲：文學的目的僅是爲了使人快樂。這個快樂已經包括了服務社會的目的在內。然而，說是服務社會，那麼具體的對象是誰呢？是農民、勞動者的可能性很小。因爲這些人根本就不愛看這種理論性的書。這些人喜歡看遠離他們生活圈子的小說。那麼這種社會文學的目的，是集中在知識份子嗎？這也未免太低估知識份子的洞察力了。如果想影響知識份子，報紙的報導會比文學更有效果。

其次，他認爲文學有階級的區別，並且會有各式各樣的文學，適合各式各樣的需要。大致來說，若要了解文學，必須要有一定的訓練過程，並不是認得字就一定懂文學。有文化教養的人與沒有文化教養的人能夠一起鑑賞的文學是不存在的。因此，爲了高水準的讀者應該要有高水準的文學，爲了低水準的讀者要有低水準的文學。

他也認爲：公式化的缺點就是往往要求作家必須只歌頌勞苦大衆，而且要攻擊農民與勞動者以外的階級。如果說要歌頌什麼就得攻擊什麼，這就不是寫實主義了，並且也跟寫實本身互相矛盾。要描寫勞苦大衆或要寫工農兵都無所謂，但一定要寫得公道。我們早就厭倦了宣傳式的八股文章，他不認爲如今還會有人歡迎另一種新的八股文章。

最後他認爲：社會意識過剩的文學，必具有一種蠻不講理的排他性。這些鄉土作家似乎認爲，除了鄉土寫實以外沒有其它文學。可是，只要稍稍了解文學的人都明白這世界還有浪漫文學、神話文學、童話文學……等等的存在，那麼他們爲何排斥其它的文學呢？他們認爲像王維這樣的詩人值得一讀，其主要理由是王維屬於有閑階級，就因爲是有閑階級的作品，所以王維的詩是罪惡的。這些詩的背後都建築在許多人的痛苦上面。

王拓的反論

半年前圍剿鄉土文學的「中國人第二代作家」中，無論彭歌（本名姚朋，當時任中央日報社長）也好，余光中（詩人，當時僑居香港）也好，或是何欣也好，無論哪一個，都是以政治的立場把鄉土文學的地域觀念——台灣人意識——當做問題，而王文興則擺出文人的架子搞文學理論。如將彭歌這群人比喻成強硬派的話，王文興則可以說是溫和派。彭歌這些人從統治階級的立場壓制台灣人，而王文興則以知識份子的立場愚弄台灣人。不用說，彭歌這些人所給予的打擊很大，可是王文興的做法卻相當不厚道。

在《這樣的教授王文興》裏收錄二十篇左右對王文興個人的抗議文章與報導，但是由於王文興的發言幾乎是有關經濟或文化，所以從正面反駁其有關鄉土文學論點的，只有王拓一人。或許是一般人不容易理解文學，也可能是因爲鄉土文學已被擊垮，如今再評論下去也無濟於事，只好不置可否。

王拓反駁的內容大致如下——文學與文藝思潮脫離這個社會的時代背景是不能被理解的。這世上完全中立的美術或文學是不存在的。鄉土文學興起於七〇年代初，當時由於釣魚台事件、退出聯合國、尼克森訪中及廢除日華條約等外交上的危機，才挑起一股「民族意識」。於國內則發起反對過份商業化的經濟體制之運動，憂慮貧富不均及社會風氣頹廢。然而，王文興根本就不知道這些情形。

王文興所提出的四個論點，很顯然地是對鄉土文鄉的誤解。在鄉土作家之間，都希望文學能擁有廣泛的讀者，認爲應該關心更多下階層民衆的生活。此種主張的形成也是因爲到目前爲止的「文學」都充斥著晦澀的文字與淺薄的內容，所以只要有良心或良識的人都不應反對這樣的主張。即使王文興也應該不會反對吧!?但是王文興四大論點中的「單純化」也好，「公式化」也好，如此極端獨斷的主張，誰都不以爲然。

王拓的反論直接攻擊到王文興立論的缺點，筆鋒銳利。唯一必須注意的是：「民族意識」

所指的中國民族意識，到底是出自王拓本人的眞心還是僞裝呢？恐怕是出自眞心的吧！因爲我們常見年輕的台灣人嘴邊掛著：「我們中國人……」。很遺憾地，由於蔣介石政權一貫的中華思想教育的結果，在年輕的台灣人之間培育出這樣的意識。同時，這些年輕人對中國大陸的現狀並不知情，再加上對眼前濶步橫行的美國人、日本人相當反感，自然就變得比中國人更是國粹主義者，因而與《中華雜誌》的胡秋原一脈相通。

然而，可悲的是這些台灣的年輕人又不被蔣介石政權所信任。蔣介石政權眞正的目的是要拔除這些年輕台灣人的中國民族意識最深層的台灣人意識。中國人這種敏銳的政治意識就是在三國志與水滸傳的世界裏鍛練出來的。可是，這些台灣的年輕人卻對此一口否認。雖說否認，但他們的行動確實讓人覺得有台灣人的意識，此點可從他們的鄉土文學以及其政治運動的組織形態看出。如胡秋原這樣的人並不愚笨，因此終有一天會變成敵人。

歡迎外資

對於王文興的演講，所引起最強烈的反應是經濟問題，特別是針對王文興議論農民生活的這一部份。的確，經濟與文學有所不同，大家以爲這位文學教授將有所闡述，但結果盡是無稽之談，這一點令人不滿。農民出身的文學家或政治家也不會悶聲不響地接受其將農民做爲攻擊的對象。

大致上，王文興是這麼簡略敍述的：

民族本位的思想認定美日的投資是帝國主義的侵略，而我們正接受著美日帝國主義的剝削。我個人實在不能瞭解爲什麼這是一種剝削呢？

同時，經濟方面雖已發展，貧富卻仍懸殊。貧富不均是哪一個國家都有的。我不討論如何致富，只考慮如何增加窮人的收入，勞動者雖說貧窮，但其收入也並不差。這是中共方面無法和台灣相比的。今天反對台灣現行的經濟制度現況的人，很明顯的，是想要拿中共的那一套經濟方式來取代現行的這一套。

二十世紀的經濟形態只有二種，不是資本主義的經濟就是社會主義的經濟，就是中共的那一套。我們既不喜歡中共的那一套，也不想要美日的帝國主義，而自己又什麼都沒有，只有義和團式的民族本位主義，此點能行得通嗎？

美日的投資給予很多人就職機會。勞動本身是神聖的，即使爲外國人勞動也不必覺得可恥。民族本位主義的人常舉例說，在某個工廠的日本人技師，每天早晨都要集合所有的勞動者訓話，如果訓辭是爲效忠日本天皇，當然算是恥辱，但如是爲了增加生產、減少浪費，就不應算是什麼恥辱吧？就好像中國人教授也會在美國教書一樣罷了。

雖然台灣的經濟發展很好，但也有人認爲是賣國行爲，以爲百分之六十的投資是來自美國或日本，所以美日掌握台灣百分之六十的經濟主權。

其實不然，全部的投資是爲我們所掌握，外國的資本當然是在我國的管轄之內。

此外，有人主張：即使我國掌握著經濟主權，也不可太依賴輸出，一旦國際上有什麼風吹草動不就很麻煩嗎？

這樣的擔心其實是多餘的，因爲國際合作是最近的趨勢。即使是美國也依賴阿拉伯的石油，日本也依賴東南亞的市場。如果能不斷地開發外國市場，這是好事啊！因此重點在於必須更一步推動現在的經濟發展，我們已經不可能再回到原先的農業經濟。

雖說如此，也有人擔心萬一外資出走的問題。事實上，外資和外國貿易同樣存在相互依賴關係，雖說是一種風險，但亦無可奈何。即使外資出走，頂多是讓我們與大陸一樣陷入貧窮，但絕對不會與大陸一樣的糟糕。

農業的貢獻不大

民族本位主義者不僅對工商業不滿，也指出農業衰退的問題。即農民正遭受著嚴重的剝削。

農民的收入的確微薄，據我所知每月只不過一、二千元左右。然而另一方面，米的生產卻每年增加，幾乎無法堆入穀倉。爲何有這種矛盾現象呢？爲何做了虧本生意還更加幹勁十足呢？

對農民而言，一、二千元不算低反而可以說是高的。這並不是指農民的生活一、二千元就足夠了，平常每月的生活費至少也要七、八千元。那麼爲何一、二千元即可滿足呢？

有一回，我認識一位從彰化來的木工。據他所說，家裏有田。他到台北做工每月可賺三萬元，加上弟弟也在台北工作，耕地就交由父母負責。農忙季節人手不足時，就從台北寄錢回去雇人手幫忙。除此之外，兄弟兩人每月亦寄錢回去。

我大膽地假設其生活費之所以足夠，是因爲老人負責田裏工作，而年輕人則到大城市工作，將所賺的錢再寄回老家貼補家用。由於農事是交由退休老人來做，所賺的錢即充當零用錢。農村的老人可以說比都市的老人還幸福，因爲都市的退休公務員每月也只不過領八百元的退休金而已。

由此看來，台灣的農村並不像一部份人所宣傳的那麼清苦。農村並未衰退，甚至比起過去更爲富裕，因爲子女都將所賺的錢滙回農村。

所謂台灣農業的問題是，這些老人過去以後，誰來種田的問題，問題會發生在將來而不是現在。

當然農家也有一些子女沒有長大，沒辦法幫助家裏的經濟情況。這是農村貧窮的原因，但其解決方法並不是振興農業或借錢給農民等優惠措施，而是應控制出生率。

也有人認為米價過低致使農民貧窮。他們認為台灣的經濟發展是靠剝削農民的血汗而提昇的。

這樣的說法是不公平的。不管怎麼說，台灣經濟發展要以工商業為首，而農民只是幫點小忙，以生產農作物提供輸出罷了。老實說，生產稻米的農民對經濟發展沒有太大貢獻可言，因為每年都有定量的糧食進口輸入。我們並不完全依賴台灣的農業，即使不依賴台灣生產的稻米照樣可以生存，工商業照樣可以發展。只要用所賺的錢就可以由外國進口糧食。

米價控制與否並不重要。即使無法控制，上漲的幅度也有限。當然米價過低會給農民帶來打擊，但是米價上漲一樣會給農民帶來衝擊。今年就是個很好的例子，米一斤九塊半但麵粉的價格一斤只要九塊，致使米不容易賣出去，造成儲米過多的現象。

米價過低並不是因為政府的控制，也不是工商業界的責任，其主因在於世界的穀物價格太低。隨著科技的發達，這是近代化必然的結果。

為了保護農民的利益，也有人認為應限制外國的麵粉輸入，然而，表面上似乎能保護農民的利益，可是卻也違反大家的利益。此舉有如為了保護中醫師，就禁止藥局營業和西藥進口；為了保護人力車就禁止汽車製造；為了保護牛車就禁止汽車行駛。

我們應採取的途徑是推展工商業的發展，讓更多農民子弟轉業，而後導入更多的肥料與機器來增加農業生產効率。反對工商業的經濟，恢復農業社會，是愚蠢而又近乎自殺的方式。首先，恢復農業的經濟方式，違背了大多數人的利益。今天台灣的農業人口僅占三十三・七%，而且當中也有不少是富農與中農，這還包括種植果物及生產草菇、蘆筍的農家。因此，只種稻米的貧農爲數不多。中國三千年來一直是農業社會，結果三千年來受害最深的還是農民。

農民悲痛的反駁

前述王文興的說法簡直是信口開河的謬論。諸如此類的問題也出現在日本的農業及農民身上，但是未曾有過像王文興這樣的論述。簡直是蠻不講理且不合一般常情。如果日本也有像王文興這樣認爲農民並未對國家的高度成長帶來貢獻的人，則豈止會被革職，甚至可能被殺。

日本的經濟結構是以輸入資源、能源和輸出高附加價值製品爲二大支柱，雖然是貿易立國，可是對於農業是國家根本所在之看法是一致的。日本無視於經濟波動，長期觀察國際情勢，維持並確保最低限度的糧食存量，是一貫的基本政策。所以政府更加保護農業，注重農民的利益。雖然造成財政上莫大的負擔，但國民也不得不加以承受。

也因此，日本才有聞名世界的農業協同組合。日本的農家於一九八〇年度爲四百六十六萬一千戶（專業農家六十二萬三千戶）、二千一百三十六萬六千人。衆所皆知的，農業協同組合是對日本政府施壓之最大的組織團體。只要一聲令下，扎上頭巾豎起旗子，由全國各地進入東京，就會造成媒體騷動，令政府及自民黨驚慌失措。

在台灣並沒有農業協同組合，而類似農業協同組織的農會，卻又是由黨與政府組織的官方團體。與其說是保護農民利益，還不如說是從旁協助官方來管束與剝削農民。結果，使農民變得比牛還聽話，至六〇年代初爲止是「安定軍糧民食」，六〇年代後半期起是「以農業輔助工業」。在此政策下，不當地壓低米價造成農民生活窮困，農村凋敝。使原本處於知識文化劣勢的農民，在台灣變成最落後的階層。當然，對政府的發言力也就很微弱。因此，台灣才會有王文興這種格殺勿論式的荒謬發言。

根據一九七七年度的統計，全台灣的農家計八十七萬二千五百零九戶，農業人口爲五百五十七萬二千一百三十人。耕地面積爲九十二萬二千七百七十八公頃（水田為五十二萬零五百一十公頃，旱田為四十萬二千二百六十八公頃），農家一戶（平均組成人員六・四人）之耕地面積爲一點零六公頃（台灣研究所《一九七九年版中華民國總覽》）。

農民所得沒有明確的統計數字。據蕭國和所言，一九七五年度農民每人每月所得相當於四百四十七元五角。據無黨無派的省議員黃順興所言，彰化縣農民每月頂多一百二十四元四‧一角（黃順興〈台灣農民在經濟發展中所扮演的角色〉）。我很想知道王文興的數字是出自何處？有何根據？

至於到台北工作的木工，每月竟能賺三萬元再寄錢回老家，蕭水順不以爲然地反駁說：

不巧，我的弟弟就是木工，手藝精良，我問他月入三萬的可能性，他說木工廠的老板如果經營良好，有這個可能，但是他屬下的木工，即使三個月也不可能賺取三萬元，目前我弟弟的工資是每日兩百二十元，一個月全勤可領薪七千六百元（國中老師待遇是一般公教人員的代表，其薪資約略與此相當），這筆錢能夠全部寄回農家嗎？不可能，他已娶妻生子，他有新家庭，他需要生活費，如果不幸的，跑出「家變」中的范曄；卑母逼父，其情其境又如何！所以，農村的「老人」每月一兩千塊的收入，可以做爲零用錢嗎？不能，這是生活費的全部。農民那敢如王教授所想像的「每個月起碼也要花七、八千塊錢」！奢侈啊！（蕭水順〈請不要再輕薄農民〉）

黃順興接著又說，他拜訪自一九七三年到七七年總收入上萬的農民，試著詢問：「既然明知種田是虧本的生意，何以還要流汗下血本去耕種？」他們的回答幾乎都是一致的，「不然，你說該怎麼做，讓祖先留下來的美好良田，眼看它生草荒蕪嗎?!」王文興的發言，實在是侮辱到我們這些熱愛土地而又勤勉的農民們。

王文興表示農業人口僅佔三十三・七%，因此認爲該以其餘絕大多數人的利益爲優先。眞想讓日本的農民聽到王文興說的這段話。王文興認爲穀物可以從外國購入，即使農民不存在也無所謂。這是由於王文興不熱愛台灣這塊土地所致，既然不熱愛這塊土地，又怎麼會有與台灣人結爲命運共同體的意識呢？

外資導入和貿易立國的冒險即使失敗了，王文興以爲台灣再怎麼貧窮也不會像大陸那麼慘。然而，自己卻沒有聲明屆時忍受貧窮的打算。不過大多數的台灣人都知道他們這些人想及早脫離貧窮的台灣。「牙刷主義」這句話從以前就很流行，指的就是一旦有情況發生時，牙刷一拿就往外國逃之夭夭的這群人。

占總人口三十三・七%的農民在台灣是相當大的階層，除了進入中央山脈經營農園的退除役官兵外，幾乎都是台灣人，這正是與其他階層不一樣的地方。由於這個特徵使這些農民正面受到蔣介石政權的剝削。蕭水順還指出，年收二萬一千元的農民要繳三千元的稅金，相對地，年收八萬四千元的一般上班族卻只要繳三百元的稅金，這近乎十比一的稅金負擔，這種不公平的數字，實在是令人難以置信。

我們以常理來看，急速的經濟發展與高度成長，必定會帶來不良的影響。台灣的農村就是這樣的情形，證據已相當多。

從彰化到台北做木工的人曾說，如果農村景氣好，誰也不想出外工作。流落高雄大工業都市的低收入勞動者及支撐「男性天國」的娼妓，是在什麼情況的農村成長，透過楊青矗、王拓及黃春明的小說就可以瞭解。

米的生產之所以增加，是由於政府察覺到農民的勞動慾望減低而提高米的生產原價，「蓬萊米」一公斤為十一塊半，「在來米」一公斤為十塊半，以此設定保證購入價格。但這並不表示政府從此轉換成高米價政策，而只是暫時性的非常手段而已。

與《聯合報》同為大報的《中國時報》，在〈看現在的農業問題〉社論中，論及「我們必須確立一個觀念，農業是所有經濟部門中的弱者，農民應該是接受同情與援助的一群」。由此看來，這種輕視農民的心態，不只是王文興而已，可以說是所有中國人共通的觀念。

潘榮禮說，若農民知道這種情形，恐怕會欲哭無淚吧？

今日台灣的經濟急速發展，是由於在低米價政策之下才能達成，要論功績非屬農民第一不可。台灣的農民一直是默默耕耘，如蠟燭般地燃燒自己照亮別人。又怎麼可以說他們是弱者呢？這三十幾年來，平均一個農民供給十七個人的糧食。農民不需要同情與援助，只要求與其他人一樣的平等待遇。

一個農民可以供給十七個人的糧食，可是農民的生活卻遠遠不及這些人。這難道可

以說是公平的嗎？（潘榮禮〈請吃米飯的人，聽聽農民的心聲!!〉）

（刊於《台灣青年》二五一期，一九八一年九月五日）

（戴嘉玲譯）

再論第二代中國人的意識形態

——以王文興、黃年為例

新義和團思想行不通

王文興在「鄉土文學的功與過」演講中，於批評過鄉土文學之後，又以「下面所要說的都全然跟文學無關，純粹是以社會批評的眼光，來看這種形態的一個解釋。這個形態是一種偏狹的民族本位的觀念，我把它稱爲『新義和團』思想。這種義和團思想表現在兩方面，一個是經濟方面，一個是文化方面」爲開場白，將話題導入經濟問題。

鄉土文學和經濟問題已如前述，這回有關文化的論述，王文興又有何高見，讓我介紹一下。

當王文興提到台灣有著狹隘的民族本位觀念時，聽衆都大吃一驚，而他竟將民族本位觀念稱爲「新義和團思想」，全場爲之嘩然。

一般而言，義和團是於一九〇〇年以華北爲中心，在中國發起的反帝國主義暴動，其後由包括日本在內的八國聯軍所鎮壓。把它視爲落後的封建中國對西歐文明絕望的挑戰是不恰當的。儘管歷史對此評價不高，但中共政權以「美帝」、「日帝」爲仇敵時，反而贊揚義和團是愛國的農民起義。然而，孫文自始即對其採取批判的態度，所以在蔣介石政權統治下，「義和團」經常被貶爲負面的比喻。

的確，在台灣仍有一部分頑強的中國自戀者。問題在於不僅中國人，即使台灣人也隨處可見，但王文興採取反對的姿態是相當饒富趣味的。

王文興接著又論述——

> 那麼，民族本位的，他們的第二點理論是，在文化上的仇視西化。他們認爲接受西方的文化，就是媚外、就是崇洋、就是賣國，這樣的態度結果害到的是自己，因爲最後變成了不是在反對西方，而是在反對文化。今天社會上的任何一種西化的現象，我敢説，都是在獲取西方的好處，而不是在學習西方的害處。
>
> 我們就拿可口可樂來説，它就是有它好喝的地方，在台灣它才能夠賣得掉，否則的話，並沒有任何人強迫你喝可口可樂，你爲什麼選擇要喝可口可樂？相反的，西方人吃的乳酪，每一個中國人都嫌它臭，爲什麼它被介紹到中國來，沒有一個中國人肯買這個吃？拿他們的熱門音樂來説，就有比我們流行歌好聽的地方，要不然，它不可能存在。

西方的電影，在技巧上、內容上就是有比我們的電影製作高明的地方，要不然不會有那麼高的賣座。這並不是因爲是外國人做的，我們才接納，而是在於它的水準的問題，我們才接納。

幾乎找不到在這個社會上有任何一種洋化的現象，不是因爲它本身的好處，才接納它的。像這樣，也跑出了不肯接受，不肯承認的話，那也的確是頑固的可笑了，而且是對自己有害的。那麼有些爲西方、爲西方辯護的人還稍爲讓步的說一、兩句話：其實啊！我們也不是要西化，我們只是要現代化！我覺得沒有做這個讓步必要的。西方過去的文化，難道就不應該承認、不應該學習嗎？難道我們就不應該允許莎士比亞劇本的流傳？難道就應該禁止柏拉圖？應該禁止歐幾里德的數學嗎？我們希望有人能夠勇敢的站起來說：就應該西化，不怕西化，不怕西化，因爲我們可以學到西方的長處。

就拿日本來做例子，在今天的社會，你如果想要和別人競爭的話，你只有學會別人的長處，才能競爭得來。日本就是一個最好的例子，假定日本要是沒有明治維新這個西化運動的話，今天的日本最高只能做到韓國的地步。從日本的例子，我們也可以進一步解除害怕西化時的一種隱憂。他們常常躭心，西化是一種文化的侵略，怕西化以後自己文化被消滅了，國家的主權也會消失。我們看，日本是不是這樣子？他們西化以後，日本的國家只有更強，而日本的傳統文化只有發揚得更好，還比我們中國的傳統文化保留、發揚的好得多。

文化侵略和政治侵略不能算侵略

我堅決的相信，世界上只有軍事侵略，才會造成亡國，文化侵略和政治侵略都不能算是侵略，都不會危害到國家的安全。我們不妨打開中國的歷史來做一個證明，我們先看魏晉南北朝。魏晉南北朝統治北方，接受了中國的文化；那麼照理說，是中國的文化對北方的藝術實行文化侵略。可是，結果是誰統治誰？誰踩在漢人的頭上，在中國的北方，反而是受到你文化侵略的人壓在你的頭上。我們再看元朝，元朝接受了中國的文化，結果統治了全部的中國。我們再看清朝，是歷史裡面漢化最徹底的一朝，是被我們漢族文化侵略最徹底的一朝，可是也是統治中國最長的一朝，總共有三百多年（按：二百六十八年）。我倒認爲，北魏、元朝、清朝，假如要是當初頑固拒絕外來的漢化的話，恐怕他們早就搖搖欲墜。他們之所以能夠得逞於一時，就在於他們能夠接受文化侵略。清朝是靠了漢化，才能站三百多年；而清朝的衰亡，是因爲拒絕西化的關係，所以才衰落。

西方的國家，也都能夠慷慨的接受外國的文化，今天的西方，老莊的哲學、孔子的哲學到處都是，沒有人看到有被排擠的現象。美國在二次世界大戰的時候，人人都可以聽貝多芬的音樂，德國的音樂。在法國，第二次世界大戰，諾曼第登陸的時候，盟軍還用貝多芬的第五交響樂、頭幾個音符做他們的密碼信號。這種的大方，爲什麼不能夠被我們拿來接受？爲什麼我們要斤斤計較那個地方的文化？任何固有的文化，寬大的接受了外來的文化以後，自己有好的，不但不會被消滅，反而還可以有去蕪存菁的現象。

拿我們唐朝來說，大大方方的接受了印度的文化以後，反而使得我們道家的思想能夠留存，能夠發揚光大。日本也是一個例子，他們接受了我們禪宗，接受了我們的王陽明學說以後，兩者都能得到超過我們研究的成績；等日本西化以後，他們日本武士道精神和儒家思想，仍然原封不動的保留，絲毫沒有受到損害。

甚至我們中國，西化以來，也有這種去蕪存菁的現象。譬如，西化影響以來，無論西化的影響多大，就是沒有辦法打破我們中國的家庭制度和倫理觀念，我們把最好的保留住。市面上，你雖然可以看到可口可樂的推銷，但是中國人一樣要喝他的酸梅湯，一樣要喝他的豆漿；雖然有外來的撲克牌，可是中國人更喜歡打打麻將。諸如此類，可是呢，假如有文化侵略的話，根本不夠成爲對你本身文化威脅的存在。傳統的好處，絕對不可能被消滅，被消滅的一定是傳統裡面的殘滓。這種大的衝擊，這種大的整頓，是對文化建造再好不過了。

那麼，有人也會笑說，是的，各方面的西化，也許是沒有什麼害處；但是呢，有一點，語言的侵略，是不是一種害處？有些中國人，喜歡在說話裡面講一、兩句洋文、英文；街上的招牌也加兩、三個英文字，這不太像話了！我覺得，這有什麼關係呢，說話裡面夾兩三個英文的人，他並非是屬於媚外的心理，他往往是屬於一種好學不倦的行爲，他夾兩句英文的話，最主要的目的，是在練習他的英文，他自己是在測驗他能不能運用好不容易學來的一、兩個英文字，你如果要他講一、兩句完整的英文句子的話，他講不出來；他講得來的話，另外一個中國人也聽不懂，所以難怪他只能夠夾一、兩個英文的單字。招牌上的英文呢，有些是商店的人，幻想多加兩個英文字的單字，可以多增加兩個外來的觀光客。那麼，爲了謀生，是值得同情的，也是值得同意的。那麼，有些更是連這種想法都沒有，在招牌上加兩個英文字，或許是出於幽默感而已，認爲這樣很有趣，難道我們連中國商人的幽默感自由都沒有嗎？

而反對西化的人，我認爲缺點最大的，甚至比清末的反對西化還要頑固的一個現象，就是反對現有的大學制度。他們常常指到一個大學說，這個是西方買辦文化的大本營，大學本來就是西方文化的產物，中國向來沒有大學，中國只有太學，那麼，太學裡教的完全是一樣東西。既然，大學是西方文化的產物的話，它所教的當然是西方的文化，如果今天眞的照這種民族本位的說法，把大學裡所有英文教科書都廢除的話，試問看我們上大學還能學到什麼東西？我們可以想像，那一天來臨的話，我們台灣會變成一個什麼樣子？街上不再會有醫生了，因爲我們的醫學院的教科書都是英文。也沒有人會爲你蓋房子，建築師呢，沒有地方可以學到他的建築的科學。也不會有農業專家，你就是想加強農業經濟，恢復農業經濟都辦不到，也沒有農業專家幫你研究農業的品種。

所以做這種想法的人，有時候應該要對他的問題，做一個深思的考慮；我懷疑，他們有沒有意思要把台灣搞成像大陸文化革命的時候的情形。因爲這個很像當初中共的文化部長，在檢查大陸的文化革命大學制度以後，對毛澤東所作的大學情形的報告。他說，大學的情形是大學招牌，中學科目，小學程度。

那麼，剛才提到民族本位的人，喜歡用「買辦」這個名詞，這個名詞，我覺得是一句不倫不類的話。照他們說呢，買辦是跟小偷、強盜一樣，都是極端苛毒的罵人字眼；可是，如果我們遍查字典的話，怎麼樣也查不出買辦名詞有什麼壞的意思。就我們所知，在英文裡面，也沒有買辦這個字，也沒有相似的字。那麼，這一個名詞，它不中不西，拿來罵人，實在是不通之詞！罵人是個買辦，聽起來往往是自己覺得不痛不癢；好像你在罵人說，你是一個助教一樣。被罵的人，絕對聽不懂，所以，只要罵我買辦的話，我絕不以爲他是在罵我，我只以爲這個世界又多了一個白痴先生。（王文興〈鄉土文學的功與過〉）

來自兩方面的反抗

王文興的理論極爲簡單明瞭，就是主張徹底西化。原本最先主張西化的並非王文興。早在五〇年代末，胡適已一語道破：「一種文化竟然容忍纏足、吸鴉片這類惡習如此之久，應該被否定」，而批評：「凡是強調民族主義的，在消極方面，一定是陶醉於過去歷史的，認爲過去都是好的，這樣自然不易吸收新的文化、新的思想；在積極方面，一定是抬出老祖宗，認定自身的民族文化是最偉大的，這樣自然是不進步的、頑固的。所以強調民族主義的政黨，一定是保守的、排他的、反動的」（參考《鄉土文學討論集》所收，尉天驄〈我們的社會和民族精神教育〉）。以歷史的背景來看，一九五四年十二月締結台美共同防禦條約，台灣即完全納入美國的庇護，在美國的政治、經濟、文化的強烈影響之下，爲供養急增的人口，才使台灣的農業社會開始轉換爲工商業社會。一九六四年二月前首相吉林來台訪問後，由於一億五千萬美金的借款成立，而使日本正式地進出台灣，這也是不可以忘記的。

那氣勢洶洶的西化風潮，進入七〇年代後暫時平靜了。退出聯合國（一九七一年十月）、尼克森訪中（一九七二年二月）、廢除日華條約（九月）等一連串的外交挫折，使大家深受打擊，對日美不信任的箭頭也朝向了西化。有趣的是正當中國人茫然失去自我時，台灣人在政治方面興起了要求中華民國台灣化之運動，在文學方面打出了「回歸鄉土文學」的口號，而發展出鄉土文學。

此間蔣介石政權發現即使失去外交關係，也不至於孤立於國際，加上與美日的關係更加緊密而變得態度強硬。先是扼殺鄉土文學（一九七七年八月），後是鎮壓台灣人的政治運動，即一九七九年十二月的高雄事件。這也是再次高喊西化的理由所在。

王文興擺出旗手的氣勢；自稱在胡適之上，將民族主義等同成「新義和團思想」，並主張除軍事侵略以外，政治侵略、文化侵略、經濟侵略、什麼都好，只管吸取外國的文化、資本，台灣在外國的影響下，將中國帶進來的一切殘渣自然淘汰才是重要的。

王文興到底何所恃？基本上他遵從蔣家政權，又是中國人，即使話說過份些，政府也不致於懷疑他的忠誠。加上他是台大外文系教授兼作家，文化界更相信他有美國做後盾。在性格上，他成長於富裕家庭，平坦順利的人生使他成爲有自信、樂天派的人。

但必須注意的是，不管是對中國的傳統也好、台灣的土地也好，他是一個不負責任的人。一旦有狀況，牙刷一拿就準備往國外逃，台灣人都非常輕視並稱之爲「牙刷主義」。無疑的，王文興亦是牙刷主義者之一。

不出所料，王文興的徹底西化理論，與鄉土文學論、經濟論一樣，都受到嚴厲批評。

胡秋原唾棄地說：

依王文興的話，誰談民族本位——就是以自己的民族、國民、國家爲本位，也就是民族主義，就是「新義和團」。現在我要問，世界上有沒有一個國家的人不以自己的民族爲本位？可以說沒有。王文興當過美國留學生，現在我不以別的證明，就手頭上美國新聞處剛寄來的一份「新聞背景」——一九七八年一月二十日卡特總統國情咨文來說。此文長十三頁，而幾乎沒有一段不講民族，沒有一段不是「我們的民族」，「我們的國家」，「我們的同胞」，「我們的百姓」，「我們美國人」，「國民的利益」，「我們的土地」……世界上沒有一個人不愛自己的國家，不愛自己的民族，不以自己的民族爲本位的，若有之，只有王文興！我要問他這位「白痴」，卡特是不是「新義和團」？

我們一定要知道西方文化是一回事，西化又是一回事。西方文化的英文是western civilization，西化是非西方人自己沒有文化，歸化西方，這叫做westernization。「西方文化」是西洋人自己創造的文化，「西化」是非西方人，自己沒有文化，假裝西洋人。西化是一種假文化，也就是殖民地的文化，「洋涇濱文化」。

於是就可以批評王文興所說的「反對西化就是反對文化」的觀點完全是洋奴夢話。文化侵略和經濟侵略怎麼不是侵略呢？這在文字上根本就是不通的。帝國主義的侵略，從過去英國人打中國人，或者他們打非洲人，一直到廿世紀莫索里尼打亞比西尼亞，他們都說：「這不是侵略，不是征服，我們是傳播文明、傳播文化。」這是帝國主義的老調啦。

王文興又說：「傳統的好處絕對不可能被消滅，被消滅的一定是裡面的殘渣。」我們要知道：凡是洋人侵略一個民族、一個國家，好的他一定替你毀掉，剩下來的東西大概是壞的東西多！」（胡秋原〈論王文興的Nonsenese之Sense〉）

石恆從意識形態與社會現實的關係，做了以下的批評。

特別是自六〇年代以後，商業貿易更是如水之就下一般地趨進著。這樣就慢慢地形成了一個商業貿易階層。這個階層，連同著國內的大工商業以及外國在此地投資的工商業層，基本上支配著我們社會的經濟生活。就這個商業貿易階層而言，他們所懷抱的世界觀與生活觀，無非是賺錢謀利、發財致富的利己主義。在今天這個浸透了商業質素的生存世界裡，他們是頗能適應的；他們不僅適應得很好，而且因爲精神抖擻、頭腦靈活、反應迅速，他們還像甲蟲般地四處鑽竄。如果你去觀察他們的貿易作業，也許會感到那是很複雜繁忙的事情；其實，商業貿易層的心思很單純，他們希望世上一切的東西最好都能化成可供貿易的商品。事實上他們看世上的東西也是用打量商品的眼光來衡量，不管這東西是精神的還是物質的。你可以說他們眼光短淺，識見卑庸，但他們環顧跟他們不同類的人們，卻覺得這些同胞落後、固執、一切不合乎實際。他們因爲跟外人接觸較多，而且信奉的信條很相近，所以在言行上也就沾染著外商習氣與趣味；你會因此覺得他們身上民族國家的特點稀少而表示難過，他們看你才更覺得你「民族本位」、「封建保守」得可厭。……

如果一億雙鞋子換來一台計算機是一筆等價交易的話，那麼做鞋子人的辛苦便不是他所關心的，因爲「生意做成了就好」。有不少人天天呼籲著要關心生產者的健康、生活，這對做買賣的、幹貿易的是一種煩人的「哭調」，他們是無暇關心的。不要以爲他們欠缺人性、喪失良心；他們自有他們的人性與良心，只是那裡裝載不同的內容而已。

（石恆〈思想與社會現實〉）

諸惡的根源在蔣政權

被譽爲「發展中國家的模範生」或「亞細亞的優等生」，台灣經濟的發展確實卓越。六一年度國民總生產毛額爲七百零二億八千八百萬元（台幣一元等於日幣六圓），六六年度爲一千二百六十三億三千八百萬元，七七年度增爲七千四百零六億四千一百萬元。個人之所得於六一年度爲四千九百九十六元，六六年度爲七千七百三十六元，七七年度增爲三萬四千二百元（統計數字參考若菜正義《蔣經國時代的台灣》一書）。

國民生產毛額的增加就是由於台灣這塊「派」越漲越大了；這十幾年來美國龐大的經濟援助，美國、日本、華僑的資本投入，人口的激增，教育水準的提高，加上台灣人的勤勉，所以這也是必然的結果。

需檢討的應是個人所得。有識之士已再三警告，所謂的平均國民所得，一方面隱藏了資本家的高所得，另一方面也隱藏了貧窮者困窘的生活。即使連松下幸之助也比不上王永慶的所得，將王永慶的所得與年收僅二萬五千元的女工所得平均之後，而稱台灣人的所得倍增，這又有什麼意思呢？在台灣財富的重分配做得如何？有累進所得稅嗎？社會保障和福利政策有在進行嗎？幾乎沒有外國人能夠在這些方面採取果斷的措施。實際上，有錢的越有錢，窮的越窮，貧富不均已成了社會的大問題。

在極端不公平的物質基礎上，精神方面必然走向拜金思想、拜物主義。而貪污、收賄、私吞公款、逃稅、詐欺、賄賂、土地投機、惡性倒閉、走私貿易等已成了家常便飯而不受責難。然而豈止不受責難，甚至成了羨慕的對象。另一方面強盜、小偷、竊盜犯罪的激增，使得加高圍牆、安裝鐵窗的住家亦增加了。

在這樣的世代中，性觀念開放亦無法避免，致使色情行業興起，不論旅館、酒吧、舞廳、飯店、喫茶店、三溫暖、理髮店，都成了賣春場所，因此被冠上男性的樂園而名聞遐邇，這是衆所周知的。

現在的台灣世態炎涼、人心荒廢，彷彿世界末日即將來臨，而這些批評者大致都認爲這一切應歸咎於西化。

但本人以爲此類想法稍有偏差。西化的結果有日本可做榜樣。王文興也一再地以日本爲例，明治政府是以徹底西化爲最高方針來圖富國強兵。最重要的是，爲政者要以遠大的目標爲出發點，讓國民深入了解，不可錯用政策。

然而，台灣現在一切的罪惡皆根源於蔣介石政權。蔣介石政權的一黨獨裁與專制政治的本質與在大陸時並無不同。過去的作風是以大地主、土豪劣紳爲政治基礎，而今取而代之的則是大資本家及外國資本，卻將農民、勞動者排除在外。現在的農民與勞動者絕大多數是台灣人，他們當然心知肚明。至於蔣介石政權擁有多麼遠大的目標更是不可能的事。他們非常清楚自己只不過是個流亡的政權，並沒有打算長治久安之念頭。致使社會墮落沉淪，人心逐漸荒廢。

過去從中國大陸蜂擁而來的這批中國人，最初已由增強兵力之觀念改爲奬勵生育，爲了豢養這些急增的人口，剛起步的工業化，必然會套牢在美國與日本的經濟圈裡而陷入困境。但是如今要將已擴大的經濟規模縮小，恐怕是不可能了。所以不得不深思今後在美國與日本的影響下愈加衰弱的可能。如果稱此爲西化的話，恐怕誰也不想推展西化了。

我認爲王文興所主張的徹底西化也並不壞。至於社會要墮落或是人心要荒廢也沒有辦法的事。而墮落之後是否能再爬起來，全看神的造化了。台灣原有的純樸也好，由中國帶進來的也好，要失掉就失掉吧。最好的情形是，失掉台灣原來的純樸之同時，亦能將中華思想的殘渣連根拔起，如此台灣人才有再生的機會。

王文興所言的西化，完全沒有觸及到人權的尊重、自由主義及民主主義。其西化的精髓也只不過是放在可口可樂、電影或會說幾句英語單字的小細節上罷了。日本西化之所以成功，是他們學習了西歐的自由主義和民主主義。若要在這一方面期待中國人，恐怕有困難。我透過《台灣政論》、《這一代》、《美麗島》知道台灣人的領導階層都明白這些事，使我的信心增大不少。

急先鋒記者的文筆鎮壓

黃年生於一九四七年，現年三十四歲，江蘇人，父親是公務員。照推算，他應是在襁褓中渡台的。畢業於政治大學新聞系，取得同大學政治研究所的碩士學位。自學生時代起，他的言論發表就受到注目。之後加入國民黨。現在是台灣民間最大的報社「聯合報」的大牌記者。

黃年這個名字在我記憶中，曾出現在五七年出生的兩位台灣青年宋國誠與黃宗文合著的《新生代的吶喊》一書裡，他的名字與呂秀蓮、陳菊（兩人均為高雄事件而受軍事審判）、陳婉眞

(美國亡命中)並排在一起。而此書於一九七八年十二月二日出版後，沒多久就被禁止發行。

書中介紹黃年是一位不失剛毅性格的文弱書生，喜好多元性的、相對的思考。在台灣的政治環境裡，其反對只有甲乙雙方對立之立場，而強調應超越甲乙雙方以外，並容許第三者存在的重要性。他亦主張社會正義，是良心治世的代表人物之一。也可以說是積極的第三者。

雖然《聯合報》是民營報紙。但歷代的社長都從國民黨中央委員中選出，是完全站在黨與政府立場來操作民意的報紙，國民黨中央黨部的機關報《中央日報》礙於面子較難刊登的，就轉交由《聯合報》代寫，彼此形成一種拾遺補闕的關係。像黃年這樣的記者能在聯合報大顯威風，可見在支配者的中國人之間是不斷地新舊交替，萬萬不得小看。

其實黃年是個不簡單的記者。於一九七九年九月二十四日報上，我看到他採訪台灣長老教會四位牧師的消息。其內容是：黃年針對台灣長老教會是否主張獨立追根究底，讓四位牧師深感困惑。

黃年對獨立運動深懷敵意，令人懷疑是否他對台灣人持有憎惡與蔑視。培育成這樣的「第二代中國人」，對台灣人來說是何等不幸啊！

一九七九年十二月十日，當高雄事件發生時，黃年以爲時機成熟，自告奮勇地寫了許多報導，又發表了幾篇署名的議論文章。

自十二月十三日一早起，國民黨政府就開始不停地逮捕美麗島人士。黃年於當天的《聯合報》發表了一篇〈政治花轎坐不得——再談無黨籍政治人士自清〉的短評。其內容：

十日在高雄發生的「美麗島雜誌」事件，若從無黨籍政治人士近兩年來活動與發展來看，實非出於偶然，而是一個經由長久蘊蓄出來的事件；如今這個令人遺憾的事件既已發生，整個社會都應反省，當然，無黨籍政治人士更該冷靜下來想一想。

過去，無黨籍人士的活動是個別發展，至前年選舉後，突然變成集體活動；這種新的活動方式，總結而言，是得失利弊互見的（王按：這就好比變成日本的在野黨不可以聯合起來對付執政的自民黨）。

無黨籍政治人士在發展集體活動時，立即面臨的問題是，彼此之間無法形成一個共信共守的意識形態，過去若干在意識形態層面所做的努力，不是在地域觀念（王按：指台灣人的意識）裡打轉，就是在工農羣衆上動腦筋（王按：身為台灣人這是理所當然的），因此均無出路（王按：全讓蔣介石政權給堵住了）；於是轉而從技術層面來求團體發展，說空洞的狠話，舉辦戲劇性的活動（王按：嘲笑台灣人拚命的努力），以打起大家的熱情，並擴散社會影響。

無黨籍政治人士之間唯一的共同性質是不滿現狀。（王按：換句話說應該要滿足於一黨獨裁的現狀）然而，在此一共同性質中，又有許多不同。有些人是爲了政治理想，有些人是爲了政治私慾；有些人是爲了政治恩怨，有些人是爲了政治是非；有些人主張溫和，有些人傾向暴力。更值得注意的是，若干政治背景十分特殊的分子（王按：指與獨立運動有直接關係的），也打進了這個圈子。表面上，大家都是同路；暗地裡，各爲各的背景服務。

這個成員複雜的組織，很難有一致的理論與行動標準，使「無黨籍政治人士」這個籠統的名詞，沒有一個清晰的面目；社會大衆不知從什麼角度去認識他們，而他們自己也弄不清如何自我認同。

一年來，若干無黨籍政治人士也曾私下表示，十分厭倦於這類千篇一律的活動，但是，在情緒性的團體壓力下又不能不參加；既然參加了，彼此的話題，總是離不開批評時政、發抒鬱悶，藉此溫暖彼此的「社會良心」與友誼。

這類活動至少有兩種效果。其一，在頻繁的充滿熱情與戲劇性的活動中，彼此相互感染情緒，漸漸在組織內部形成若干禁忌，誰若說幾句爲政府辯護的話或提出比較冷靜的建議，立即會被認爲是對組織的效忠不夠；在這種情形下，這個集團就愈來愈封閉，在不斷加強其成見中，走上了一條極無彈性且得不到社會養料與客觀訊息的路線。其二，在頻繁的活動中，出現了若干「經理型」或「軍師型」的人物（王按：在組織活動中這是應有的分工，卻以此誹謗之），這些人與組織底層的行動派人物結合，操縱了大部份的活動；在這種情形下，幾個「明星式」的政治人物，看起來是羣龍之首，其實是被人抬上了轎子，成為工具性的偶像（王按：此為諷刺黃信介等人）。當這位龍頭大哥坐在轎上搖搖晃晃樂陶陶的時候，轎子說不定就走上了歧路，有傾覆之虞。

過去，一再呼籲無黨籍政治人物進行自清運動（王按：此為黃年的宣傳活動，聽說其宗旨是向蔣介石政權宣誓忠心不二），基本的用心是希望他們不要在這種成員複雜的情況下拖垮了這分得來不易的基業（王按：其語氣宛如蔣介石政權是寬宏大量的）；在無黨籍政治人物中，有人亦曾有此種憂慮。高雄事件發生後，已可證明此種憂慮不是無因。

台灣的政治情況十分複雜，不但國民黨要受到各種背景不同的政治因素及勢力（具體地說，如台獨，共產黨及外國野心者）的考驗；在無黨籍政治人士的發展過程中，亦須通過這項考驗；過去無黨政治人士內部那種龍蛇混雜甚至敵我不分的組織形態，除了虛張聲勢外，實已在自己內部埋下十分危險的地雷（王按：完全無視於蔣介石政權設下的陰謀和挑撥）。如今，地雷爆了，該是進一步掃雷的時候了（王按：此時正給予徹底的打擊）。

政治上的制衡力量是一筆社會資產，任何政治社會都需要這種力量。但是，這股力量只應用於積極建設，而不能用在消極破壞；而建設與破壞之間往往是一線之隔，這就全看政治人物如何秉良知以運作了。再籲無黨籍政治人士自清。

眾所皆知，一九八〇年五月軍事審判下，施明德等八人被判無期徒刑至十二年有期徒刑；司法審判下，陳博文等三十四人被判六年八個月至十個月的有期徒刑，以及窩藏施明德的高俊明牧師等十人被判七年至二年的有期徒刑。二月二十八日林義雄的家人遭到慘殺。想必黃年這下可滿意了吧。

堅意否定民主政治

一九八〇年一月七日正當美麗島人士受著酷刑時，黃年靈機一動，針對政府已約束的選舉（原預定在一九七八年十二月二十三日舉行），署名發表了慢慢調整也不遲的主張（〈應恢復選舉的活動，更應充實選舉的內涵——期待以一個示範選舉帶動民主政治的良性循環〉）。

他對台灣的選舉做了以下的論述：

在任何一個民主政治社會中，選舉制度所能產生的積極性政治效益與社會機能可以用一個簡單的連鎖關係來表達：成功的選舉，產生健全的議會，健全的議會促成平衡進取的政府品質，平衡進取的政府品質教化出成熟的選民，成熟的選民又推動了成功的選舉……。這是一個良性循環，雖然以這種簡略的方法來呈現這個流程，當然不夠精細，而在概念上有過於美化與樂觀的傾向，但相信不失爲一個可以訴諸相對主觀的參考架構。

這個流程架構值得參考的角度有二，其一，選舉雖是民主政治運作流程中的主要項目，但選舉本身並非一個「自給自足」的項目，而要靠整個民主運作流程中其他項目的補充與支持。例如，如果政府在選舉活動上所能提供的支持條件不足，沒有合理的選舉法律或沒有眞正有效而能受到民衆信服的選舉仲裁機關，那麼選舉紛爭就很難避免，而少數候選人就愈加以選舉爲對抗政府的機會；及至有關當局發現選舉竟然成爲升高政治衝突的場合，若因此而緊縮選舉活動，即可能被誤解爲政府品質的倒退，而製造了使衝突再度升高的背景，這就成了一個惡性循環。政客利用選舉，政府疑懼選舉，而民衆亦沒有機會領悟選舉的眞諦。

其二，在前述民主政治的運作流程中，每一個環節，都可能是良性循環或惡性循環的起始點，但在理論與實際上，仍以其中兩個環節最有可能。一是政府品質，一是選舉。愈是平衡進取的政府品質，能在平時有效處理社會衝突，則選舉即愈不可能成爲衝突的決戰場合；或者說，愈是成功的選舉，能充分反映社會的認知、情感與利益，即愈能促進成平衡進取的政府品質。然而，本文強調應當重視未來的這次選舉，實有其十分現實的社會背景。……

為了防止利用選舉來批評政府及一九七七年十一月的中壢事件之再發生，而主張對選舉制度加以限制。在大學學習法律或政治學的年輕人竟然會持有如此想法，實在令人感到可怕。結果這個主張於五月十四日以「公職人員選舉罷免法」之惡法公布於世。

黃年於一九八〇年底由台灣四季出版公司出版的評論集《台灣政治發燒》中，又進一步地針對多數表決的原則表示疑問——「『多數決』應是達成民主政治中某一正當目的之『手段』，其本身並非『目的』，且不應將此『手段』用於有害於『民主政治』之目的」。更針對所謂的民主政治加以評論——「所謂的『民主』，幾乎沒有任何基本的價值與道德內涵。歷史上假民主之名，令羣衆瘋狂追隨，而用以實現野心者之不合理目的之例證實多，遠如希特勒、拿破崙，皆以選舉出頭；近如何梅尼，亦以公民投票的壓倒性優勢而通過其不合理的新憲。」這是黃年害怕在「自由中國」的全體人民底下，政府的民主政治↓選舉↓多數表決，一旦導致惡性循環，則占絕大多數的台灣人將會奪取政權，而舉出這些獨裁制的論調。

他針對台灣獨立的可能性提出三點理由來否決它。第一、由於現實的利害關係而不可能。第二、獨立必須要結合外國的勢力，然而從現在的國際情勢來看亦是不可能。第三、中共亦不允許台灣獨立。這三點蔣介石政權早已聲明，並非黃年的獨創之見。

總之，黃年要說的是，壓制台灣人，堅持中華民國體制才是台灣最佳的選擇。眞是令人可笑的「積極的第三者」。掌權階級的強硬派新生代已在台灣成長茁壯了。

（刊於《台灣青年》二五二期，一九八一年十月五日）

（戴嘉玲譯）

義俠心與活力的第二代中國人

——以林正杰為例

眷村的不肖子弟

有位青年從「第二代中國人」中脫穎而出，並被視爲下一代黨外人士的希望。這是一個相當耐人尋味的問題。

這個青年叫做林正杰（黃有仁先生曾撰文介紹，刊登在《台灣青年》二二一號．七〇年三月），出生於一九五二年。他是福建人，生於雲林。其尊翁曾被派遣至大陸沿岸作戰。他當年隨著母親遷居台北，經板橋國小、大同國中、建國高中，而畢業於東海大學。高中時期喜好讀書，運動項目中最喜歡足球。大學時期，因爲母親不許他進入理工科系，於是林正杰因仰慕蔣廷黻、顧維鈞等老外交官，而選擇就讀政治系。

林正杰有著開朗的性格，我們因爲他才能對「第二代中國人」進行實態調查，獲得關於這方面的第一手資料。沒有人能像他如此坦誠地說出自己的生平與經歷，諸如描繪「眷村」的情況，若缺乏他的協助，我們就無從得知其細節。

我也許有些偏離主題，但若能對眷村有大體的了解，對台灣政治的考量也會有所助益。對蔣介石政權而言，眷村的存在性質類似於日本的旗本住宅，不同的是眷村是分散在全島各地，在選舉時被公認是國民黨候選人的大票倉，若說它是控制台灣人的據點也不為過。林正杰就是在眷村這種環境下長大的。一九八〇年自美返國後隨即被捕的葉島蕾也是出身於台南的眷村子女。襲擊美麗島人士的「反共義士」或是黑社會組織恐怕也多半是出自於眷村。

回顧歷史，一九五〇年韓戰爆發的翌年，美國軍事顧問團來台。雙方在一九五四年十二月二日締結台美共同防禦條約，確立美國認定中華民國國民黨政府為中國正統政府。一九五五年一月，中共軍隊攻略一江山島，於此也看出美國對大陸沿岸諸島所抱持的態度。在美國的強制下，國民黨軍在二月自大陳島撤退，放棄金門、馬祖以外的地區，集中全力防衛台灣。

在此前後，美國以強化軍事援助為條件，要求國民黨政府重新整編新軍。在台灣青年被徵召入伍的同時，國民黨政府也進行著淘汰大陸撤退來台軍隊的工作。因為必須照顧這些退役軍人，所以在五五年十一月一日成立退除役官兵就業輔導委員會，並由蔣經國擔任主任。

有關退除役官兵的就業輔導（也就是退伍事務），一般國家多半是發給退伍津貼使其還鄉。

然而國民黨政府軍的情況並不一樣，因爲他們無家可歸，故在退伍後生活便成問題。於是，政府有必要成立相關設施，並給予收容照顧。退除役官兵稱爲「榮民」，而眷村較榮村的規模更大，甚至還能將現役軍官宿舍置於其中。以下爲林正杰的訪問（取自宋國誠．黃宗文《新生代的吶喊》之「黨外的民主鬥士——訪林正杰」）

問：你是一位從眷村長大的青年，請你談一談你幼時的眷村生活：

答：眷村在台灣算是一個比較特殊的社區，一般人往往對眷村很陌生，甚至對眷村有很多的偏見。我記得有一次一位朋友給我介紹了一份工作，當那個公司的老闆知道我是一個眷村子弟，就毫不考慮的把我拒絕。於是我從小就強烈的感覺到，眷村一直和外界社會隔絕，是一個很特殊的部落。事實上，眷村有很多種，從將軍住的樓房一直到士官住的平房，像我住的壽德新村就分了甲、乙、丙、丁四級，階級比較高、權力比較大的，往往一家可以占有二棟房子，而階段比較低的，權力比較小的，往往一家人擠在只有一個客廳、一個臥房的小房子，所以在眷村之間就有不公平的現象，有些眷村設備很好，像六張犁的麟光新村設備就很好，有的就很差，像一江山烈士住的一江新村就非常簡陋，比木柵安康社區還要差，一進門，往往客廳、廚房、廁所、臥房都在一起，一眼就看得很清楚，沒有隔間，還有公共廁所尤其恐怖。

眷村中最嚴重的問題是就業問題，眷村退伍的軍人越來越多，都是大陸來台的，他們有少數人際關係好的，可能政府給他們安插一些工作，有的拿了退休金去做生意，開計程車，做股票投機生意的，因爲他們的人際關係並不好，商業技巧也不夠，往往很快就把一筆退休金整個賠掉了。眷村的年輕人，就業問題尤其嚴重，一些台籍的商人，對眷村子弟相當歧視，因此，許多眷村子弟往往找不到工作。在我的記憶中，眷村裏不良少年特別多，原因就是因爲他們找不到工作，無所事事。記得我住的壽德新村後面有一個何家莊，是一個本省人的村子，二個村子的年輕人就常常會拿著刀子殺來殺去，眷村和眷村之間也常常集體鬥毆，每個眷村裏有一兩個不良幫派還不算多。尤其是考不上學校等當兵的年輕人，根本沒有事做，就常常坐在我們村子大馬路的大水溝旁，如果看到不順眼的人進來就去修理他。有一次我看到一個本省籍的年輕人，從我們村子頭走到村子尾，就被打得頭破血流，耳朵也被切掉一小塊。有時候本省人和眷村之間的衝突，是來自選舉。多數本省人都認爲眷村是國民黨的鐵票，每次選舉，不管有多少人投票，投票率都是百分之九十幾，而且這些票都是分配給國民黨的候選人。像去年我到桃園幫許信良助選，我到桃園某個眷村發傳單，他們不知道我也是眷村子弟，結果有幾個警察和村幹事，就把我們抓到眷村裏的保健室關起來打，結果我們衝出來，他們就在背後罵我們是共產黨，是紅衛兵，所以有時候選舉往往會造成眷村和其他人的裂痕。

問：一般人對眷村有那些偏見？

答：省籍觀念是一個很重要的偏見，因爲眷村幾乎都是外省人，另外就是眷村子弟多富侵略性，往往有些人認爲眷村子弟都是不良少年、小太保。

問：你認爲應如何消除這些偏見？

答：首先要把眷村打散，我認爲沒有必要把眷村特別隔離起來，這會造成眷村和社會之間疏離感的深化，把眷村打散，可以促進眷村和社會其他人之間的溝通和了解。第二點，政府必須透過立法的程序，消除省籍的差別待遇，政府本身不應有歧視的措施，在人事方面，應該以才幹爲用人的標準，不應以省籍取捨。第三點，我覺得每個人的身份證應註明祖籍地和居留地，使每個本地人都知道大家都來自大陸，也可以使每個人在台灣找到自己的根。對台灣這塊土地有更深厚的感情，這樣才不會使老年人懷念「舊大陸」，年輕人嚮往「新大陸」。

林正杰在《選舉萬歲》一書中並未提及自己被毆一事，然而此事卻在桃園縣的眷村中廣爲流傳。

桃園地區各眷村自治會聯合聲明

親愛的眷村兄弟姊妹們：

本屆縣長選擇中，由於叛黨份子的興風作浪、惡意中傷，使得一向平靜的桃園縣選情，掀起了軒然大波，甚且，他那骯髒的手，正想偷偷地伸進到我們純樸的眷村中來，企圖污染我們純潔的眷村；妄想以污蔑政府、打擊本黨的手法，來抬高其身價、製造分裂，以逞他混淆視聽、破壞團結的劣行，其居心險惡，實在可恨！

據報，叛黨份子最近除了用他那張忘恩負義的邪惡嘴臉、打扮成一副弱者的姿態、到處招搖、騙取同情以外，還準備在最後三天向我各眷村進攻，企圖以修廁所、開馬路、建房子等空頭支票，愚弄我們，以逞其私慾。我們每一位堅貞的村民，永遠不會上當，任憑他如何胡說八道，也絕不會動搖我們擁護黨國的信心和決心。

我們的命運與國家是不可分的，現在正是考驗我們精神、表明我們心跡、貢獻我們力量的時刻，我們的每一票都不能漏掉、不能誤投，我們絕不容許叛逆份子在我們面前招搖撞騙。特此聯合鄭重聲明，我們所有的眷村一致遵奉黨的決策，支持歐憲瑜。

桃園地區各眷村自治會同啓

在他們的世界裏，只有國民黨、蔣介石政權和自己，而且三位一體密不可分。居住在台灣已經幾十年，卻不知融入台灣當地生活，亦不自覺其處境亦如囚犯一般，反而將應該仇視的對象當成是生命的親人。這只能用精神殘疾來形容。這是一件多麼可怕的事啊！

黨外人士的偶像

在此種情況下，林正杰的出現眞可視爲一種「異數」。林正杰投身黨外陣營的時期，正值一九七五年十二月的增額立法委員選舉。他當時二十三歲，大學才剛畢業。

『選擧萬歲』的後記中，陳菊(軍事審判服刑十二年)在「我的青年朋友」一文敍述一樁軼事。一九七五年九月，陳菊正擔任政治大學「公企中心圖書館」管理員時，林正杰曾來詢問「圖書館中是否有『台灣政論』這份雜誌」。衆所周知地，『台灣政論』於當年八月創刊，是黨外人士的政治雜誌。黃信介爲發行人，康寧祥爲社長，張俊宏任總編輯。陳菊有些遲疑地頻頻端詳這位青年說：「不好意思，這裏並沒有那份雜誌。如果你不介意的話，我可以將自己的雜誌借給你。」這就是陳菊與林正杰的第一次相遇。黨外雜誌所透露的有限資料，卻是林正杰投身民主鬥爭的起點。

在政治大學研究所指導林正杰的呂亞力敎授曾說「林正杰有著鮮明的善惡觀」。以日本精神來說，他就是十足的俠義青年。我經常在想，挺身於獨立運動所抱持的民族意識，不就是身爲一個人絕對不容邪惡產生的意念嗎？所以無論在任何人面前，都能無懼地挺起胸膛。林正杰即是站在那些榮耀的「炎黃子孫」和「偉大的中華民族」面前，仍能保有明辨是非曲直，理性與行動力兼具的稀有的中國人！

他的母親張月鳳也表示，這個孩子從小就十分不喜歡犯錯，無論是面對眷村的人或是學校的老師，只要覺得有任何不合理，就會據理力爭。

此外，由陳菊擔任秘書的郭雨新先生可說是黨外人士的領袖人物，當時有許多人支援郭雨新的選戰，並爲其奔走。陳菊就透露一段當時發生的軼聞。在板橋舉行政見發表會時，因爲交通阻塞使得關鍵人物郭雨新遲遲無法現身會場。前來助講者也因爲在別處還有宣傳而必須立即趕去，導致整個會場呈現真空狀態。此時，林正杰隨即上台，並開始演說。但是，由於他未具助選員身份而被警察驅趕，甚而要帶其至警察局，結果引起群衆的騷動。林正杰趁此騷動得以脫身。陳菊以爲林正杰大概不會再來支援選戰，但沒想到隔天他卻像沒發生任何事般地出現在選舉辦公室。

陳菊與林正杰等到眷村散發選舉傳單而被趕出村外的事，從前述桃園縣的情況便不難想像。陳菊形容當時林正杰的表情透露著「憐憫與憤怒」。陳菊詮釋其心情是「對同胞們甘受壓迫一事深懷憐憫，而視其對蔣介石政權的愚忠感到憤怒」。

十二月二十七日《台灣政論》第五期遭受停刊處分，其後副總編輯黃華被依叛亂罪加以逮捕。這是由於有台灣大學政治系學生爲證人，做出對黃華不利的證詞。之後，陳菊與林正杰有機會與該名學生會面，該學生因害怕而全身顫抖，訴說自己會這麼做也是不得已的。林正杰並沒有毆打該名學生，只是走進房間，抱住一名友人痛哭失聲。陳菊認爲，他是爲喪失良心的軟弱人們而哭，也是爲了正義志士黃華而哭。

中國人的黨外人士（如雷震、殷海光……等）都只是知識分子的形象，然而林正杰除了是知識分子之外，也擁有公衆運動家的身分，可以說是十分特殊。

張俊宏有位擔任立法委員的妻子許榮淑。當張俊宏在一九七六年七月創刊《這一代》時，林正杰擔任編輯工作加以協助。他十分認眞地進行校正，連幫忙跑腿都不覺厭煩，也曾寫下「誰忠於誰」的文章。該文雖因錯過時機而沒有登載在《這一代》，而據說刊載在一九七八年五月創刊的《富堡之聲》革新第一號。然據我調查的結果，《富堡之聲》並沒有「誰忠於誰」這篇文章，而有林正杰發表的「言論自由試析」一文。也許可能是「誰忠於誰」被改了標題，但這篇林正杰最初的政治文章值得各界注目。此外，在《這一代》的創刊號，更有林正杰翻譯的William Ebenstein的"Today's Isms"，（中文名為「民主政治的心理基礎」）。此外，在一五期（一九七八年十一月）中也登載林正杰「我的政治見解——黃煌雄訪問記」的報導。

許榮淑透露另一個有趣的軼事。在一九七七年十一月的地方選舉中，林正杰主要是在桃園協助許信良選舉。在了解局勢大致底定之後，他便轉向南投支援張俊宏選舉省議員。當時在竹山舉行一場政見發表會中，林正杰在預定的演說結束之後被請上台說幾句話。由於林正杰並不會說台語（他表示，上小學之前在家中都和母親用台語交談。也許在二十多年後已經不復記憶），結果聽眾們喊著「芋仔、芋仔」便做鳥獸散。於是，許榮淑開始擔心林正杰年底的台北市議員選戰，會因無法用台語發表演說而對選情不利。

姚嘉文的妻子周清玉曾表示：「我覺得林正杰非常可愛。第一次見到林正杰是在一九七七年十一月十九日中壢事件發生時。有一通電話從中壢打來，說是希望姚嘉文過去協助處理事務。姚嘉文因爲前往宜蘭協助林義雄參選省議員而不在家，所以我便到康寧祥的住處找他商量。當時，在康寧祥家中有幾位看起來還是學生模樣的年輕人，說是從中壢來此進行相關討論。我看他們滿身塵土又疲倦，十分心疼，便請他們到外面吃消夜。我說，『點什麼都沒關係，盡量吃。』眼見滿桌菜餚在轉眼間被一掃而空，大家還摸著肚子說，『已經很久沒有吃得這麼飽了。』我看著他們忍不住笑了，而林正杰就是其中一人。

高雄事件發生之後，姚嘉文遭到逮捕。林正杰才剛退伍，便來拜訪我，商量選舉的事情。他認眞的模樣就像是長輩們相繼辭世後，由自己背負所有責任一般，展現一股剛強的氣勢。

我投身選戰時，原本心中企盼會出面協助的人並沒有適時伸出援手，反而是像林正杰這些與我交情不深的年輕人挺身前來支援。在當時風聲鶴唳的恐怖時局下，只要稍有差錯，馬上就會遭到逮捕。他們是冒著危險而努力奮鬥。」

除了嘉許林正杰的勇氣之外，周清玉對於林正杰的機智也十分讚許。「在選舉演說時，多半會有人準備講稿，所以無需操心，然而有次卻在他上台的前一刻，講稿始終沒有送到。他戰戰兢兢地上台後，向台下觀衆笑了笑，我暗示他『想說什麼就說什麼吧！』。在無計可施的情況下，他便開口暢談心中情懷，但演講意外地進行得十分順利。我之後加以詢問，才知道這其實是他的戰略。」

黃信介的弟弟——立法委員黃天福則透露林正杰除機智外還膽識十足的軼事。「一九七五年的增額立法委員選舉中，康寧祥在台灣大學正門舉辦政見發表會，前來助講者以台語發表演說，但卻遭到部份人士的阻礙。在轟鬧的騷動中，有人叫喊著：『不懂你在說什麼啦！用國語、要說國語啦！』因爲接下來輪到我發表演說，正苦惱著不知該說台語還是說國語時，一個身穿藍色綿杉、學生模樣的男子走上講台，拿著麥克風喊道：『你們到台灣來已經三十年了，還聽不懂台語啊？如果有人不懂的話，叫旁邊的人翻譯給你聽啦！』說完便從容下台。大家因被震撼而一陣靜默。結果政見發表會圓滿地落幕。之後才得知那位青年就是林正杰。」

論起經歷，尤清監察委員（一九四三年生，高雄縣人）還不及林正杰。尤清表示，知道林正杰的姓名是在西德留學時從《選舉萬歲》一書得知。雖然該書不能在台灣島內發行，但在海外卻很暢銷。在海德堡大學撰寫論文時十分忙碌，但他總會花時間認眞研讀。對於作者林正杰，因感激他追求國內民主政治的熱情與努力，因此印象非常深刻。

尤清回台後，隨即發生高雄事件，從而擔任忙碌的辯護工作。在八〇年底的中央民意代表選舉中，林正杰仍一貫竭盡心力地協助。在周清玉和許榮淑的選舉運動中，他在選舉對策、宣傳方法與組織各方面所展現的優秀才能，都是大家有目共睹的。

前述《選舉萬歲》一書無需重新介紹，這是刊載於一九七七年十一月桃園縣長選戰與中壢事件的報告書，使許多黨外人士對其獨特的題材與生趣的內容讚譽有加。作者就是林正杰。雖然也列有共同編輯張富忠的名字，但是張氏似乎只負責刊物照片的攝影而已。

其時，林正杰擔任許信良陣營的宣傳部長，對抗國民黨高壓而陰險的選舉運動，高舉「不畏選舉」的宣傳旗幟，以美式炫麗而活潑的選舉活動鼓舞選民，爲許信良拉票。《選舉萬歲》的書名即多少也有這種含意。

這本書在一九七八年三月十八日完稿，但隨即遭警備總部查扣。其中一本被夾帶到國外，經台灣公論社(P. O. Box 57355, Washington, D.C. 20037)以手刻版重印出售。後來由旅客帶入國內，擁有者對該書愛不釋手，令人非常興奮。

張富忠擔任美麗島社的美術編輯，因高雄事件遭到逮捕，判處四年徒刑。林正杰在《選舉萬歲》被沒收後，因入伍服役而避開美麗島事件，幸運地因和高雄事件無直接關係而免遭逮捕。

從《進步》的禁刊到市議員選舉

一九八〇年春天，林正杰服完兵役，隨即復學就讀政治大學研究所，以「我國選舉罷免政策之研究」這種敏感標題撰寫研究生論文，並於同年七月畢業。年底時立刻投身中央民意代表選舉，協助周清玉和許榮淑等「代夫出征」候選人的選舉活動。

今年一月，他在周清玉的遊說下，企畫發行《進步》政治雜誌。經過將近三個月的等待，終於獲得發行許可，但卻在同年四月立即受到停刊處分。

停刊處分無論在物質上、精神上都給予林正杰很大的打擊，蔣介石政權也早已算計及此。林正杰表面上故作鎮靜，「我不會被這點挫折擊倒。這只是敵前搶灘失利罷了。」、「這並不是因爲內容過於敏感，而是審查標準曖昧不明。」他固執地辯駁著。《進步》設有『自由中國』、『潮流』、『夏潮』、『八十年代』、『暖流』、『文星』等專欄。而每一個也都是後來遭到停刊處分的雜誌名稱，蔣政權施政手段之強硬可見一斑。

對這一點，林正杰解釋：「這是表現創意！怎會是對立？開玩笑地說，這是我們出的點子；從這兒表現雜誌風格的進步與創造性。眞正要對立，標題可以用比較激烈的字眼，例如，『自由中國』這個專欄是探討國內政情的；假如要對立，就該用『國內政治腐敗問題』。我們本來打算開個專欄叫『疾風』，容納所有論戰的文章；再開一個『黃河』，探討色情之類的問題。這些基本上是開玩笑的，並不是故意挖苦某些人。中國的政治圈太缺乏幽默感，假使政治沒有幽默感來潤滑的話，仇恨情緒會延續下去。」

林正杰表示，他爭取民主政治的立場不會因這次挫折而改變。他打個譬喻，說明他堅定的態度：「你要爭取東西，當然是他來習慣你，不是你習慣他。他給你一個洗澡盆，叫你在裏面游泳。好，你在裏面游得很習慣，以後的民主尺度就是到這裏了；尺度是他定的。他給你一個鳥籠，要你在裏面飛，你就只有鳥籠的自由。你要是習慣這種東西的話，根本就不要爭取什麼民主政治，那就隨便他了。你要跟他爭，就是在邊緣上跟他爭。大家做拉鋸戰，我前進一步，就前進一點；你壓我，我可能被迫退後一點。沒有說我自己先退到河邊後面幾公里，讓人家登陸。沒有這個道理。就是在邊緣上爭！」

正是如此。大多數台灣人在蔣政權圍出的框架內思考、偷生。隨著時序演進，結果漸漸習慣而不感覺到框架的存在，也不去思考蔣介石政權有無設定框架的權利，更不會努力去挑戰框架的束縛。如果說絕對不容許蔣介石政權圍出框架是台灣獨立運動者的立場，則努力挑戰框架擴大空間，就是黨外人士的立場。

林正杰以雜誌爲立足點，將觸角伸向政治運動之計畫受挫後，隨即表明年末將出馬競選台北市議員的意願。在他的整體構想中，此一舉動代表著什麼意義呢？我們也不十分明瞭，只聽見從四周傳來不安與期待的聲音。

台北市是「中華民國」的「臨時首都」。國民黨的掌控十分嚴格，市議員有百分之九十以上是國民黨員。今天，中國人只要不是國民黨提名的候選人，便不會出馬角逐地方選舉。在狹小的地區社會中，經常包含感情因素的作用，而地盤正是主要的關鍵。一九七三年十二月的選舉中，竟然連張俊宏都會落選，眷村出身的中國人想要走上台灣人的大衆路線，確實是一大冒險。

黃天福認爲目前省議會、立法院、監察院都有黨外新人進入的傾向，因此台北市議會應該也會出現相同的現象。

許榮淑表示，因爲林正杰過去曾協助台灣人的選戰，所以這次台灣人應該會予以回報。

張德銘表示，林正杰也許太過靑澀，但是不要忘記康寧祥擔任台北市議員時，同樣只有二十九歲。

黨外人士之間有兩點十分掛心。其一，國民黨憎恨叛黨分子的態度是十分強烈的。其二，蔣介石政權最忌諱中國人串通台灣人組織反政府勢力。林正杰在高中時加入國民黨，之後雖然自行離黨，卻也未遭除名。然而國民黨將視其爲叛黨分子卻是不爭的事實。後者有雷震爲例。雷震在一九五〇年底與郭雨新、李萬居、吳三連等人組織新黨而遭逮捕。林正杰雖尚未能與雷震相比，但是他的確逐步在突破禁忌。

（本稿的資料主要為《政治家半月刊》十三期、八〇年八月二十日號收錄，並參考鄧維賢「林正杰——黨外溫和的民主鬥士」、林小魚「學者、黨外政治人物對林正杰的印象」）

（刊於《台灣青年》二五三期，一九八一年十一月五日）

（李尚文譯）

拋脫中國人意識之課題

——以林正杰、朱文光為例

黨外人士的新希望

黨外人士「老、中、青」三代的發展足跡是明顯而漸進的。老一輩以黃順興（一九二三年生）爲代表。在早期余登發（一九〇四年生）受挫、郭雨新（一九〇七年生）走避海外之際，黃順興並沒有失去鬥志——原本預定在今年底出馬角逐彰化縣長選舉，但卻在最後關頭放棄——因他在地緣、性格與經費等條件上並不優渥。

中生代以康寧祥爲中心，當時基礎已較爲穩固。雖說反對勢力已經發展到一定的階段，但卻因爲高雄事件而使得《美麗島》菁英份子被一網打盡，比起兩、三年前的勢力是薄弱了些。在去年中央民意代表選舉中，蔣介石政權雖沒能將《美麗島》的殘餘部隊完全掃蕩乾淨，但整體氣勢卻已經被削弱不少，現在或許正因贏得選戰而略感安心。

接著，林正杰以新生代領袖的身分受到注目。於此，我們有必要將其思想稍加描繪。

遭禁刊處分的《縱橫月刊》創刊號(一九八一年一月發行)中，刊載有林正杰、林世煜(一九五二年生，台南人。擔任周清玉的競選總幹事。著有《選舉立法記》。此書亦遭查禁)與林濁水(一九四七年生，南投人。擔任《八十年代》編輯)三人「黨外新生代的修正路線」座談會。這個報導雖然遭到禁刊，但在《美麗島周刊》三三期與三四期(八一年四月十八日、二十五日)均有轉載。

「此次(八〇年冬天)選舉中，黨外新生代的宣傳基調十分溫和而較不激進的原因何在？」

面對記者這樣的質問，林正杰回答：

「這並不是所謂的政治策略，也沒有變更路線。黨外運動的本質即爲民主運動。如果國民黨方面眞的是『堅守民主陣營』的話，理應十分歡迎民主運動。如此一來，黨外的民主運動就不會走得太過激烈。因爲即使摘取多餘的枝葉，枝幹仍是存在的。」

「那麼在高雄所發生的衝突又該如何解釋呢？」

「要解釋的話，就必須追溯之前發生一連串事件與此事件背後相關的牽連。因爲這中間穿插余登發事件、許信良事件、《潮流》事件、中泰賓館事件、台中七二八事件、陳映眞逮捕事件與鼓山事件等許多激烈衝突。暴力會誘發暴力。站在現在的時點，並不適宜對美麗島社的作爲提出批判。」

總而言之，林正杰暗中批評當時蔣介石政權以暴力挑釁美麗島人士，這或許可說是一個正確的見解。

接著，林正杰對當時的民衆意識作出以下的分析。

> 台灣目前是過渡型的社會，國民的政治水準參差不齊。有些國民非常的理性，對自己的權利義務都很清楚，對公共事務也有足夠的興趣和認識，這些人稱爲「公民」可以說當之無愧。另外有些國民，如「激情」的一些群衆，是「臣民」，他們盲目狂熱的崇拜政治權威，只要統治者有優良的駕馭技術，誰都可以統治他們。至於政黨、政府、國家這些觀念他們是分不清楚的，在他們的認知裏，這些是「三位一體」的。最落伍的一種國民，是屬於部落文化的「土民」，他們連「臣民」都算不上。在選舉的時候，五十塊錢，兩包味精就能收買他們。
>
> 黨外民主運動，就是要啓蒙「土民」，說服「臣民」，使他們都成爲民主文化的「公民」。

這是個很有趣的分析。眷村裏以退除役官兵爲主的中國人大部份都可以被歸類爲「臣民」，但也有部份台灣人屬於「土民」這個可恥的層級。

再問黨外人士「老、中、青」三代的政治信念有何差異時，他回答：

一個主要的差別就是「省籍觀念」的差別。有些黨外的老前輩，基於歷史的經驗，對外省人沒有好感。如果有外省人支持黨外民主運動，他們會說：這個外省人很不錯嘛！

中年的黨外，心理上已經不願有省籍觀念，但是在社會經驗上，他們仍然看到各式各樣的省籍歧異，所以，他們只能儘量的去適應不同省籍的人。譬如說，『大學雜誌』時期，內部問題還是存有曖昧的省籍觀念。陳鼓應出來競選國大代表，他一直擔心外省人會不會被本省人所接受，就是這個原因。

新生代黨外，是不分省籍的，水乳交融的。如果有人問：外省人支不支持黨外民主運動？黨外新生代一定很驚奇，怎麼會有這樣的問題呢？本省外省不都是一樣的嗎？所以，在消除省籍觀念這一點，新生代是「生而知之」，中年代是「學而知之」，老年代是「困而知之」。

統一是非現實的

面對「你如何看待中國問題」這種更爲實際的問題時，林正杰會如何回答呢？這也是我們所關心的。他說：

由不同的人來談中國問題，焦點結語都不一樣。羅素來談、陳若曦來談、鄧小平來談、魏京生來談、香港人來談、新加坡華人來談，都會不一樣。但是有一點是相同的，就是，不關心中國就不會談中國問題。

站在一個台灣出生長大的中國新生代來看中國問題，我們的立場是「紮根台灣，心懷中國」。

我們認爲，在台灣的中國人應該客觀的估量自己的地位，不要自我膨脹太厲害，我們應仔細估量自己對大陸的命運有多少發言權。譬如說，我們寧願寄望魏京生這股大陸自生的民主運動。最多，我們只是累積，並且在未來傳遞一部份民主運動的經驗而已。中國問題的解決，主要還是靠中國新生代的質變。

對中國問題，我願意提出五項原則：

一、應該鼓勵並歡迎所有中國人發揮想像力，提出解決中國問題的各種方案。但是，無論任何方案，都必須符合國家整體而長遠的利益，和全中華民族共同的意願，及後代子孫的安全和保障。

二、對解決中國問題，見解不合的人，不應互相抨擊，也不應對自己的方案太迷信、太武斷。就星、馬的分合爲例，在一九六九年，新加坡獨立的時候，李光耀哭着說，新加坡不願獨立。在一九八一年的今天，李光輝恐怕不這樣想了。國際情勢在變，國內政情在變，不同的時候有不同的最佳方案。三十年前中共也許想收回香港，今天就寧願維持現狀，這也是一個例子。

三、對解決中國問題的各種手段，應該把武力解決列爲最不得已、最後的考慮。中國人的力量儘量不要互相抵消。當中國人在戰場上相見的時候，那種矛盾和痛苦是會影響到後代子孫的。

四、應該把「民族情感」和「意識形態鬥爭」劃分開來。你可以反共產主義，反法西斯主義，但是，你不必敵視無辜的中國同胞。譬如說，中共和越南戰爭的時候，你絕不可能替越南當啦啦隊，當唐山大地震的時候，你絕不可以幸災樂禍。中國民族是永存的，意識型態是一個時代的，政權也是一個世代的。

五、在國際政治舞台上，牽涉到中國民族利益、民族尊嚴的問題，應該立場一致。譬如說，釣魚台和南沙領土主權問題，蘇俄對中國的威脅問題，在這些問題，無論你是在台灣、在大陸、在美國當華僑，立場都必須一致，共同來爭取中國民族的利益和尊敬。抱著扯後腿，漁翁得利的種種心態，都是要不得的。

《新生代的吶喊》中所收錄的〈黨外的民主鬥士——訪林正杰〉中，就曾提及「你是否贊成台獨」的問題。對此，林正杰明白做出以下表示。

基本上我想中國是必須統一的，至少在感情上，我是比較喜歡中國的統一。我想沒有人願意當一個島國的人民，每個人都希望祖國非常的強大，如果我們有機會統一，就沒有必要獨立。目前，要統一不是個適當時機，事實上也不可能，兩方面都沒有準備，因爲大陸和台灣已經變成兩種文化，長久以來，大陸人民受孔子的影響力逐漸減少，而在台灣，孔子的思想，還是一種主流，所以台灣有他特有的傳統與文化，而大陸則是共產文化，因此就文化的內涵來看，兩個地區幾乎已經變成不同的民族。

因爲兩方面在政體、文化都已不同了，現在如果要統一的話，已經是不太可能了，人民之間如何相處，而且統一以後，誰來統治大陸，或是誰來統一中國，這都是問題，所以如果眞要統一的話，或許要等三十年，甚至要更久的時間也不一定。再談到台獨，台獨有好幾種，有極端的台灣民族主義者，「德國模式」或「台獨左派」，在我認爲，台灣要不要獨立這句話不是一個很正確的問句，因爲台灣事實上已經獨立了三十多年，我們現在要考慮的是要不要統一，不是要不要獨立，台灣三十年來一直是國民黨統治的，共產黨並沒有插足，也沒有任何國家來插足，國民黨已經有效而獨立的統治了台灣三十多年，在這種情況下，我們的名份要怎樣來調整呢？

我認爲站在國家的利益來說應該採取「德國模式」，像西德、東德同時可以在聯合國擁有會籍，西德也抱著統一德國的理想，如果短時間無法統一的話，就必須痛苦的承認目前的現狀，我們現在台灣也是一樣的，事實上，我們是很痛苦的在分裂，只是我們不承認而已。

林正杰在《政治家》的專欄中也曾提過相同的話題，我們從而了解這兩、三年間他的思想沒有改變過。可惜的是，專欄中可以看出林正杰有些許大中國主義的思想。有句話說「孩子不會厭棄貧窮的父母」，眞正的台灣人會不想成爲島國的國民嗎？尼泊爾人會厭棄自己的國家只是山中小國嗎？無論中國多麼「地大物博」(實際上只是缺乏物產的貧瘠大地)和擁有輝煌的文化(實際上是連人民都難以信服的落後文化)，這些和台灣一點關係也沒有。無論是毛澤東思想或是三民主義思想，台灣人都會斷然拒絕「統一」。現在住在台灣的中國人，必須有身爲台灣人的自覺，並協助台灣獨立建國大業才是，否則只能請他們離開台灣。如果想要以中國人的身分待在台灣，就只能視之爲旅台華僑。

對台灣人來說，只要蔣介石政權宣稱台灣爲中國領土並高唱「反攻大陸」，就應反對蔣介石政權並思索如何將之打倒。同樣地，如果中國宣稱台灣爲中國領土並高唱「解放台灣」，那麼就應反對中國並加以防備。

中國民族的利益多少會和台灣人的利益有所關連，當出現共同利益時應互爲同伴，但若損及台灣利益時則應加以反對，屆時中國民族的利益於台灣是not my business（不關我的事）。當中國與越南作戰時，台灣人沒有理由支援中國，然而ASEAN諸國的華人卻無私地支援越南。越南對華僑進行壓迫與驅離固然令人憎恨，但若越南臣服於中國，將使中國的影響力增強，這點對ASEAN各國來說將構成威脅。中國人自私地運用中華思想而使自家中毒，台灣人必須防止自己受到中華思想的毒害。

在「黨外新生代的修正路線」座談會中，林世煜與林濁水也發表意見，但與林正杰的說法有些許微妙的差別。

林世煜發言道——

這裏，我想從另一個角度看這個問題。

一般人經常認爲，黨外人士眼光近視，他們開口閉口都是台灣，向來不把自己放在全中國，甚至全世界的大架構上來看問題。這種說法令我驚訝，我不免要問自己，難道從更大更高的架構上來看，台灣的民主運動就變得微不足道了嗎？更進一步說，有誰能挺身出來，承認爲一千八百萬人謀幸福是錯的，而我們更應該終日以淚洗面，全心爲十億人的痛苦舉哀？

林濁水談道——

在過去，海峽雙方都認爲統一是立即的事情。就中共來講，他們認爲共產主義是救世仙丹，要迫不急待的建立一個統一的共產政權，把仙丹塞進每一個人的嘴裏。現在看看大陸的慘狀，我們就慶幸，我們沒有被統一，肚子裏沒有「仙丹」做怪。現在他們也只好說統一是急不得的事了。

至於海峽這邊，我們的策略，也由立即反攻變爲長期的政治光復。實際上政權的統一還是小事，將來雙方社會、經濟、思想、文化上的調適才是更重要、更關係人民實際幸福的事，我想中國問題急不得，還是慢慢再說。

這三人都論斷「統一」是非現實的，他們對台灣的政治、經濟、社會、文化給予優於大陸的評價，並認爲現在只需維持現狀即可。這對海外「統一派」的台灣人——他們應該已經認定自己是中國人吧？無異是個打擊，同時這也給日本的左傾媒體一個不錯的參考。

林世煜與林濁水並沒有像林正杰提出「中華民族的利益與尊嚴」的論點，我們對此應該給予相當的注目。座談會的主要來賓是林正杰，也許因爲他首先發言，其他二人爲了不讓人有炒冷飯的感覺，所以並未重覆同樣的話題。然而，一樣是接受中國教育，本土台灣人子弟與非本土台灣人子弟之間，仍不免讓人感受到其中的差異。

林正杰要成爲黨外新生代的領袖，須先努力充實台灣歷史的知識。在蔣介石政權統治下的台灣，只會教育：「台灣有史以來是中國神聖的領土，經歷鄭成功驅逐荷蘭人、日本對台灣的掠奪、『國父』憐憫台灣同胞、八年抗戰收復台灣。」台灣史在大中國主義者面前根本微不足道。

因此，目前即使對蔣介石政權的暴政感到激憤而希冀其滅亡，但若對台灣史沒有正確的認識，就會對那些「更懂事的中國人」有所期待，無法逃出中國的羈絆。陳逸松就是如此。當時，他爲了打倒蔣介石政權而選擇投身獨立運動，可是念頭一轉，認爲藉由中共來倒蔣是最快的方法，結果卻落得投效中共而遭冷落。如果我們眞的借重中共的手來打倒蔣介石政權的話，最後只會讓台灣淪落到中共手中。然而，無論我們怎麼說明，也無法獲得他們的理解。余登發曾在《黨外的聲音》回答王拓的訪談：「自己身爲中國人，當然十分希望中國能夠統一。」以中國人自稱的他卻遭受蔣介石政權的各種打擊，這聽來也許諷刺，但是如果眞的「統一」，他必定會先遭到共產政權的清算。這種已經被決定的命運，大家都心知肚明。

這是台灣人不了解台灣的歷史所造成的悲劇。余登發和陳逸松代表二〇年代的「觀念性中國人意識」（拙著《台灣—苦悶的歷史》，頁一一九），我們對他們根深蒂固的想法無可奈何，然而可怕的是成長於戰後的台灣人，由於在蔣介石政權的中國教育下被植入中國人意識，他們之中雖有些人在學識和良心上的表現相當傑出，但最重要的是——他們對台灣歷史的認識上卻十分危險，此點十分令人惋惜。

舉例來說，優秀的鄉土文學作家，以「省籍問題」爲焦點寫作的陳映眞（一九四二年生，鶯歌人），其對台灣史的認識是：⑴台灣史至多只可回溯至日本殖民時期；⑵日本的統治形成台灣人與中國人的對立因素；⑶中國的沒落與混亂是帝國主義入侵的結果；⑷台灣人的「孤兒」、「棄子」、「被害者」意識是台獨理論的基礎。這些概要性的陳述在程度上仍十分粗淺。

他們不知道遠在十六世紀末、十七世紀初時，台灣人的祖先就離開充滿飢饉與戰亂的大陸，渡海來台開拓新天地；不知道清朝曾允諾鄭氏政權獨立；不知道清代的台灣只是福建省殖民地的事實；不知道台灣人與中國人的對立是根深蒂固的；不知道蔣介石政權因爲日治時代的建設而得利；不知道二二八的意義；不知道中國的沒落與混亂必須歸因於四千年來的專制政治；就連「孤兒」、「棄子」、「被害者」意識和獨立運動者無關這件事也搞不清楚……

如果連台灣人都這樣想的話，林正杰的無知就不是沒有道理的。然而，若眞的傾心於政治，歷史知識要比法律知識重要得多。呂秀蓮在當初也不過只是對女性運動有興趣，直到在美國哈佛大學留學期間才轉向致力研究台灣史，其研究成果有《台灣的過去現在與未來》（拓荒者出版社，一九七九年）。台灣史的知識使呂氏有了新領悟，從此化身爲民主運動鬥士的一員。

朱文光的自焚

舉一位「第一代中國人」爲例。因高雄事件被起訴，在黃信介、施明德等八人的軍事法庭審判終結（也就是一九八〇年三月二十八日）的隔天，台北市國父紀念館正前方有一名計程車司機引火自焚。這名男子叫朱文光，一九三二年出生，當時四十八歲，出生於湖南省西北部的澧水縣澧源鎮。在自殺前，他曾把遺書影印，交付友人送到報社，並託言將三千元贈送給永安煤礦爆炸事故的死者家屬。在台灣，自焚的案件並不多。由於自殺現場有許多觀光客目擊慘案的發生，因此報紙電視無法掩蓋事實，然而報導中只提到是因厭世而自殺，對其遺書的內容卻隻字未提。

朱文光的遺書約有三千五百字，前面五分之三左右是介紹自己的經歷。當我們從遺書中看到一個下層階級的中國人，對其坎坷命運寄予同情的同時，也看到他對蔣介石政權的憤怒不滿。文中從朱氏在一九五〇年因坐霸王車而被彰化警察局轉送省立新竹收容所一事開始，朱氏提到自己因沒什麼學歷深感遺憾，因爲那是他在高中時就避難台灣的緣故。

到收容所後，發現裏面有數十名長白師範學院的流亡學生、失業者和幾位二二八事件的受難者。其中，於二二八事件中活躍於花蓮的男子吳聰連，因爲會說中文而與其漸漸熟稔。他是朱文光來台後交到的第一位台灣朋友，朱文光從此受到吳聰連極大的影響。

在六月某個寒風刺骨的清晨，收容所因警戒逃亡而將所有年輕人押上卡車，移到附近的軍營。長白學院的學生們因爲有教育部的公文而被赦免，朱和吳等一百數十人則被發派到軍隊。

軍營中，朱與一位福建出身的老兵曾企圖逃亡而被關到禁閉室。禁閉室的待遇是悲慘的，這徹底改變他的世界觀。那位福建老兵終日放聲哭喊，而朱則發誓將來一定要把心中憤怒的火花轉化爲可以燎原的火種。

之後，部隊移駐桃園大園鄉許厝港。朱被關在豬圈裏，吟頌文天祥的正氣歌以忍耐痛苦。政工(軍中特務)曾多次勸朱，卻始終無法軟化朱的反骨精神。於是，他又被轉送到中壢師團本部的「頑固隊」(不願悔改者)以示懲罰。由於屢受摧折磨難，同伴們痛苦的嚎叫不絕於耳，但朱始終沒有被打倒。

做爲接受美國援助的條件(一九五四年十二月二日締結共同防禦條約)，國民黨政府進行軍隊的整編，朱再被編入補給部隊，因此逃離苦難地獄。當時，他也變得比較機靈，懂得「無入而不自得」的道理，軍隊生活仍然是辛苦的，然而他卻能將辛苦昇華爲「禪悅」的境界。他曾寫過數篇文章，卻沒有投稿至報社的勇氣，但將之存放在行李中又非常危險，因此多半是閱讀自娛之後，丟入火中燒成灰燼。

之後，因爲生病入院治療而退役，成爲青草湖(新竹縣)靈隱佛學院的學僧，希冀以供養佛祖渡完餘生。當時南越正處於僧侶遭受迫害最嚴重之時，朱寫信希望聯合全世界的佛教徒進行援助，過沒多久，阮文紹政權就被打倒。

其後，現實感過重的朱認爲遁入空門是自己人生的再度失敗。最初的失敗是沒能就讀大學，其後懷抱虔敬的心遁入靈隱佛學院，卻因胸中滿腔義憤而放棄。雖然朱在信上沒有提到，但應該是對佛教的墮落感到幻滅。於是，他便在台北擔任計程車司機。

遺書的後半是這麼寫的：

「造物主賜給我的，並不是僧侶的托缽，而是殉道者的火炬。我領悟到自己必須將革命之火點燃，使它燃放於全台灣。

事實上，台灣已經開創一個全新的局面，知曉方向並謀求改革的意識，已經在全島各地高漲。緊接著將會掀起政治上的高潮，我們將因而更爲強大。我雖然對其寄予深切的關心，但另一方面，我也自覺到自己已經完全成爲一個圈外人，只能站在革命事業的外圍。『後生可畏』，而我已衰老。這些年輕人才是台灣眞正的改革者。我只能對其謳歌讚美，台灣正走在新生的光明大道上，我只能祝福它如同羅德西亞一般，成爲世界上的新獨立國。

意外的事件隨時都會發生。當台灣人民以更熾熱的心爭取民主、自由、人權時，蔣家流亡集團卻集結數十年來的奸計和暴虐手段，設計高雄事件的陷阱，等待著革新人士們在國際人權日的集會，而且還以『罵不還口，打不還手』的惡毒苦肉計，企圖欺瞞一千八百萬的同胞，甚至還利用恐怖事件威脅民衆，以達其壓迫的目的。

同胞們啊！國民黨是被中共政權打倒的流亡集團。我們雖然反對中共，但更應該反對國民黨流亡集團。他們以其流寇的本質在台灣強取豪奪，這才是我們本土台灣人的公敵。

我們一定要自治自主，創造一個民主自由的新台灣國。這才是台灣將來的道路。雖然革新人士因高雄事件一個一個被捕入獄，但是我們的道路仍然沒有改變。二二八事件、日治時代治警事件（指的是一九二三年二月台灣議會期成同盟會因違反治安警察法而遭受鎮壓的事件）以及之前的抗清、抗日事件，都是台灣前輩先賢流血流汗爲子孫們鋪陳的光明大道。

即使受到挫折也不氣餒。不要忘記國民黨流亡集團只是無家可歸的喪家之犬。有誰能夠容忍他們兇暴如同強盜、山賊般的狂妄態度？戰鬥、戰鬥、求獨立，一直戰鬥到中共無法動我們一根寒毛。

台灣是日本在戰敗後所放棄的一個歸屬未定的島嶼。台灣必須步上二次大戰後以色列的道路。台灣並不是國民黨在大陸時期就擁有。如果了解台灣本土居民的抗清運動、抗日運動、二二八事件……等歷史事件，我的心就在淌血。特別是這次高雄事件，心中泣血更是洶湧。

前途是艱險的。因爲艱險，所以人們感到焦慮和恐怖，不知該如何是好？但是，我們絕對不能意志消沈或沮喪。我們只能像先人般地戰鬥。

堅持、堅持、堅持下去。同胞們！今天是三二九青年節，聽！是誰在呼喚著你？上天啊！用你的加持守護所有繼往開來的人們吧！台灣人民要成爲自己的主人。台灣是屬於台灣人民的。白浪滔天，萬人泣血。湖南澧水澧源鎮　朱文光絕筆」

朱文光的遺書極富啓發性。他在不優渥的環境下，以其有限的知識，卻能對台灣歷史認知到如此成熟的地步，眞令我敬佩不已。台灣對他來說，不單是其個人流刑之地，我們直到最後也都能感受到他對台灣土地流露的關懷，其內心與本土台灣人並無二致。他不僅斥責蔣介石政權爲流亡政權，並高呼將之打倒，更激勵台灣人必須持續戰鬥，直到中國放棄侵略爲止。朱文光藉著犧牲自己性命的效果，將自己的理想寄託於後代台灣人身上。他的精神與受到刑求慘死的陳文成相同，都對蔣介石政權發出反抗之怒吼。

林正杰沒有理由達不到朱文光的境界。只有當他對台灣歷史存有正確認識時，才能成爲黨外新生代的領袖。我們對此滿懷期待。現在才是青年林正杰開始成長的時候，願他能在今後陸續展開的鬥爭過程中，脫胎換骨成為眞正的台灣人。

（刊於《台灣青年》二五四期，一九八一年十二月五日）

（許福添譯）

海外的第二代中國人

——葉島蕾和陷害她的特務們

外省人的苦悶

一九七五年十二月發行的《台灣政論》第五期（本期是最後一期，其後被停刊）刊載周棄兒撰寫的〈外省人的苦悶〉一文。中國人寫這樣的文章，極爲少見，編輯部並加註：「這是亂世老人歷盡滄桑的嗚咽與血淚。」

讀後不禁令人仰天長嘆而淚流滿襟，「人難道不能在自己所踩踏的泥土上合作灌溉，留芳百世及爲後代子孫留下豐盛果實嗎？」我特別感謝周棄兒提供我一個瞭解中國人內心想法的寶貴資料，且越發覺得中國人眞是一群「不可理喩的傢伙」，對中國人產生強烈的絕望感。

以下文章雖然冗長，但我還是將其譯出。

「來台灣的大陸人到底有多少？沒看過政府的統計數字。大略的估計約有三百萬人

（王：依據台灣省文獻委員會編《台灣省通志稿》則是約有一百二十萬人），其中以一九四八年到一九五一年期間來的最多，且大多數都是追隨國民黨政府前來的軍隊、公務員、教師、學生，然後是各級民意代表，最後依序是商、農、工等各種行業。

他們的年齡若從一九四九年中國大陸政權交替那年算起，則三〇年代出生的人抵台時僅十多歲。當時中國大陸的內戰已進入巷戰階段，所以這些人在中國大陸應該成熟到可以體驗『鄉土之情』。

現在在台灣的外省人當中，思念『故國名月』的都是一九二〇年前後出生的人，亦即四十八歲、五十八歲及六十八歲這年代的人。這些人親眼看到國家興亡，因此懷有濃厚的『鄉土之情』。在此我就他們這年代共同的煩惱來作說明，希望本省同胞能了解他們內心的苦悶。

七十八或八十八歲的老人現在已經很少，而一九二〇年以後出生的更年輕世代，因都在台灣成長、受教育、長大成人，所以無論在生活型態或語言均與本省青年毫無不同，且對中國大陸故鄉的印象薄弱。極端地說，故鄉是什麼樣子完全不知道，從一開始就沒有『鄉土之情』。因此，筆者擅自將兩端削除，不觸及上下二代的問題。

現在在台灣的外省人中老年層，不論其身份、地位、職業爲何，均有一個共同的想法，那就是未來的運命（亦即國家的前途與國際政局的變化）均與每個人自己的將來有很深的關聯。

正確地說，絕大多數的中老年外省人對台灣幾乎毫無眷戀。因中國大陸有走不完的名山大河、看不厭的都市繁華、永無竭盡的資源與財富。台灣這小島從一開始就微不足道。但可惜的是，現在中國大陸是在暴虐的共產政權統治下，等於是『有家歸不得』的狀態，只好無奈地棲身台灣度日。

忘了是那個哲學家說過此一名言：『老人懷念過去、中年人注重現實、青年人憧憬未來。』現在台灣的老人都曾親身體驗北伐、抗日與剿匪三大戰亂，其中有統帥三軍的名將，也有政界上成功的耆宿，也有國際上知名的學者專家。他們在中國大陸都已經功成名就，且多數人都已經打下了事業基礎，但這些都隨著國民黨政權的崩潰，一切歸於烏有。現在正邁向人生的黃昏之年，發現一切夢想都成泡影時，才覺得過去值得懷念。誰忍心苛責他們不能懷念呢？

這二十年間，出版界出現一種風潮，諸如刊行政界密史、北洋史話、人物傳記及XXX回憶錄之類的讀物，這正是這種心理的反映。

台灣這寶島是多麼的幸運。收容中國大陸各地的優秀人物，爲他們的子孫盡量留下手邊的資料。從歷史與文學的觀點觀之，他們晚年的貢獻值得高度評價，但他們只談過去不談未來，現時點對政治也不批判。這是因中國大陸的淪陷多少與他們有直接或間接的關係，多少總需負點責任之故。未來事無從得知，也不屬於他們。

中年外省人大多只重視現實。但是，他們所關心的不是政治，也不是國際政局。他們所關心的僅是現實生活。左思右想的就是子女成人後的生存之道，這也是人之常情。他們生於戰爭，飽嚐離亂的痛苦。雖然能在台灣度過二十餘年的安定生活，但仍無法改變他們是一群『無根的草』的事實。因台灣土地狹小，人口密度在世界屬一屬二，生存競爭非常激烈。雖然中國大陸有廣大的天地，但仍不應回去。唯一的出路是向外發展，尋求更廣大的發展空間，使他們的子孫能自由自在的活躍。人是萬物之靈，但生存法則與地上虫豸無異。因此，他們的想法是努力工作，儲存財產作爲移民的資本，所以他們盡可能不談政治，對政府也決不加批評，甚至一點也不關心。有這種共同想法的人不只是外省人，本省人中也爲數不少。知名人士沒有計劃將子女送往外國的又有幾人呢？只是大家嘴巴不說而已。

前面所述是屬於中上階層的人，從三百萬人的比率來看，或許僅是少數中的少數。中老年外省人絕大多數分散在台灣各地，寄生在公家機關及企業中等待屆齡退休。這些人沒有將子女送往國外的能力。一些宗族社會觀較強的人，也會覺悟想成爲台灣『第一代世祖』，因此著手編纂族譜。這是要讓他們的子孫瞭解，他們的根在大陸。但將來若與本省人結婚，建立血緣關係時，二十年後『省籍』的問題自然而然就不存在了。

較低階層的外省人都是孑然一身，誰都不理會他們，且大多家無恆產，亦無顯赫的經歷與豐富的學識，當然也無足供保障晚年的資本。但他們對國家的貢獻卻與中上階層的人相同。他們在北伐、抗日、剿匪的三大戰爭中，聽從指揮官的命令，說前進就前進，喊撤退就撤退，在戰場中轉進撤出，流血流汗不輸這些知名人士。這一群人大多數虛耗其生命與勞力，賺取微薄的報酬，以維持生活的開銷。與那些近三十年都沒改選的國會議員，不勞而獲卻領取優厚薪水、過著舒適生活不同。

這些人認清自己可預見的未來。實際上他們閱歷豐富，知道人生的終點就是死亡。當然『人生自古誰無死』，帝王、總統再怎麼高貴的人都不免一死。差別只是死後的榮耀與待遇而已。至於這些人死亡時如何處置呢？一般是火葬後骨灰放入粗製濫造的容器中，置於寺廟內祭拜，所占空間僅方寸之地。若遇地震或颱風時，建築物倒塌，容器毀壞後，骨灰隨風吹走，化爲烏有。這即是所謂的虛幻人生。一個人如何看待自己的將來，他們內心的苦悶與苦痛很容易察覺。他們已經沒有什麼慾望了。」

視台灣人如無物

《台灣青年》第十期（一九六一年九月三十日發行）曾刊載「中國難民問題」特集，將在台灣的一百五十萬（含來台後增加者，共三百萬餘人）中國人分爲：

第一集團：蔣家身邊的親信。他們大多位居國民黨政府的最上層。

第二集團：直屬第一集團的人士。他們因害怕被共產黨逮捕，而依自己判斷逃來台灣。

第三集團：莫名其妙被帶到台灣的軍隊，或是被強制撤到台灣的大陸沿岸島嶼居民或難民等。

周棄兒的文章正可證明我們過去的分析是正確的。很明顯地，周氏本身也是屬於「第二集團」的人，而之前提及的朱文光則屬於「第三集團」的人。

周氏將他的文章投稿到《台灣政論》，題目是「期望本省同胞能瞭解他們內心的苦悶」。但是，台灣人要如何理解他們呢？這些人在台灣居住二十餘年，從來沒有準備在台灣落地生根，反而常常仰慕中國大陸，賺錢就只想將子女送出海外，難道只因爲他們可憐就可以不加指責嗎？

這些人弄丟中國大陸的大好河山，應該與蔣家政權同負責任，且只爲了自己子女的將來，期望保住現有的地位與收入，就漠視蔣家政權欺壓台灣人。很明顯地，他們本身也是加害者。周氏甚至還說，台灣人因有這些來自中國各地的菁英才能自我滿足，並虛榮地撰寫一些自滿的話，指稱「台灣有多麼的幸運」。此點顯示他對台灣人完全未抱有感謝之心，反而還要台灣人感恩涕零。

在追根究底之後，我再也沒有反論與憤怒的心情，只能說彼此的觀點與想法完全不同。

對他們而言，台灣與新疆或西藏一樣是邊疆，且僅是一個小島，不但土地狹小，也沒有名山大河。台北、高雄的熱鬧也比不上北京、上海的繁華，所以他們不喜歡台灣。既然不喜歡，當然也就不想在此落地生根。然而，嘴巴雖是這麼吹噓，但內心也沒有放棄的念頭，領土當然是越大越好，反正都是中國的疆域。

他們如同對維吾爾人及西藏人一般，也相當輕視台灣人。若沒有叱咤風雲的名將，就不會產生取得天下的政治家，也不會造就聞名於世的學者專家。他們因羞辱而難以啓齒，但事實上台灣過去確曾受荷蘭及西班牙統治，其後又淪爲日本人的殖民地。今天這些中原之士卻不得不卑躬屈膝地住在台灣，因爲內心一點也不覺得光榮，所以反而惱羞成怒地加以斥責。

最近，北京開始打出一種謀略，即大肆宣傳「第三次國共合作」，其直接呼籲的對象就是蔣經國，目的是針對這些在台灣的中國人。如果蔣經國答應的話，這些人將接二連三地回歸大陸。北京政府的算計是：蔣經國雖不喜歡，但多少還是得有所回應。此種北京政府的意圖相當明顯，我們絕不能疏於警戒。

最不可理喻的是那些大中國主義及中華思想深入骨髓的中國人。這些人毫無個人主義、自由主義及民主主義的概念。無庸置言地，他們的頭腦結構沒辦法理解台灣人的獨立願望，因此有必要努力將這些人排除以達成獨立。

周氏的文章中有過於樂觀的分析，也有不正確的觀點。

下層的中國人——第三集團——已經可以預測自己將來的命運，因此處於一種無欲無求的心境，但至少那些被收容到眷村的退除役官兵，因曾徹底地接受國民黨的「臣民」教育，因此對台灣人抱有強烈的仇視心。正如《台灣青年》第二五三期所指出的，他們在選舉時就成爲國民黨的大票倉。

周氏文中說「因在台灣成長、受教育、長大成人，故無論是生活型態或是語言均與本省青年毫無不同，且對中國大陸的故鄉印象薄弱」。與大陸關係漸行漸遠的這些新生代，對同類的台灣青年而言是一件好事。然而實際上，周氏的文章會使台灣青年走向失望的方向。我們曾以王文興與黃年爲範例討論過此事。

如依周氏所言，王或黃兩位會膽敢在這狹小的邊疆小島上做出撒野的愚行嗎？他對新生代的本土化感到悲觀，但實際上並非如此。「第二代中國人」實際上仍在台灣這個小王國的統治階層佔有一席之地，且覺得極有意義，並享受著現在的生活。周氏若無其事地說「台灣終於可以度過二十幾年安定的生活」，這正是和中國諺語「飲水思源」相反的一種不禮貌說辭。他們爲何不在那令人懷念的錦繡中國過安定的生活呢？這當然會引起台灣人的反感。王和黃兩人也都很清楚這種情形，所以才會協助蔣家政權統治台灣。

蔣家政權知道必須重新培養新人，因此就起用一些「第二代中國人」擔任國民黨、救國團幹部、技術官僚、大學教授、評論家、各級民意代表（《縱橫月刊》一九八一年七月刊載「國民黨的接班人在那裏？」）。

他們不是沒有機會逃到海外。相反地，有相當多的人到歐美留學，並取得碩士或博士學位。這與因爲年輕、無法適應歐美生活而逃回台灣的「第一代中國人」不同，「第二代中國人」是一種積極性的回國。因爲歐美雖然是土地寬廣的新天地，但要想單獨建立自己的生活基盤並不容易。總之，他們在白人傳統社會裏永遠將處於劣勢，但如回到台灣——即使對將來抱有不安，總是可以主宰者的身份炫耀權勢，過著舒適的生活。萬一有事時，亦可拿著已到手的綠卡逃出台灣。

他們根本不相信「反攻大陸」的可能性。如周氏所言，「對中國大陸故鄉的印象薄弱。極端地說，故鄉是什麼樣子都不知道。」因此，他們內心其實根本不想回中國大陸。他們很清楚地知道，中國知識份子在共產黨統治下所遭受的迫害。中國大陸因「四個近代化」政策而呼籲知識份子「回歸祖國」，但他們對共產黨的統治仍然存疑。因此，有關「第三次國共合作」的謀略，他們的回應不會像「第一代中國人」那般。反正萬一有事時，他們可以逃到歐美，因而目前仍可暫時觀望。

葉小姐的「背叛」

海外「第二代中國人」的生活又是如何呢？他們到底發現哪些可以發展的廣大空間？又有

學年度	出國(人數)	歸國	歸國率(%)
1962	1883	63	3.44
1963	2125	95	4.47
1964	2514	96	3.82
1965	2339	120	5.13
1966	2189	136	6.21
1967	2472	153	6.19
1968	2711	184	6.79
1969	2444	226	6.56
1970	2056	407	19.80
1971	2558	320	12.51
1972	2149	335	16.52
1973	1996	455	23.14
1974	2285	486	21.27
1975	2301	569	24.73
1976	2641	772	19.83
1977	3852	624	16.2
1978	4756	580	12.20
1979	5801	478	8.24
1980	5933	640	10.78
合　計	55005	6739	11.82

依據台灣研究所「台灣總覽(1981年版)」

哪些可以自由活躍又可落地生根的地方?他們有多少能滿足父母的期待、作個孝順的兒子呢?以下是教育部公佈的的數字。

以一九八〇年度爲例，在海外留學者：美國五五七二人；日本一一八人；西德七十三人；加拿大十九人；泰國二十人；英國廿四人；法國十七人；西班牙三人；奧地利四人；韓國六人；瑞士三人；比利時三人；澳洲廿一人。美國仍居第一位，且趨勢一直都沒有改變。

在這些數字中，台灣人與中國人的比例並不清楚。台灣人在絕對數字上應該較多，但在比例上可能中國人較多，這是可想而知的。另外，也有一些靠關係走後門留學的。一九八〇年十一月十七日，台灣警備總司令部以「以共匪統戰工作人員身份，從美國潛入台灣，從事顚覆政府活動」的罪名，起訴二十九歲的單身女性葉島蕾。一九八一年一月六日，經軍事法庭判決十四年徒刑，褫奪公權八年。

葉島蕾係一九五一年四月廿四日出生於台南市逢甲眷村，一家六口，上有雙親、兩位兄長及一個姊姊，全都與蔣家政權有極密切的關聯。葉島蕾的父親係浙江省永嘉人，是從基層奮鬥起家的軍人。他於中學在學期間被徵兵，但因爲性情剛直，一直沒有辦法晉升上尉，因此很早就退伍。他自修國文，爾後在台南私立崑山工業專科學校當國文教師。葉島蕾的大哥在軍官學校畢業後當職業軍人；二哥於台北世界新聞專科學校畢業後，回台南市民衆服務社（特務的公開組織）工作；姊姊從國防醫學院護理科畢業後，到軍中醫院當護士。

在家中排行最小的葉島蕾，從小受到家人寵愛，成長過程備受照顧。她就讀輔仁大學社會學系，且是該大學第一屆第一名畢業。一九七一年，她與台灣大學社會學系畢業，在輔仁大學當助教的黃國民（台灣青年）談戀愛，從而決定她日後的命運。

黃國民隔年到美國明尼蘇達州留學。留學前，他被葉島蕾的母親叫去，告訴他一年內禁止與葉島蕾書信往來，一年後如二人感情仍然不變，則允許他們結婚。但是，黃國民私下卻鼓勵葉島蕾到美國，並相約在美國一起生活。

一九七三年，葉島蕾大學畢業，但因沒能立即取得美國大學的獎學金，所以暫時在台北一家貿易公司上班。隔年，葉島蕾拿到明尼蘇達大學的獎學金，終於可以與黃國民在美國一起生活。

指導教授Terry Caine對葉島蕾的第一印象是，「她所提出的問題令我大爲驚訝，不只對美國毫無認識，甚至也不太清楚台灣。雖然在監視與檢查制度下成長，多少會受蒙蔽，但她似乎對這些全不瞭解。」但指導教授漸漸明白她是一位值得愛護的學生。「葉島蕾是個很聰明且個性倔強的學生，具有敏銳的心靈，把別人的痛苦視爲自己的痛苦，但有不輕易流露自己情緒的性格。」（見《美麗島周刊》第卅六期，一九八七年五月九日刊載，甘泰來「大家來關心葉島蕾（上）」）

葉島蕾的校外生活與一般中國人留學生不同，她不與中國人交往，反而與台灣人交往。明尼蘇達州與洛杉磯、休士頓不同，是位在北部的鄉下。此地雖有台灣同鄉會，但卻沒有什麼力量，強勢的「中國同鄉會」常強壓台灣同鄉會。葉島蕾與黃國民都曾向「中國同鄉會」登記，也曾接受香港留學生的邀約，去看中國大陸的宣傳電影。

一九七四年底，葉島蕾與黃國民當發起人，邀約友人籌組「互助教育基金會」。目的是向留學生募款，再送到台灣援助貧困學生。這只是模仿很多已成立的組織，且曾向芝加哥領事館報備，也在大學辦理登記。該「互助教育基金會」也有中國人留學生參加，但參與的熱誠完全不同。台灣留學生都很積極募款、寫募款信、製作名冊等等。

設籍該大學視聽教育的趙寧是國民黨的「職業學生」首腦，有天趙寧把黃國民找來問道：「互助兩個字是什麼意思？」、「從海外對貧困學生援助教育費，不會傷害政府的名譽嗎？」、「基金會眞的沒有政治色彩嗎？」他要求說：「是不是可以停止這個活動，和其他學生一樣認眞求學呢？」黃國民雖向趙寧說明他沒有什麼意圖，但趙寧不相信，最後說：「不要被壞人利用了！」

這件事後沒多久，葉島蕾告訴黃國民說，芝加哥領事叫了幾個留學生在趙寧家開會。一位參加該會的中國人留學生偷偷告訴她，她倆在會議上都被指稱爲「野心家」，且動機不單純。

當晚，葉島蕾邊流淚，邊訴說一個恐怖的事實。亦即，她在留美之前，其二哥即警告說：「如果繼續與黃國民交往，一定將你們兩個人當作台獨份子向上級檢舉。」一九七五年夏天，「中國同學會」舉行幹部選舉，國民黨逕行指定趙怡爲會長，且前任會長王宜正偷偷在選票上以數字做記號，留學生對此既憤慨又恐懼。投票前，葉島蕾與黃國民抗議說：「這種投票與記名投票無異。」大家跟著說：「對！對！」王宜正沒辦法，只好燒掉選票重新製作。

黃國民從那時開始急速傾向支持台灣獨立。獨立聯盟的人來演講時，兩人就結伴去聽。葉島蕾最關心的是，如果台灣獨立，本省人會不會因爲過於憎恨國民黨而對外省人施行報復。葉島蕾常對黃國民說：「其實外省人與本省人一樣都是被害者。住在眷村裏的外省人也是一群被遺棄的人。目前是少數外省人聯合少數本省人共同統治台灣。可惜的是，很多問題都因省籍觀念作祟而無法解決，最後演變成無法區別統治者與被統治者。」

一九七五年七月十九日，獨立聯盟日本本部幹部金美齡到美國巡迴演講。金美齡是個身材苗條的小美人，無論台灣話、中國話、英語都辯才無礙，她可將很難的理論消化成易懂的口語。葉島蕾深深受到感動。黃國民寫道：「葉島蕾原本猶豫不決的態度因而從根本發生改變。有如獲得新源泉一般，態度與表情中充滿耀眼的光彩。金美齡凌駕男人的氣魄，以及爲獨立運動犧牲的精神，深深地震撼葉島蕾。對於葉島蕾的質疑，金美齡均適度加以說明。並鼓勵她說：『不要小看自己，要散播種子。』演講會結束後，葉島蕾口中不斷地說：『金美齡這女性絕非常人可比。』」（《美麗島週刊》第十四期，一九八〇年十一月廿九日，黃國民撰〈先抓人再選舉——葉島蕾被捕真相〉）

葉島蕾向指導教授告白說：「在美國，您讓我接受教育但學無止境，在道德上，我必須回國改善台灣的人權。」指導教授擔心她的安全，勸導她不要回去，並說葉島蕾尚未取得碩士學位，沒有學位回國找不到好工作。葉島蕾開始猶豫。其後，她稍微控制自己，盡量不與黃國民參加活動，或許心理上期待如此可抹銷自己的「前科」吧？

一九七七年底，葉島蕾終於下定決心。她先邀約女友們到美國各地遊覽以爲留念，其後於一九七八年四月廿四日回到台灣。葉島蕾原本講好要到自己的母校當助教，但結果因學歷問題受阻，只好留在台北找工作。其後，因得知母親生病回到台南，再輾轉換了二、三個工作，她被逮捕時，是擔任父親任教的私立崑山工業專科學校的英文教師。

一九七九年十二月十日的高雄美麗島事件，成爲她決定從事政治活動的契機。對於美麗島相關人士的鬥爭與犧牲，她下定決心當接班人。她崇拜原本從事女權運動、最後轉化成民主運動的呂秀蓮（軍事裁判被判十二年的徒刑）。或許因爲同是留美歸國，所以在感覺上特別親近。

她在高雄短暫工作時，即與許多長老教會人士親密來往。一九八〇年八月十八日，她收到通知，說她已被提名爲立法委員候選人。但在九月九日，葉島蕾卻突然被捕。黃國民認爲葉島蕾的起訴與逮捕，目的是要讓她無法成爲候選人，並可藉此在選舉前恐嚇其他黨外人士。

據我所知，葉島蕾是第一位留學返國參加民主化運動的「第二代中國人」。這屬於一種「突變」。與黃國民的戀愛，受金美齡、呂秀蓮的影響，是造成她突變的原因。

跳樑橫行的特務

起訴狀所載葉島蕾的罪狀爲：一、自白書；二、返台後二年內的叛亂活動；三、警備總司令部海外調查組織所蒐集的證據。一與二都是捏造的證物，當然毫不可信，但第三點卻不能一笑帶過。

葉島蕾被捕事件使美國FBI及明尼蘇達大學開始有所動作。首先FBI公佈將徹底調查警備總司令部在美國破獲「共產間諜組織」一事，因爲如果此事屬實，則FBI將顏面盡失。當地人很難理解爲何遠在一萬公里外的美國所發生的事，台灣的警備總司令部竟能清楚查知。對於FBI的質問，北美事務協調會芝加哥負責人陳錫蕃(1924年生，湖南人)加以否認，並辯解道：「海外調查組織絕對不存在。」但卻又嚴正聲明：「有關葉島蕾的證據，鐵證如山絕非捏造。」

國民黨特務組織橫行一事，使得美國明尼蘇達大學很不光彩。大學新聞及地方報紙Minnesota Daily連日在校園內舉行批判葉島蕾案件的活動。台灣人留學生與中國人留學生則一直持續投書打筆戰。於是，許多驚人的事實逐漸明朗化。

明尼蘇達大學的特務組織從下層的小組長(通常三人一組)、區委到常委，都由芝加哥領事館負責監督。依據美國的法律，外國如要在美國成立政治團體分部時，有義務將詳細組織結構及運作方式向美國政府報告，這就是爲何陳錫蕃要否認有海外調查組織的理由。陳錫蕃在擔任該職之前，曾擔任駐亞特蘭大的總領事，及國民黨駐美東南部組織常任委員兼外交部總務。

明尼蘇達大學新聞於一九七六年四月廿一日報導，已有一群台灣留學生受到監視與脅迫，有關因參加某種活動而遭密報的陳訴不斷傳出。

The Minneapolis Star 報於一九八一年七月三十日報導夏威夷大學、密西根大學Bulgaria分校、麻州理工學院也同樣查出國民黨特務組織暗中活動的情事。（《美麗島週刊》第四九期，一九八一年八月八日刊載〈特務組織下的犧牲者——葉島蕾〉）

一九七七年夏天我到美國旅行時，亦曾聽到田納西及夏威夷大學有特務橫行，造成台灣人留學生極端恐懼。此事不但令人十分氣憤，亦感到這些特務的冷酷無情。

台灣人留學生爲何會感到極端恐懼呢？因爲他們擔心回台簽證會被取消。爲了與台灣的家人見面，以及爲確保將來辦理遺產繼承，使得他們必須經常出入台灣。

葉島蕾於一九七五年秋天收到家人來信告知：「家人已受到政府的嚴密注意，這是因爲你參加政府沒有准許的活動，如不即刻停止活動，將會造成對國民黨的困擾，家人也無法擺脫干係。」然而葉島蕾並未因壓力而受挫，反而更看清國民黨獨裁政治的本質。只是看到特務打小報告的快速反映，令她著實感到心寒。

最近的陳文成事件時，台灣方面逐條詰問他在密西根大學及卡內基美濃大學教書（匹茲堡）時的反蔣言論，陳文成雖然平身低頭，但並不後悔「前非」。我推測可能是他天生有骨氣、本性倔強之故。早知如此，當初實在不應該回去台灣。

在葉島蕾事件中打小報告的就是明尼蘇達地區的特務組織，尤其是趙寧、趙靖及趙怡三兄弟。他們的父親過去在蔣家政權擔任中央級的要職。趙寧的岳母是現任國大代表。傳聞他目前亦兼任中華電視公司顧問，並從事人事管理工作，但主要任務是舉發潛伏在傳播界的台獨份子。趙靖有官僚作風，風評亦不佳。中美斷交時，留學生發起對美國政府的示威活動，芝加哥領事館提供每位參加者二十塊美金的補助，但趙靖只發給每人一元美金，其餘均中飽私囊，因此批評的聲浪此起彼落，最後只得將他調到西雅圖。

趙怡這名字是因他父親希望「心留在台灣」而取的。人很帥，體格又好。在美國開歐洲高級轎車，常與女朋友出入餐廳，一直受到單身女性的矚目。（《美麗島週刊》第二七期，一九八一年三月七日刊載，葉思聰〈葉島蕾案札記〉）

趙寧三兄弟所作所爲太過囂張，因此國民黨於一九八〇年秋天派李世昌取代他的任務。李這人既不是學生也沒有工作，但總管明尼蘇達、威斯康辛、愛荷華、北卡及南卡等五州。李的工作是：第一、監視留學生與華僑的行動。第二、向當地新聞或中央日報等報章投稿，宣傳政府的德政。第三、每天晚上十一點打電話聯絡前述五州的負責人蒐集情報，整理後再向

芝加哥與洛杉磯的黨部報告。（《美麗島週刊》，一九八〇年十月廿五日刊載〈國民黨特務小傳〉）

以普通的常識來看，作爲一個知識份子，在這個有如牢獄的封閉小島生活，然後再到一個開放的自由天地，其所見所聞，都是珍貴而令人感動的。回首過去，才發覺自己是多麼渺小地過著悽慘的生活，因而應該會批判蔣家政權的專制政治。

而要將批判轉爲行動，則需要有彈性，因爲這與知性完全不同。誰都不能強令他人行動，但作一個批判的旁觀者就比較容易。現在這種人當然是台灣人比中國人要多。

相反地，當警備總司令部特務的人，說其本性早已腐壞也不爲過，周棄兒當然不會想到這一點吧？這些人是因爲台灣的家人叫他們做特務呢？還是自己要做特務呢？假如是前者，則不得不認爲這是中國人父子兩代想繼續統治台灣人的一種野心。假如是後者，則中國人的統治慾望不得不讓人想到「本性難移」這句話。

「第二代中國人」中也有好人，但我們絕不能掉以輕心。

（刊於《台灣青年》二五五期，一九八二年一月五日）

（李尚文譯）

國家圖書館出版品預行編目資料

蔣政權統治下的台灣／王育德著，李明宗等譯．
初版．台北市：前衛，2002［民91］
400面；15×21公分．
ISBN 957-801-348-5(精裝)
1.論叢與雜著
078　　91004251

蔣政權統治下的台灣

日文原著／王育德
漢文翻譯／李明宗等
責任編輯／邱振瑞・林文欽
出版者
前衛出版社
地址：10468 台北市農安街 153 號 4 樓之 3
電話：02-25865708　傳真：02-25863758
郵撥：05625551 前衛出版社
E-mail：a4791@ms15.hinet.net
Internet：http://www.avanguard.com.tw
社　　長／林文欽
法律顧問／南國春秋法律事務所・林峰正律師
總代理
紅螞蟻圖書有限公司
地址：台北市內湖舊宗路2段121巷28.32號4樓
電話：02-27953656　傳眞：02-27954100
獎助出版／財團法人|國家文化藝術|基金會
National Culture and Arts Foundation
贊助出版／海內外【王育德全集】助印戶
出版日期／2002年7月初版第一刷

ISBN 957-801-348-5

定價／350元

王育德年譜

1924年 1月	30日出生於台灣台南市本町2-65
30年 4月	台南市末廣公學校入學
34年12月	生母毛月見女史逝世
36年 4月	台南州立台南第一中學校入學
40年 4月	4年修了，台北高等學校文科甲類入學。
42年 9月	同校畢業，到東京。
43年10月	東京帝國大學文學部支那哲文學科入學
44年 5月	疎開歸台
11月	嘉義市役所庶務課勤務
45年 8月	終戰
10月	台灣省立台南第一中學(舊州立台南二中)教員。開始演劇運動。處女作「新生之朝」於延平戲院公演。
47年 1月	與林雪梅女史結婚
48年 9月	長女曙芬出生
49年 8月	經香港亡命日本
50年 4月	東京大學文學部中國文學語學科再入學
12月	妻子移住日本
53年 4月	東京大學大學院中國語學科專攻課程進學
6月	尊父王汝禎翁逝世
54年 4月	次女明理出生

55年 3月	東京大學文學修士。博士課程進學。
57年12月	『台灣語常用語彙』自費出版
58年 4月	明治大學商學部非常勤講師
60年 2月	台灣青年社創設，第一任委員長(到63年5月)。
3月	東京大學大學院博士課程修了
4月	『台灣青年』發行人(到64年4月)
67年 4月	明治大學商學部專任講師
	埼玉大學外國人講師兼任(到84年3月)
68年 4月	東京大學外國人講師兼任(前期)
69年 3月	東京大學文學博士授與
4月	昇任明治大學商學部助教授
	東京外國語大學外國人講師兼任(→)
70年 1月	台灣獨立聯盟總本部中央委員(→)
	『台灣青年』發行人(→)
71年 5月	NHK福建語廣播審查委員
73年 2月	在日台灣同鄉會副會長(到84年2月)
4月	東京教育大學外國人講師兼任(到77年3月)
74年 4月	昇任明治大學商學部教授(→)
75年 2月	「台灣人元日本兵士補償問題思考會」事務局長(→)
77年 6月	美國留學(到9月)
10月	台灣獨立聯盟日本本部資金部長(到79年12月)
79年 1月	次女明理與近藤泰兒氏結婚
10月	外孫女近藤綾出生
80年 1月	台灣獨立聯盟日本本部國際部長(→)

81年12月	外孫近藤浩人出生
82年 1月	長女曙芬病死
	台灣人公共事務會(FAPA)委員(→)
84年 1月	「王育德博士還曆祝賀會」於東京國際文化會館舉行
4月	東京都立大學非常勤講師兼任(→)
85年 4月	狹心症初發作
7月	受日本本部委員長表彰「台灣獨立聯盟功勞者」
8月	最後劇作「僑領」於世界台灣同鄉會聯合會年會上演，親自監督演出事宜。
9月	八日午後七時三〇分，狹心症發作，九日午後六時四二分心肌梗塞逝世。

王育德著作目錄

（行末●爲〔王育德全集〕所收册目）

黃昭堂編

1 著書

1 『台湾語常用語彙』東京・永和語学社，1957年。 ❻
2 『台湾——苦悶するその歴史』東京・弘文堂，1964年。 ❶
3 『台湾語入門』東京・風林書房，1972年。東京・日中出版，1982年。 ❹
4 『台湾——苦悶的歴史』東京・台湾青年社，1979年。 ❶
5 『台湾海峡』東京・日中出版，1983年。 ❷
6 『台湾語初級』東京・日中出版，1983年。 ❺

2 編集

1 『台湾人元日本兵士の訴え』補償要求訴訟資料第一集，東京・台湾人元日本兵士の補償問題を考える会，1978年。
2 『台湾人戦死傷，5人の証言』補償要求訴訟資料第二集，同上考える会，1980年。
3 『非常の判決を乗り越えて』補償請求訴訟資料第三集，同上考える会，1982年。
4 『補償法の早期制定を訴える』同上考える会，1982年。
5 『国会における論議』補償請求訴訟資料第四集，同上考える会，1983年。

6 『控訴審における闘い』補償請求訴訟資料第五集，同上考える会，1985年。

7 『二審判決"国は救済策を急げ"』補償請求訴訟資料速報，同上考える会，1985年。

3　共譯書

1 『現代中国文学全集』15人民文学篇，東京・河出書房，1956年。

4　學術論文

1 「台湾演劇の今昔」，『翔風』22号，1941年7月9日。

2 「台湾の家族制度」，『翔風』24号，1942年9月20日。

3 「台湾語表現形態試論」(東京大学文学部卒業論文)，1952年。

4 「ラテン化新文字による台湾語初級教本草案」(東京大学文学修士論文)，1954年。

5 「台湾語の研究」，『台湾民声』1号，1954年2月。 ❽

6 「台湾語の声調」，『中国語学』41号，中国語学研究会，1955年8月。 ❽

7 「福建語の教会ローマ字について」，『中国語学』60号，1957年3月。 ❾

8 「文学革命の台湾に及ぼせる影響」，『日本中国学会報』11集，日本中国学会，1959年10月。 ❷

9 「中国五大方言の分裂年代の言語年代学的試探」，『言語研究』38号，日本言語学会，1960年9月。 ❾

10 「福建語放送のむずかしさ」，『中国語学』111号，1961年7 ❾

月。

11 「台湾語講座」，『台湾青年』1〜38号連載，台湾青年社，1960年4月〜1964年1月。 ❸

12 「匪寇列伝」，『台湾青年』1〜4号連載，1960年4月〜11月。 ⓮

13 「拓殖列伝」，『台湾青年』5，7〜9号連載，1960年12月，61年4月，6〜8月。 ⓮

14 「能吏列伝」，『台湾青年』12，18，20，23号連載，1961年11月，62年5，7，10月。 ⓮

15 "A Formosan View of the Formosan Independence Movement," *The China Quarterly,* July-September, 1963.

16 「胡適」，『中国語と中国文化』光生館，1965年，所収。

17 「中国の方言」，『中国文化叢書』言語，大修館，1967年所収。 ❾

18 「十五音について」，『国際東方学者会議紀要』13集，東方学会，1968年。 ❾

19 「閩音系研究」(東京大学文学博士学位論文)，1969年。 ❼

20 「福建語における『著』の語法について」，『中国語学』192号，1969年7月。 ❾

21 「三字集講釈(上)」，『台湾』台湾独立聯盟，1969年11月。 ❽
「三字集講釈(中・下)」，『台湾青年』115，119号連載，台湾独立聯盟，1970年6月，10月。

22 「福建の開発と福建語の成立」，『日本中国学会報』21集，1969年12月。 ❾

23 「泉州方言の音韻体系」,『明治大学人文科学研究所紀要』8・9合併号，明治大学人文研究所，1970年。 ❾

24 「客家語の言語年代学的考察」,『現代言語学』東京・三省堂，1972年所収。 ❾

25 「中国語の『指し表わし表出する』形式」,『中国の言語と文化』，天理大学，1972年所収。 ❾

26 「福建語研修について」,『ア・ア通信』17号，1972年12月。 ❾

27 「台湾語表記上の問題点」,『台湾同郷新聞』24号，在日台湾同郷会，1973年2月1日付け。 ❽

28 「戦後台湾文学略説」,『明治大学教養論集』通巻126号，人文科学，1979年。 ❷

29 「郷土文学作家と政治」,『明治大学教養論集』通巻152号，人文科学，1982年。 ❷

30 「台湾語の記述的研究はどこまで進んだか」,『明治大学教養論集』通巻184号，人文科学，1985年。 ❽

5　事典項目執筆

1 平凡社『世界名著事典』1970年,「十韻彙編」「切韻考」など，約10項目。

2 『世界なぞなぞ事典』大修館書店，1984年,「台湾」のことわざを執筆。

6　學會發表

1 「日本における福建語研究の現状」1955年5月，第1回国際東方学者会議。

2 「福建語の教会ローマ字について」1956年10月25日，中国語学研究会第7回大会。 ❾

3 「文学革命の台湾に及ぼせる影響」1958年10月，日本中国学会第10回大会。 ❷

4 「福建語の語源探究」1960年6月5日，東京支那学会年次大会。 ❾

5 「その後の胡適」1964年8月，東京支那学会8月例会。

6 「福建語成立の背景」1966年6月5日，東京支那学会年次大会。 ❾

7 劇作

1 「新生之朝」，原作・演出，1945年10月25日，台湾台南市・延平戲院。

2 「偸走兵」，同上。

3 「青年之路」，原作・演出，1946年10月，延平戲院。

4 「幻影」，原作・演出，1946年12月，延平戲院。

5 「郷愁」，同上。

6 「僑領」，原作・演出，1985年8月3日，日本，五殿場市・東山荘講堂。 ⓫

8 書評（『台灣青年』掲載，数字は號數）

1 周鯨文著，池田篤紀訳『風暴十年』1 ⓫

2 さねとう・けいしゅう『中国人・日本留学史』2 ⓫

3 王藍『藍与黒』3 ⓫

4 バーバラ・ウォード著，鮎川信夫訳『世界を変える五つの思想』5 ⓫

5　呂訴上『台湾電影戯劇史』14　⓫
6　史明『台湾人四百年史』21　⓫
7　尾崎秀樹『近代文学の傷痕』8　⓫
8　黄昭堂『台湾民主国の研究』117　⓫
9　鈴木明『誰も書かなかった台湾』163　⓫
10　張文環『地に這うもの』180　⓫
11　加藤邦彦『一視同仁の果て』226　⓫
12　滝沢毅『中国革命の虚像』229　⓫
13　黄昭堂『台湾総督府』248　⓫

9　論文（各誌）

1　「台湾演劇の確立――栄光に輝く茨の道」，『中華日報』文芸版，1946年3月21日。　⓫
2　「文学革命と五四運動」，『中華日報』文芸版，1946年4月19日。　⓫
3　「封建文化の打破――台湾青年の進むべき道」，『中華日報』文芸版，1946年6月7日。　⓫
4　「孔教の再認識」（上）（下），『中華日報』文芸版，1946年7月26日，8月1日連載。　⓫
5　「彷徨へる台湾文学」，『中華日報』文芸版，1946年8月22日。　⓫
6　「内省と前進の為に――台湾人の三大欠点」，『中華日報』文芸版，1946年9月5日。　⓫
7　「見合結婚に就て」，『中華日報』文芸版，1946年9月21日。　⓫
8　「三伯英台在台湾」，『華僑文化』（神戸），1953年12月，　⓫

1954年1月号連載。
9　「台湾光復後的話劇運動」『華僑文化』(神戸)，1954年4月。 ⓫
10　「連雅堂で想うこと」，『台湾公論』4号，1959年12月。 ⓮
11　「ある台湾独立運動者の主張」，『世界』1962年4月号。 ⓬
12　「自由を愛する諸国民に訴える」，『新勢力』1962年4月号。 ⓬
13　座談会「引き裂かれた民族」，『現代の眼』1962年11月号。 ⓬
14　「台湾独立運動の真相」，国民政治研究会講演録，1962年6月8日。 ⓬
15　「日本の台湾政策に望む」，『潮』1964年新春特別号。 ⓬
16　「日本の隣国を見直そう」，『高一コース』1964年6月号。 ⓬
17　「台湾独立への胎動」，『新時代』1964年7月号 ⓬
18　「台湾の独立運動強まる」，『全東京新聞』1442号，1964年2月19日。 ⓬
19　「ライバルの宿命をもつ日中両国」，『評』1965年4月号。 ⓬
20　「日本・中国ライバル論」，『自由』，1965年7月号。
21　「反面教師」，『日本及日本人』1970年陽春号。
22　「ひとつの台湾」，『経済往来』1971年2月号。
23　「台湾人の見た日中問題」，『評論』1971年5月15日号。
24　座談会「ある独立運動の原点」，『東洋公論』1971年8月。
25　「台湾は愁訴する――島民の苦悩と独立運動の将来」，日本政治文化研究所，政治資料，102号，1971年9月。 ⓬
26　「中華民国から『台湾共和国』に」，『新勢力』1971年11月号。
27　「台湾人は中国人と違う――民族を分ける4世紀の歴史」，

『台湾』台湾独立後援会，4号，1973年1月15日。
28　「台湾は台湾人のもの」,『自由』1973年2月号。 ⑫
29　「日中正常化後の在日華僑」,『電子経済』1973年3月号。
30　座談会「台湾人の独立は可能か」,『東洋公論』1973年5月号。
31　「台湾人元日本兵の補償問題」,『台湾同郷会新聞』1981年3月1日号。 ⑫
32　「台湾と日本」,『瑞穂』9号，1981年7月。
33　「台湾を見棄ててよいか」,『さきもり』1982年1月号。

10　『台灣青年』論文・随筆(数字は號數)

1　「台湾の新聞かく安保闘争を論ず」3 ⑬
2　"Cua wu khi Tapani"4 ⑤
3　「パスポートを取り上げられるの記」5 ⑩
4　「兄王育霖の死」6 ⑩
5　「謝雪紅の教訓」6 ⑭
6　「破産に瀕せる台湾の教育」8～9，11，17，21，25連載 ⑬
7　「国府は沖縄の日本復帰に反対する」9 ⑬
8　「寓話と堕した『大陸反攻』——蒋経国の矛を以って蒋介石の盾を攻む——」9 ⑬
9　「呉主恵，この唾棄すべき文化幇間」13
10　「台南の2・28と私」15 ⑭
11　「台僑は独立の母」24 ⑩
12　「兄の死と私」27 ⑩
13　「『偏安』映画の標本——『薇薇的週記』を見て」30 ⑬

14 「台湾民族論」35～37連載 ⓬
15 「編集長を辞めて」38 ❿
16 「劉明電に見る中華人民共和国系台湾人の意識構造」158
17 「祖国台湾」(詩)161 ⓫
18 「2・28の台湾史的意義」162 ⓮
19 「台湾ハ古ヨリ中国ニ属セズ」162
20 「この愚かしくも哀れなる『祖国救済幻想』――『林歳徳氏の生活と意見から』――」165
21 「『台湾人の身分をかくさねばならぬ』ことについて――呉濁流評その1――」167 ❷
22 「蒋政権統治下の呻吟――呉濁流評その2――」168 ❷
23 「観念的中国人と実質的台湾人のあいだ――呉濁流評その3――」169 ❷
24 「日本側に民族偏見はなかったか」174 ⓬
25 「海洋国家の建設――眼を大陸でなく大洋に向けよ――」183 ⓬
26 「倉石武四郎先生と私」185 ❿
27 「選挙恐怖症にかかった蒋政権――台湾の地方選挙，一括延期――」187 ⓭
28 「風波をよぶ台北の洪水防止計画」194 ⓭
29 「特務になった日本青年の話」195
30 「営林処が立ち退きを迫って放火――阿里山からの泣訴」196 ⓭
31 「ペキンの児戯に類する謀略」198 ❿

53 「狂った社会の中の哀れな精神病患者」284 ⓭
54 「タカサゴ族，進化それとも消滅」285～286連載 ⓭
55 「台湾人元日本兵士の補償問題60年度予算に検討費つく」292 ⓬
56 「アメとムチの文化政策の一環——文献委員会の功罪」293 ⓭
57 「藤堂明保先生の思い出」294 ❿
58 「漢字のアリ地獄」295～296連載 ❽
59 「漢字の死亡公告」297 ❽
60 「大中国主義と台湾民族主義の戦い——蔣政権40年の統治」298 ⓬
61 「康寧祥氏の『和平』見解のナゾ」299 ⓬
62 遺稿「『一寸の虫にも五分の魂』の戦い」300 ⓬

11　詩・小説

1 「七絶四首」，『翔風』24号，1942年9月20日。 ⓫
2 「過度期」，『翔風』24号，1942年9月20日。 ⓫
3 「春の戯れ」，『中華日報』文芸版，1946年5月9日。 ⓫
4 「老子と墨子」，『中華日報』文芸版，1946年7月3日。
5 「鬍的」，『La Mancha』創刊号，1950年11月。 ⓫
6 「現時台湾政治歌」，台湾独立聯盟伝単。 ⓫